Die

Kategorien des Rechts

auf

geschichtlicher Grundlage.

Von

Adolf Helfferich.

Springer-Verlag Berlin Heidelberg GmbH 1863

ISNB 978-3-662-32371-7 ISBN 978-3-662-33198-9 (eBook)
DOI 10.1007/978-3-662-33198-9

Vorwort.

Zwischen Empirie und Philosophie nimmt die Rechtswissenschaft eine eigenthümliche Stellung ein: — darin liegt das Dankbare ihrer Aufgabe, aber zugleich das Schwierige, diese zu lösen. Nicht von einem einzelnen Gesetzbuch gilt, was Savigny gegen die Codification einwendete, dass die scharfe individuelle Auffassung der Begriffe fehle, und dass die practischen Regeln weder die Höhe allgemeiner leitender Grundsätze, noch die Anschauung des Individuellen erreichen. Die Rechtswissenschaft überhaupt befindet sich in solcher Klemme, seitdem ihre Sache so steht, dass, weil das erste rechtswissenschaftlich gebildete Volk, das römische, unlogische Kategorien der Rechtsidee aufstellte, und der grösste Philosoph der Neuzeit, Kant, sich diesem Schematismus gefügt hat, es dabei ein für alle mal sein Bewenden haben soll.

Die nachstehende Untersuchung versteigt sich weder in das Gebiet metaphysischer Postulate, noch nimmt sie ohne Weiteres als ausgemacht an, was die römischen Juristen in Betreff der Artunterschiede des Rechts als canonisch aufstellten; ihr Absehen richtet sich vielmehr darauf, aus den Vorgängen des menschlichen Seelenlebens, auf die zuletzt alle Ideen, wenn sie sich überhaupt begründen lassen, zurückgeführt werden müssen, Begriff und Kategorien des Rechts abzuleiten.

Zustimmung freilich darf ich allein von solchen Lesern erwarten, die durch den herkömmlichen Buchstaben nicht unabänderlich gebunden sind, vielmehr sich den freien Sinn bewahrten, der das Neue nicht schon darum verwirft, weil es ungewöhnlich ist.

Es bleibt einer späteren Zeit vorbehalten, auf Grund der Rechtskategorien auch die Kategorien des Staats einer Prüfung zu unterwerfen, die durch so vieles Treffliche, das in der letzten Zeit darüber erschienen ist, noch immer nicht überflüssig wurde.

A. H.

Inhalts-Verzeichniss.

Vierter Abschnitt.

Die Schenkung.

Fünfter Abschnitt.

Der Vertrag.

Erster Abschnitt.

Der Begriff des Rechts.

§ 1. Welchen Anknüpfungspunkt man auch für den Begriff des Rechts suchen, welcherlei Ableitung desselben für geeignet halten mag — den letzten Grund muss dasselbe in dem menschlichen Selbstbewusstsein, die Rechtswissenschaft demnach in der Seelenlehre haben. Dass sie dies, absichtlich oder unabsichtlich, übersehen, darin beruht zumeist die Einseitigkeit der rational-philosophischen Auffassung sowohl als der geschichtlich-natürlichen: die Idee des Rechts liegt weder jenseits der Erscheinung (apriorisch), noch auch geht sie in der Erscheinung auf (aposteriorisch), hat vielmehr als persönliche Lebensäusserung zugleich einen vernunftsmässigen Anfang und eine natürliche Entwicklung, wie Alles was der Persönlichkeit anheimfällt. Es kommt blos darauf an, den psychologischen Punkt zu finden und richtig abzugrenzen, weil hier für die beiden Betrachtungsweisen ein gemeinsamer Durchgang und damit zugleich die Vermittlung ihrer Gegensätze gegeben ist. Eine Rechtsphilosophie, die synthetisch ein allgemein gültiges Welt- und Menschheitsrecht aus vorausgesetzten Vernunftprincipien construirt, ohne den Grund der rechtsgeschichtlichen Entwicklung, folglich die Vielheit der Rechtsbildungen, aus dem persönlichen Rechtswillen abzuleiten, misskennt ihre

Aufgabe und fällt in Willkür; eine Rechtswissenschaft, die sich auf die Zergliederung eines bestimmten Volksrechts beschränkt, ohne das psychologische Rechtsbewusstsein zu Rathe zu ziehen und danach die nationalen Rechtsbildungen im Zusammenhang zu betrachten, hört auf philosophisch zu sein, auch wenn sie mit den feinsten Feilen analytischen Scharfsinns das geschichtlich gewordene Recht in seine Elemente zerlegt. So wahr es ist, dass das Recht seine Wurzeln in dem gemeinsamen Bewusstsein des Volks hat,[1]) so kann das bestimmte Volksbewusstsein doch nur als eine eigenthümliche Färbung, als ein besonderes Darleben des allgemeinen Menschenbewusstseins begriffen und gewürdigt werden. Unter der Voraussetzung eines absoluten Gegensatzes zwischen Natur und Freiheit den Rechtsbegriff so weit reichen zu lassen als die äussere Freiheit des Menschen,[2]) oder die Rechtsordnung als einen höheren Naturorganismus zu bestimmen, der es übrigens lediglich mit den eigenen Angelegenheiten des Menschen, mit dem was man gesellige oder sociale Verhältnisse nennt, zu thun hat,[3]) entspricht nur halbwegs den durch die Wissenschaft gestellten Forderungen.

[1]) v. Savigny, System des heutigen Römischen Rechts. VIII. 533.

[2]) W. Snell, Naturrecht nach Vorlesungen (1859). 25.

[3]) F. Bluhme, Uebersicht der in Deutschland geltenden Rechtsquellen (1854). 5. An dem Punkte trifft die geschichtliche Auffassung mit der speculativen zusammen, denn auch Hegel bezeichnet das Rechtssystem als das Reich der verwirklichten Freiheit, das der Geist als seine eigene Welt, wie eine zweite Natur, aus sich selber hervorbringt.

§ 2. Das methodische Verfahren für die wissenschaftliche Begründung des Rechtsbegriffs liegt in den höheren Seelenvorgängen selbst vorgezeichnet. Weder in seiner natürlichen Umschreibung, noch von Seiten seines Selbstbewusstseins, weder als Individuum, noch als Subject entspricht der Mensch seinem Begriffe. Die Natur schafft ein Menschenpaar und damit die reale Möglichkeit der Gattung; was wir aber im Denken und Wollen bethätigen, das gewinnt Gestalt allein durch die Gemeinschaft selbstbewusster Wesen. Es ist Zweck und Aufgabe der Persönlichkeit, eben dieses Wechselverhältniss durch Ineinsbilden des subjectiven Inhalts und der individuellen Form zu vollziehen und auf dem Wege den idealen Begriff der Menschheit herzustellen, daher man beim Persönlichen es immer zugleich mit einem Aeussern, das ein Inneres, und mit einem Innern, das ein Aeusseres ist, zu thun hat. Persönlichsein heisst Ideen verwirklichen, einer idealen Gemeinschaft angehören; die Ideen selbst aber sind realisirte Vernunftzwecke. Das Vernünftige daran fällt dem Denken, der Zweck dem Wollen anheim. Mit andern Worten: der vernünftige Mensch ist der Culturmensch. Scheint die Individualität als solche nach Aussen, die Subjectivität nach Innen, so durchleuchtet die Persönlichkeit den äussern Schein aus dem Lebensgrunde der Innerlichkeit, und kleidet Geist und Gemüth in die Form des Individuellen. Wären die Ideen nicht an sich schon ein angeborner Besitz des Selbstbewusstseins, so läge nichts Vernunftnothwendiges in der menschlichen Gesittung und in ihren Fortschritten; so aber ist es in der Natur der Sache selbst begründet, dass mit dem Verfall der Cultur, d. h. mit dem Rückgang der die Völker beseelenden Ideen, zugleich die individuelle Volkskraft sinkt und umgekehrt.[1]) Je persönlicher, desto lebenskräftiger und darum freier. Das ist der Ernst des Lebens, für den Einzelnen so gut als für das Ganze.

[1]) Zumpt, Ueber den Stand der Bevölkerung im Alterthum. Abhandl. der Berl. Akad. 1840. — Nach Niebuhr litt das Römerthum durch die Pest zwischen 250—265 auch geistig sehr. Aeschines sah in Athen sehr viele schöne Jünglinge, Cotta nur noch wenige, Dio Chrysostomus fast gar keine mehr.

K. Vollgraff, Ethnognosie. 937 ff. Polignosie. 677 ff.

§ 3. Im Zusammenhang der zur Persönlichkeit sich auswirkenden Ideenwelt nimmt das Recht seine Stelle da ein, wo der menschlichen Vernunft sich die Nothwendigkeit aufdrängt, die äussern Bedingungen zu sichern, deren sie zu ihrem persönlichen Leben bedarf.[1]) Es muss dem personbildenden Willen unbenommen bleiben, sich die

Aussenwelt anzueignen; dieses Wollen aber darf nur so weit reichen, dass derselbe Anspruch Anderer nicht verletzt wird. Weil der vernünftige Wille zu seiner persönlichen Erscheinung der freien Verfügung über die Aussendinge bedarf, darum hat er ein Recht sich dieselben anzueignen. Seinem Wesen nach ist jegliches Recht ein Haben, eine Forderung auf sinnliche oder übersinnliche Besitzgegenstände, und wer die vernunftmässige Berechtigung zu einem derartigen Postulate leugnet, wie J. J. Rousseau, der bestreitet damit das Recht der Persönlichkeit und der Gesittung. Ist nun aber das Recht der durch das Wesen der persönlichen Freiheit begründete Anspruch auf Besitz, so folgt aus dem Begriffe der Persönlichkeit, dass dasjenige, was der Wille sich aneignet, zu eigen macht, keinen äussern Anhang des Persönlichen bildet, vielmehr in dessen ideales Wesen selbst übergeht. Worauf der Rechtswille seine Hand legt, das belebt und beseelt er: es wird sein übersinnliches Eigen in demselben Sinne, in welchem die Geberden und Minen durch die leibliche Erscheinung die Idealität des innersten Selbstbewusstseins leuchten lassen.[2]) Wie die leiblichen Organe im Dienste der Seele stehen und doch zugleich deren Wirklichkeit bedingen, so bedingen Besitz und Rechtswille sich gegenseitig.

[1]) „Das Recht ist im sittlichen Ganzen der Inbegriff derjenigen allgemeinen Bestimmungen des Handelns, durch welche es geschieht, dass das sittliche Ganze und seine Gliederung sich erhalten und weiter bilden kann.“ (Trendelenburg, Naturrecht auf dem Grunde der Ethik. § 46.)

[2]) Einen persönlichen Ausdruck giebt sich der Mensch zunächst vermittelst des Plastischen seiner Gestalt. Aus dem Geberdenspiele wird eine Geberdensprache, die sich zur Wortsprache entwickelt und als solche, zumal in dem Gewande der Schrift, den Grund alles gesellschaftlichen Lebens ausmacht. Ohne das Hinzukommen der Rechtsgenossenschaft ist die Spracheinigung nur ein loses, allein von dem Zufall der Geburt abhängiges Band, das sich ebenso rasch lösen als knüpfen lässt. In ihrer personbildenden Thätigkeit schreitet die Vernunft stufenweise von den lockern Gesellschaftsformen bis zu ihrer zugleich allgemeinsten und dauerhaftesten Ausprägung im religiösen Bewusstsein voran.

(Des Vfs Organismus der Wissenschaft. 174.)

§ 4. Das Recht als bewusste Forderung der persönlichen Willensfreiheit ist ein Erzeugniss des römischen Geistes, der dadurch zumeist seinen Beruf zur Gesetzgebung so glänzend bethätigte. In Kraft blos äusserer Gewalt bilden sich ebensowenig wirkliche Rechtsverhältnisse, als in Folge mehr oder weniger deutlicher Vorstellungen von dem, was für billig und sittlich gut gilt. So sehr es über allen Zweifel erhaben ist, dass die Rechtsidee und die Rechtsverhältnisse der höheren und allgemeineren Idee des Sittlichguten entgegenstreben, von ihr gehoben und gefördert werden, so kann man darum doch nicht sagen, das Recht an sich sei sittlicher Natur: die Gerechtigkeit, die Aristoteles als vertheilende *(distributiva)* auf das Wesen einer geometrischen, als ausgleichende *(correctiva)* auf den Begriff einer arithmetischen Proportion zurückführt, und der man als Symbol die Waage beilegt, umfasst sprachlich und geschichtlich allerdings zugleich die Erfüllung der durch die Billigkeit gestellten Forderungen, das richtige Maass im Fordern und Gewähren überhaupt — das Recht an sich bleibt von dem weiten Sprachgebrauche unberührt.[1]) Dergleichen Erwägungen kommen erst hinterher in Betracht: der eigentliche Nerv der Sache liegt in der subjectiven Willensbestimmung, die sich zwar dem Ganzen unterordnen, in den gesellschaftlichen Bau einfügen lassen muss, darum aber nicht aufhört, der ursprüngliche, aus sich und durch sich bewegende Grund des Rechtsganzen zu sein. Gerade in der frischen und unmittelbaren Bethätigung seines Postulats ist der Rechtswille Träger und Bürge einer gesicherten Rechtsordnung, wogegen die den ethischen Beweggründen anheimgegebene Entscheidung den Rechtsstand unsicher, die Rechtsgewalt schwächlich macht. Es folgt daraus von selbst, dass bei einer zweckmässigen Regelung der Rechtsverhältnisse der subjective Rechtswille unwandelbar in erster Linie stehen muss, während ethische Rücksichten nur insofern in Betracht kommen dürfen, als sie eine sichernde und stärkende Rückwirkung auf das Rechtssubject bezwecken.[2])

[1]) Der Begriff des Ethischen wird hier im eingeschränkten Sinne des Wortes, als Tugend- und Pflichtenlehre genommen. Versteht man darunter das menschliche Vernunftleben überhaupt, das mit Bewusstsein seine Zwecke setzt (ἕζει), so fällt dies mit dem obigen Begriff des Persönlichen zusammen, und in dem Sinne ist das Recht ganz und gar ethisch.

[2]) Schadenersatz für eine unfreiwillige Beschädigung wird nicht etwa aus Gründen der Billigkeit gefordert, sondern weil der Rechtswille auch in seinem blossen Thun und den mehr oder weniger zufälligen Folgen desselben nicht als vollständig ruhend, folglich unbetheiligt, angesehen werden darf. Der Rechtswille haftet nicht nur an seinem Eigenthum, sondern auch für dasselbe: *casum sentit dominus;* und wenn beim Handel und Wandel der Erwerber eines fremden Eigenthums nicht unbedingt gegen dessen Mängel gesetzlich geschützt wird, so geschieht es, weil seine eigene Fahrlässigkeit, die Unterlassung, sich durch Augenschein, Erkundigung und Vertragsbestimmungen vor Nachtheil zu bewahren, daran schuld ist: *volenti non fit injuria.* Umgekehrt, indem das Gesetz die Verjährungsfrist für den Abwesenden verlängert, handelt es nicht aus Sittlichkeitsgründen, sondern lediglich in Anbetracht der physischen Unmöglichkeit, die sich der subjectiven Willensfreiheit entgegenstellen könnte, um ihre Rechtsansprüche geltend zu machen. Dass eine derartige Rücksicht den Forderungen der Billigkeit entspricht, thut nichts zur Sache; im andern Falle müsste das Gesetz grundsätzlich den Reichen zwingen können, seine rechtlich begründeten Ansprüche an den Armen zu ermässigen oder ganz aufzugeben. Das römische Recht ging darin so weit, dass es den Betrug nur subsidiarisch bestrafte (1 D. 4, 3), d. h. wenn die rechtswidrige Beschädigung nicht unter den Begriff eines andern Delictes fiel, und wird überhaupt die absichtliche Täuschung eines Andern oder die Benutzung eines Irrthums, in welchem ein Anderer sich befindet, so lange nicht straffällig, als Solches zu erlaubten Zwecken und auf erlaubte Weise geschieht. Die sittliche Würdigung ist natürlich eine ganz andere. Die Spartaner hatten ihre Freude an zugleich gewagter und schlauer Ueberlistung. Damit hängt es zusammen, dass nach älterem römischen Recht zwischen dem Ertapptwerden des Diebes auf der That (*furtum manifestum*) und der spätern Entdeckung des Diebstahls (*furtum nec manifestum*) eine sehr belangreiche Verschiedenheit stattfand. Der ertappte Dieb fiel früher dem Bestohlenen als Sklave anheim, später konnte er sich mit dem Vierfachen des Werthes der gestohlenen Sache loskaufen. Der nicht ertappte kam mit Erlegung des doppelten Werthes davon.

§ 5. Weil der Mensch als Mensch und beim Zusammensein mit andern Menschen einer natürlichen Erweiterung seines individuellen Lebenskreises bedarf, ist das Recht eine unmittelbare Satzung. Mit einem transscendent-theologischen oder abgeleitet-künstlichen Erklärungsgrunde kommt man bei keiner Idee zurecht. Gleichwie die Sprache weder von Gott dem Menschen gelehrt, noch von diesem selbst erfunden wurde, so kann das Recht weder durch göttliches Gebot (Stahl), noch durch menschlichen Vertrag (Hugo Grotius) entstanden sein. Es nimmt der Mensch als Vernunftwesen sein Recht, und das, nichts Anderes, heisst Naturrecht. Die Grenze oder Schranke für den zugreifenden, sich ausbreitenden Rechtswillen ist ursprünglich gleichfalls eine natürliche; denn entsprechend dem Begriff des Individuums, der sich erst für die Abstraction aus der Einheit des Männlichen und Weiblichen ableiten lässt, wird das Rechtssubject durch Ausscheidung aus der Familiengemeinschaft denkbar. So weit die Familie mit ihren natürlichen Zwecken reicht, so weit reicht das natürliche Recht. Man vergleiche die leiblichen Organe, die im Dienste der Seele stehen und doch zugleich die Wirklichkeit derselben Seele bedingen, daher die Seele, indem sie den Leib ernährt, nur sich selbst erhält; dieselbe Wechselseitigkeit verknüpft die Familienangehörigen mit dem Familienoberhaupte. Das Naturrecht sagt dem Menschen, dass dem Vater die Familie zueigen gehört, als ein unentbehrlicher und unveräusserlicher Bestandtheil seiner Existenz, während das Naturgesetz ihn davon überzeugt, das Alles, was ihm angehört, keinen andern Zweck hat, als die von ihm begründete Familiengemeinschaft zu erhalten. Einen ächten, nicht abgeleiteten, Rechtswillen hat allein der Familienvater, und was den Seinigen als Recht zukommt, ist forderbar und erstreitbar durch den Willen Dessen, der die Familie begründet und zusammenhält.[1])

[1]) „Der Mensch ist das kümmerlichste Thier, weil ihm allein und keinem andern Thiere Nahrungssorgen bekannt sind" (Baader, W. W. XI. 314); aber gerade das Bewusstsein von der leiblichen Nothdurft weckt in ihm die Idee des Rechts. In dem Sinne ist Blumenbach's Definition, als *inermis* unterscheide sich der Mensch vom Thiere, zu deuten: weil ihn die Natur nicht mit eigenen Waffen ausgestattet hat, schafft er sich selbst eine Bewaffnung durch den freien Gebrauch seiner Vernunft.

§ 6. Auf dem natürlichen Standpunkt ist die Rechtsfähigkeit gleichbedeutend mit Handlungsfähigkeit, die Verständniss und Willenskraft voraussetzt. Erwerben lässt sich ein Recht nur durch ein Handeln. Da wo der Wille als solcher ruht, existirt kein wirkliches Recht, sondern blos die Möglichkeit eines solchen, und wenn das Gesetz den Rechtswillen schon beim Kinde im Mutterleibe, um wie viel mehr also im Unmündigen und Irren, schützt, so geschieht es nicht, weil sie ein Recht darauf haben, sondern weil das Gesetz die Personencapacität beliebig bestimmen und abändern, folglich seine schützende Hand auch über den rechtlichen Willen Derer ausbreiten kann, die ihn nur der Möglichkeit nach besitzen. Weil ein rechtliches Handeln ohne Willensfreiheit unmöglich ist, nimmt der Unfreie sein Recht nicht aus sich selbst, sondern aus einem fremden Rechtswillen, sei es einem natürlichen, oder einem künstlichen. Denn das Zusammenleben vernunftbegabter Wesen bringt es mit sich, dass das natürliche Rechtssubject die Bedingungen seiner eigenen rechtlichen Existenz den Andern gegenüber anerkennt und achtet, mit denen es gesellschaftlich verbunden ist. Auf dem Wege entsteht die Rechtssubstanz, im Unterschied vom subjectiven der generelle Rechtswille, der im Gesetze, als einer künstlichen Einschränkung der freien Berechtigung zum Handeln, sich kund giebt. Von einem vertragsmässigen Entstehen des Gesetzes kann nicht die Rede sein: dasselbe entsteht durch die Erhebung des subjectiven Rechtswillens in die Sphäre des generellen, und dieselbe Gewalt, die der Rechtsfähigkeit in der Selbstbestimmung des Willensvermögens Nachdruck verleiht, bestimmt die Machtvollkommenheit der Rechtssubstanz. Wer, in das Ganze eingefügt, die durch das Ganze gewährleisteten Rechtswohlthaten geniesst, der kann nöthigenfalls mit Gewalt angehalten werden, sich dem Willen des Ganzen zu fügen. Die künstlich wiedererzeugte und erweiterte Natursatzung heisst Gesetz, das keinen andern Zweck haben kann, als den Rechtsbesitz oder die rechtliche Handlungsfähigkeit im Allgemeinen und im Besondern zu normiren.

§ 7. Demnach findet die Natursatzung ihr Maass in dem subjectiven Rechtswillen, dieser sein Maass in dem eigentlich so zu nennenden Gesetze. Eines bedingt das Andere. Man ist nur allzu geneigt, dem Gesetze lediglich eine einschränkende Bedeutung zuzuerkennen, in demselben einen nothwendigen Zügel zu erblicken, damit es in der bürgerlichen Gesellschaft nicht zu einem Kriege Aller gegen Alle komme. Die Meinung kommt auf dasselbe hinaus, wie wenn man in der Formbegrenzung an sich schon eine Einschränkung des Inhalts erblicken wollte. Dadurch dass der Instinkt die ungeordnet durch einander laufenden Triebe des Thieres begrenzt, erleidet die Thierseele ebensowenig eine Einschränkung, als das menschliche Selbstbewusstsein deshalb, weil die fliessende Empfindung in der Wahrnehmung Form und Bestand erhält. Das Gesetz ist eine Schranke für den Rechtswillen lediglich in dem Sinne einer schützenden Form, eine Brustwehr, welche dem Recht Macht verleiht. Die an sich zufällige und willkürliche Natursatzung erlangt in der Form des Gesetzes begriffliche Allgemeinheit und Nothwendigkeit. Wenn das Gesetz jeden diebischen Eingriff in fremdes Eigenthum verwehrt, so geschieht es auf den ersten Anblick nur zum Vortheil Dessen, dem Etwas gestohlen werden kann, in Wahrheit aber ist es zugleich für den diebischen Willen der positivste und belangreichste Schutz, weil dasselbe Gesetz, das dem zu Bestehlenden seinen Besitzstand hinsichtlich untergeordneter Besitzobjecte sichert, dem stehlen Wollenden den kostbarsten Besitz, nämlich das Leben, gewährleistet, auch dann noch, wenn er zur Strafe für einen wirklich begangenen Diebstahl gehenkt werden soll. [1])

[1]) Den Unterschied zwischen Natur und Freiheit wird man wohl thun nicht bis zum Gegensatz zu spannen: der Rechtsgrund liegt nicht in der Einheit von Handlung und Sache, vielmehr in der, allerdings erst

durch die volle Energie des persönlichen Wollens zu bewerkstelligenden, Hereinnahme des Sächlichen in die ideale Mitte des Geistigen. So blendend und zum Theil begründet die Antinomien sind, in welche C. von Rabenau Handlung und Sache, das Thatsächliche und das Recht trennt, so läuft seine Dialektik gleichwohl in eine schiefe Spitze aus, weil es an einer Ausgleichung gebricht. „Wie die Person — heisst es in der „Wissenschaftlichen Darstellung des Rechts" — nur die Reihe ihrer Handlungen, so ist die Sache nur die Reihe ihrer Nutzungen. Das Recht ist das Allgemeine in der Handlung als Naturgestaltung. Wie der Wille seine individuelle Gestalt als Recht in der Sache, so erhält die Natur ihre individuelle Gestalt als Sache im Rechte. Ohne Handlung ist die Sache nicht existent, wie die Handlung nur dadurch ist, dass sie eine Sache zum Inhalt hat."

§ 8. Irgend ein Widerspruch zwischen Natursatzung und Gesetz kann wohl, aber muss und soll nicht stattfinden. Vielmehr ist es die Bestimmung des Gesetzes, den natürlichen Willen und dessen Zwecke in Uebereinstimmung zu setzen mit der substanziellen Rechtsvernunft, welche der Rechtsgemeinschaft Bestand und stetige Entwicklung verleiht. Es giebt deshalb keine wahrhafte Rechtsordnung ohne Gesetz, diese „Regel für die unsichtbare Grenze, innerhalb welcher das Dasein und die Wirksamkeit jedes Einzelnen einen sichern freien Raum zu gewinnen vermag;" wohl aber hat die Wissenschaft zu unterscheiden zwischen Rechtsbildungen einerseits, bei welchen der natürliche Ausgangspunkt, oder die Natursatzung, so sehr überwiegt, dass Gesetze mehr oder weniger als blosser Nothbehelf angesehen und gehandhabt werden, und andrerseits solchen, bei denen das Gesetz eine so übergreifende und allgemeine Geltung erlangt, dass es die Natursatzung in die engsten Schranken des individuellen Familienlebens zurückweist und alle Rechtsverhältnisse, die ausserhalb dieser Sphäre liegen, legislatorisch und durch geschriebene Gesetze[1]) ordnet. Jenes ist der Standpunkt des germanischen, dieses der Standpunkt des römischen Rechts, indem ersteres mit seinem gesunden Naturalismus überall bestrebt ist, die Familie zum Staate zu erweitern, letzteres mit der Strenge statutarischer Formen das freie Handeln, so weit es über die geschlossene

Familieneinheit hinausreicht, bis in's Einzelnste determinirt. „Die individuelle Willensfreiheit und Willenshandlung ist nur dann eine rechtliche und darum gültige, wenn sie die rechtliche Substanz (das Gesetz) in sich hat, und die rechtliche Substanz zur individuellen Freiheit sich affirmativ verhält.“ [2]) Darin liegt kein Zwang, sondern die positive Determination des blossen Vermögens zu einem rechtlichen Handeln. Weiter aber folgt daraus, dass der subjective Wille, der zu einem gesetzlichen Actus schreitet, für seine Erklärungen auch verantwortlich ist, sich also nicht hinter der Verwahrung verschanzen kann, der äussern Erklärung entspreche der innere Wille nicht. [3])

[1]) Das griechische Gemeinwesen, darin dem germanischen ähnlich und dem arischen Ursprung näher als das römische, beruhte so sehr auf persönlichem Verkehr, dass ihm jede, das gewöhnliche Maass organischer Bildung überschreitende, Vergrösserung widerstrebte. Alle Staatsgenossen müssen einander, der Feldherr muss seine Truppen, der Volksredner die Gemeinde kennen, um erfolgreich wirken zu können. Daher auch die Abneigung gegen geschriebene Gesetze. Es bedurfte der Auflockerung alles Herkömmlichen, einer in das reine Element des Gedankens eingetauchten Weltanschauung, um in Aristoteles einen Fürsprecher geschriebener Gesetze in die Schranken zu rufen. Denn feste Normen seien einmal unentbehrlich, weshalb es zweckmässiger erscheine, wenn diese nicht in dem Gemüthe eines von Leidenschaften bewegten Menschen, sondern in Gesetzen enthalten wären, welche von allen persönlichen Stimmungen unabhängig sind.

[2]) F. Lassalle, das System der erworbenen Rechte. I.

[3]) Erzwungene Verträge sind als solche keineswegs nichtig, denn das Gesetz darf keine *reservatio mentalis* anerkennen. Der stillschweigende Wille, ein Rechtsgeschäft nicht abzuschliessen, kann Berücksichtigung nur dann finden, wenn die Partei ihn erklärt hat (Simulation). Wer vertragsmässig seinen Willen bindet, der kann sich nicht auf einen vorhergehenden Willensact berufen. Mit dem ursprünglichen Rechtswillen wäre das Recht selbst aufgehoben. Hier namentlich macht sich der Unterschied zwischen rechtlicher und sittlicher Forderung geltend.

§ 9. Das germanische Wort „Recht“ drückt die festgewordene, in bestimmte Formen gefasste (sittliche) Geradheit aus, somit ein Gewähren, und zwar in dem Sinne, dass der Rechtswille im genossenschaftlichen Leben überhaupt das als Recht gewährt, was er innerhalb der Familie als Natursatzung anerkennt. Auf dem Wege wird das Gesetz zu einer erweiterten Natursatzung: es bindet den Willen, weil und insofern er sich durch die Natur gebunden weiss. Umgekehrt hielt sich der Römer lediglich durch eine künstliche Schranke in dem Rechtswillen für gebunden: was ausserhalb der Familie lag, betrachtete er gewissermaassen als herrenloses Land, dessen sich Jedermann bemächtigen kann, wenn es ihm nicht gesetzlich verwehrt ist. Das Gesetz befiehlt, was der Bürger zu thun und zu lassen hat, daher „*jus*", von *jubeo*, „Gebot" bedeutet. In Folge eines kategorischen Befehls muss geschehen was gesetzlich geboten ist.[1]) Es verräth germanischen Einfluss, wenn die romanischen Völker das lateinische *jus* fallen liessen und sich einer dem deutschen Worte „Recht" entsprechenden Ausdrucksweise bedienen — *droit*, *diritto*, *dirêito*, *derecho*.[2]) Liegt beim Römer die Versuchung, zu viel Gesetze zu machen, nahe, so ist der Germane der Gefahr einer allzu spärlichen und darum ungenügenden Gesetzgebung ausgesetzt.[3]) Den Beruf zur Gesetzgebung hat jedes Zeitalter, so lange die durch den Fortschritt der Cultur entstandenen Rechtsbedürfnisse nicht gesetzlich befriedigt sind.

[1]) Was die Pandekten (Fr. 11 D. 1, 1) räsonnirend über den Begriff des Rechts beibringen, hat weniger einen rechtsgeschichtlichen als culturgeschichtlichen Werth. Ueber Ulpian's Definitionen bemerkt Zimmer (Geschichte des Römischen Privatrechts. I, 1. 233, n. 6), dergleichen habe so wenig Einfluss auf die Jurisprudenz selbst, als die Unfähigkeit, die Frage: *quid est jus?* zu beantworten, einen Beweis gegen des Candidaten juristische Tüchtigkeit abgebe. Die etymologische Bedeutung des Wortes *jûs* war den Römern selbst jedenfalls nicht klar. Dasselbe verräth deutlich genug seine Zusammengehörigkeit mit dem vedischen *yôs*, zendischen *yaos*, in der Grundbedeutung von Verbindung, Vereinigung, Ordnung. Das vedische Wort kommt nur sehr selten allein, fast stets in Verbindung mit *çam*, Besänftigung, Beruhigung, vor. „Ihr Götter gebet uns *çam* und *yôs!*" Beide sind indeclinabel, was eine in sich selbst ruhende Zuständlichkeit ausdrücken dürfte. *Yôs*, für *yavas*, ist aus der Wurzel *yu*, verbinden, vereinigen, herzuleiten, wozu die Wurzel *yuj*, *jungere*, ζευγνυμι, gehört. Während das Wort im Sanskrit sonst nicht weiter vorkommt, hat das Zend ein Compositum desselben mit der Wur-

zel *dhâ* (τιθημι, thun): *yaoźdâ*, der Terminus technicus für die ritusgemässe Vereinigung, ein religiös-statutarisches Rechtmachen. *Jubeo*, freilich mit kurzem *u*, könnte eine Composition des Wortes mit der Wurzel *bhû* sein, oder aber durch eine Causativbildung unmittelbar aus *yu* entstanden. *Jūdex*, *yû-dic* (*dicere*, δεικνυναι = Rechtweisen), und *jūrare* sind entschieden erst aus *yus* weitergebildet. So verstanden würde die ursprüngliche Bedeutung von *jūs* sich am Reinsten in *justus* erhalten, dasselbe was „Recht“ und „gerecht“ ausgedrückt haben, und die vertragsmässige Vereinbarung, die dem deutschen „Ding,“ „Geding“ zu Grunde liegt, wäre der eigentliche Sinn von *jus*. Erst dem geschichtlichen Rechtsbewusstsein Roms hatte man es zu danken, das Recht zum Befehl entwickelt zu haben, in Gemässheit der richterlichen Machtvollkommenheit, welche der König beim Gebote (*jus*) an den Sprechtagen (*dies fasti*) übte.

[2]) Umgekehrt ist es ein Zugeständniss, welches die germanische Rechtsanschauung der römischen macht, wenn, wie es allen Anschein hat, Schultheiss von „schulen“ (*jubere*) herzuleiten ist.

[3]) In dem „*Inspicientes*“ benannten Gespräche Hutten's wird es an den Sachsen gerühmt, dass ihnen Sitte und Herkommen statt geschriebener Gesetze dienen. „Sie sprechen Recht nach ihren eigenen alten Gewohnheiten, und gar weislich, denn nirgends findet man seltener, dass Jemand Gewalt und Unrecht geschieht.“

§ 10. Fordern kann Jeder sein Recht auf Grund des Gesetzes, und stipulirte Rechte haben so lange Geltung, als dieselben durch die Gesetzgebung als zulässig betrachtet werden. Damit fällt von selbst die schiefe Vorstellung von Urrechten, [1]) oder Menschenrechten, denen man die Eigenschaft des Unveräusserlichen und Unverjährbaren beizulegen beliebt. Urrecht heisst die Idee des Rechtes selbst, wie es keine andere Ursprache giebt, als die Idee der Sprache. [2]) Das Recht schlechthin kann nicht verloren gehen, für den Einzelnen ebensowenig als für das Ganze; handelt es sich hingegen davon, das Recht zur Geltung zu bringen, so kann der Rechtswille nicht mehr, aber auch nicht weniger, fordern, als was gesetzlich gestattet ist. Vermittelst des Nothwendigen wird das Mögliche zum Wirklichen: d. h. das handlungsfähige Rechtssubject übt sein Recht nach gesetzlicher, die Gesammtheit bindender Richtschnur, und der mit der Macht des Gesetzes erfüllte Wille heisst Rechtsperson. Es sind die Sätze oder Glieder eines Schlusses, in denen das rechtliche Handeln verläuft, und füglich könnte dieser Schluss auf die Benennung „persönlicher Schluss" Anspruch machen, weil er allen persönlichen Aeusserungen freier Vernunftthätigkeit gemein ist.[3])

[1]) Zu den Urrechten zählt man ohne Auswahl und wissenschaftliche Begründung: das Recht der persönlichen Subsistenz; das Recht auf äussere Anerkennung der Menschenwürde; das Recht auf freie äussere Wirksamkeit innerhalb der rechtlichen Schranke; das Recht zum Erwerb überhaupt und zum Gebrauch und Erwerb von Sachen insbesondere; das Recht zum Geschäftsverkehr und auf Wahrhaftigkeit und Redlichkeit in selbigem; das Recht der Nothwehr. Ebenso gut liesse sich jedes Rechtsgeschäft unter die Urrechte zählen, z. B. das Recht, zu kaufen und zu verkaufen. Den Gesetzgebern der National-Versammlung, welche die Menschenrechte proclamirten, rief Rivarol zu: *Ah! ne soyez pas plus savants que la nature. Si vous voulez qu'un grand peuple jouisse de l'ombrage et se nourrisse des fruits de l'arbre que vous plantez, ne laissez pas ses racines à découvert.* Etwas ganz Anderes ist es, wenn Wissenschaft und Praxis auf dem schwankenden Boden des Völkerrechts einige positive Bestimmungen als gemeingiltige Verbindlichkeiten zu erringen bemüht sind: so den Grundsatz der Souveränität, der Verkehrsnothwendigkeit und der Ordnung in der Gemeinschaft. (v. Kaltenborn, Kritik des Völkerrechts. 273 ff. R. v. Mohl, Encyklopädie der Staatswissenschaften. 415 ff.)

[2]) *Il n'y a pas eu plus de langue primitive que de chênes primitifs.* (Voltaire, *Dictionnaire philosophique s. v. ABC ou Alphabet.*)

[3]) Eine geschichtlich entwickelte Volkssprache, so arm oder so reich sie im Uebrigen auch sein mag, kommt nur dadurch zu Stande, dass der jedem Menschen angeborene Sprachtrieb in Einzelnen kräftiger hervortritt, als in der Masse der Andern. Der gewaltige Drang, ihre Innenwelt auszusprechen, sich verständlich zu machen, führt zur Erzeugung einzelner Sprachgebilde, die von der Gesammtheit angeeignet und in die objective Ordnung allgemeiner Sprachgesetze erhoben werden. Das auf natürlichem Wege entstandene Sprachthum wird weiterhin von dem Sprachsubjecte theils als Mittel der Verständigung, theils und namentlich als Sprachstoff gebraucht, um auf Grundlage der vorhandenen Gesetze umgebildet zu werden. Nur in dem Sinne ist der einer Sprache Mächtige wirkliche Sprachperson. Die religiöse Persönlichkeit entsteht im Zusammenhang der kirchlichen Ordnungen nach denselben Voraussetzungen. — Die Einführung eines Fremdrechts setzt unfehlbar ein Volk der Gefahr aus, dass die Herstellung einer vollwichtigen Rechtsperson unmöglich wird. Das Gesetz verliert seine objective Beziehung zum subjectiven Rechtswillen, dem es als ein Aeusserliches gegenübersteht, daher der Rechtswille im Gesetze sich nicht selbst wiederfindet. Das Gesetz soll der „Spiegel" des Rechts sein und zu keiner blos

äussern Schranke herabsinken, mit welcher der Wille weiter nichts zu schaffen hat, als dass er sie nicht übertreten darf. Sich gegen alles Fremde abzuschliessen, braucht das Rechtsbewusstsein darum nicht: es kann getrost von Aussen alles das aufnehmen, was es zu assimiliren, mit seiner eigenen Natur in lebendige Uebereinstimmung zu bringen vermag. Das Fremde darf nur kein fremder Besitz bleiben.

Zweiter Abschnitt.

Die Rechtskategorien.

§ 11. Richtig abgeleitet können die Rechtskategorien nur dann sein, wenn der Rechtsbegriff in ihnen sein eigenes Wesen aufschliesst. Es thut der Trefflichkeit des römischen Rechts nicht im Geringsten Abbruch, dass die Dreitheilung von Person, Sache und Forderung [1]) keine logische heissen kann. Ein Recht der Sache giebt es nicht, sondern blos ein persönliches Recht auf oder an Sachen, und eine gesetzlich begründete Forderung steht darum in keiner unmittelbaren Beziehung zu einem Sächlichen, sondern immer nur zu einem Persönlichen.[2]) Man muss sich in der That darüber wundern, dass die germanistische Wissenschaft noch immer nicht im Stande war, diesen von den Römern überkommenen Irrthum, der sich übrigens durch die Eigenart des römischen Rechts wohl entschuldigt, zu verdrängen. Es ist eine nothwendige Folge dieses Verhältnisses, dass ein von dem Eigenthum abgetrenntes Personenrecht mehr nicht sein kann, als ein inhaltsloser Begriff. Das Recht auf Leib und Leben, nebst den Qualitäten, die den s. g. Personenstand *(status)* des Rechtssubjects ausmachen, enthält nichts schlechthin Persönliches, den Rechtswillen an sich Betreffendes, sondern begreift bereits eine Art von Sächlichem in sich, so dass das Recht, sobald es einen bestimmten und wirklichen Rechtsanspruch ausdrückt, irgend ein Besitzverhältniss, wie solches in der Beziehung des Rechtswillens zu der dienstbaren Leiblichkeit kund wird, zum Gegenstand hat. Alter, Mündigkeit, Geschlecht, Gesundheit, sowie diejenigen Eigenschaften, welche zum Familienstande und zum bürgerlichen Status gehören, sind keine immanenten Voraussetzungen der Rechtsperson, vielmehr accessorische und zum Theil wechselnde Zustände, nach deren Befund das Gesetz den Kreis der dem Rechtswillen zustehenden Befugnisse weiter oder enger zieht.[3]) Innerhalb des Rechtsorganismus erhält alles Sächliche seine allgemeine Beseelung durch den dahinter liegenden Willen, und der hinwiederum bedarf, um in rechtliche Beziehungen zu treten, einer besondern Verkörperung, eines sinnlichen Objectes, wozu ausser dem Gegenständlichen jede Art Leistung gehört.

[1]) „Die Vollendung eines Rechtes tritt ein, sobald es die natürliche Ungleichheit der Menschen überwunden und in den einfarbigen Begriff der Person zurückgedrängt hat; sobald es ferner seine Entscheidungen frei erhielt von dem Einfluss irgend einer Verschiedenheit der Naturgegenstände, deren reiche Mannigfaltigkeit vielmehr in dem eintönigen Begriff der Sache aufgehen lässt, und in der bunten Thätigkeit der Menschen nichts Anderes erkennt, als die Begründung von Forderungen und Verbindlichkeiten." (Puchta, Cursus der Institutionen. I. 18.) Ist dem so, dann hat das römische Recht Anspruch, der Vollendung nahe zu sein, indem es die ganze Kraft gesunder Verständigkeit dran setzte, um mit seiner Dialektik den gesammten Verkehr der Menschen zu umspannen.

[2]) Die äusserste Consequenz der entgegengesetzten Rechtsanschauung hat Kierulff (Theorie des gemeinen Civilrechts. I. 160) in dem Satz zusammengefasst: „Das Subject des dinglichen Rechts ist unbestimmt, für das Bestehen dieses Rechts unwesentlich und gleichgiltig." Jedes Recht, darum auch das dingliche, kann überhaupt von einem solchen die Rede sein, setzt einen Rechtsgrund voraus, und den sucht man ohne einen Rechtswillen vergebens. Schon aus logischen Gründen erscheint es bedenklich, mit v. Savigny (System. III. 10) „die berechtigte Person als die bleibende Substanz, das Recht selbst aber als das Accidens anzusehen, welches nach wechselnden Umständen bald verbunden ist mit der Person, bald nicht." Ein Accidens ohne Subject ist eine leere Abstraction, und ein concretes Recht ohne Rechtssubject eine Unmöglichkeit. Entweder fällt es zu Boden, oder geht auf einen andern persönlichen Träger über.

[3]) Die Lehre von den Menschenrechten vermag sich allein dadurch in der Wissenschaft zu behaupten, dass der Inbegriff von Rechten der menschlichen Persönlichkeit damit verbunden wird. Das Personenrecht

soll seine Begründung finden, indem die Rechte der Persönlichkeit nicht als blosse Modificationen der Rechtsfähigkeit, sondern als wirkliche, auf die wesentlichen Lebensverhältnisse der Persönlichkeit sich beziehende Rechte aufgefasst werden. (Ahrens, Juristische Encyklopädie. 600. Bluntschli, Deutsches Privatrecht. § 13.) Ist der herkömmliche Begriff des Personenrechts nicht zu halten, so fällt damit auch der Begriff des Menschenrechts.

§ 12. Weil der Wille im Rechte sich der äussern Bedingungen zu vergewissern sucht, von denen das friedliche Zusammenleben der Menschen unter sich abhängt, kann die Rechtssubstanz gerade nur so viele Grundbestimmungen enthalten, als es Beziehungen des Willensvermögens zu dem Gegenständlichen giebt. Der Rechtswille verhält sich entweder aneignend, oder entäussernd, oder ausgleichend, letzteres so viel als im Entäussern aneignend und im Aneignen entäussernd, daher das rechtliche Handeln als ein Nehmen (Haben), Geben und Vertragen zur Erscheinung kommt. Den Hauptkategorien Eigenthum, Schenkung, Vertrag müssen sich alle Rechtsbestimmungen und Rechtsgeschäfte unterordnen lassen, wenn der Eintheilungsgrund richtig ist. Es sind Wechselbegriffe, von denen der eine den andern logisch voraussetzt, jedoch in der Art, dass eine stetige Progression, in der Stufenfolge von Begriff, Urtheil und Schluss, [1]) die Kategorien hinsichtlich des Rechtswillens und seines vorwiegend realen oder idealen Handelns verknüpft. Ohne Eigenthum keine Schenkung und ohne Schenkung kein Vertrag. Nie wird es der Wissenschaft gelingen, einen nicht blos postulirten, sondern innerlich begründeten Uebergang vom Sachenrecht zum Obligationenrecht nachzuweisen, wenn nicht der Begriff der Schenkung aus seiner untergeordneten Stellung einer besondern Vertragsweise befreit und zum Range einer Hauptkategorie erhoben wird.

[1]) Das Eigenthum stellt den Subjectbegriff im Rechte dar, und dieser erweitert sich mittelst der Schenkung durch das aus dem einfachen Begriff herausgearbeitete Prädikat zum Rechtsurtheil, worauf der Vertrag in Form eines Schlusses zwei Eigenwillen in eine immanente Beziehung zu einander bringt.

§ 13. Die Beziehung, in die sich der aneignende Rechtswille zu dem anzueignenden Rechtsobjecte setzt, ist zunächst eine thatsächliche — Innehabung. Durch den derb realistischen Charakter des römischen Rechts hat man sich verleiten lassen, in der Innehabung mehr nicht als ein Handfestes, oder den Gewahrsam vorauszusetzen; allein ohne eine Zuthat des subjectiven Selbstbestimmungsvermögens fielen Innehaben und Innegehabtes überhaupt nicht mehr in den Bereich des Rechts, was schon die Römer richtig erkannten, denn auch das, was sie *(nuda) detentio* nannten, war für sie kein blos körperliches Verhältniss, sondern mit einem bestimmten Willen des besitzenden Theils erfüllt.[1]) Das Innehaben drückt vielmehr ein bewusstes Machtverhältniss aus, zwar erst noch mit der leisesten, fast verschwindenden Willensbestimmung, aber immerhin nicht ohne allen Antheil rechtlicher Absicht. Weit entfernt, dass der Wille das, was er inne hat, in leiblicher Gewalt zu haben braucht, genügt es schon, wenn er die Macht darüber in seinem Innern hat.[2]) Zwar nur erst als subjectives Vermögen, nicht als wirkliche Machtvollkommenheit, und deshalb rechtfertigt es sich von selbst, das Vermögen auch im objectiven Sinne von allem dem zu verstehen, was der Wille inne hat.[3]) Irgend eine thatsächliche Beziehung des Willens zu einem Gegenständlichen, sobald sie geltend gemacht werden kann, begründet die Möglichkeit, das Gegenständliche sich rechtlich zueigen zu machen. Ein Magnet übt unleugbar eine Anziehungskraft auf alles in seiner unmittelbaren Nähe befindliche Eisen aus, diese Kraft kann jedoch zu schwach sein, um ein wirkliches Eisenstück mit dem magnetischen Körper in Berührung zu bringen. Dieselbe findet Statt, sobald die Anziehungskraft vermehrt oder, je nach Umständen, die Widerstandskraft des angezogenen Körpers vermindert wird. In seiner Beziehung zur Sache steht der innehabende Rechtswille nur erst auf der äussersten Grenzscheide rechtlicher Vermittlung und folglich Aneignung: nunmehr ist es seine Sache, das Dingliche von der Peripherie hereinzunehmen in seine eigenste und innerste Wirkungssphäre. Das Innehaben steht an der Schwelle des Eigenthums, dessen **Möglichkeit** es ausdrückt.

[1]) Bruns, das Recht des Besitzes im Mittelalter und in der Gegenwart. 466.

[2]) Angenommen, Jemand habe auf einer unbewohnten Insel einen Goldklumpen entdeckt, ohne ihn mitnehmen zu können, so kann er sich als Inhaber desselben ansehen, so lang es in seiner Macht steht, dahin zurückzukehren und den Fund in seinen Besitz zu bringen. Der Klumpen gehört zu seinem Vermögen, auch wenn ihm Niemand darauf borgt.

[3]) Im wirthschaftlichen Sinne dürfte dies der allein richtige Begriff des Vermögens sein, und Roscher (Grundlagen der Nationalökonomie. § 7) nimmt von seinem Standpunkte aus denselben viel zu eng, wenn ihm Vermögen die Summe aller Verkehrsgüter heisst, welche sich im Eigenthum einer physischen oder juristischen Person befinden. Nach den Erwerbstiteln hat die Wirthschaftslehre nicht zu fragen, sondern nur nach der Verwerthung.

§ 14. Eins mit dem Rechtswillen wird das Gegenständliche durch den Besitz (*possessio*), indem zu dem Vermögen des thatsächlichen Innehabens das bewusste persönliche Aneignen hinzukommt. Wie immer der Wille einen Gegenstand inne haben mag, um ihn rechtlich zu besitzen, muss er ihn unmittelbar einnehmen, er muss „aufsitzen", [1]) damit das Vermögen als wirkliche Machtvollkommenheit zur Geltung gelangt. Der Satz enthält zwei Bestimmungen, die für die gesammte Lehre vom Besitze entscheidend sind: einmal, dass das Besitzobject ein sinnlich abgegrenzter und übersichtlicher Gegenstand (ein *certum*) sein muss — um Etwas haben zu wollen, muss man wissen, was es ist; sodann, dass nicht der Rechtswille als solcher, vielmehr eine bestimmte Entschliessung und einzelne Determination den Gegenstand in Besitz nimmt. Dem *corpus* entspricht der *animus*, der mit dem Wesen der allgemeinen Selbstbestimmung nicht verwechselt werden darf. Ein spezifischer Willensact einigt sich mit einem spezifischen Object, nicht um dessen allgemeines Natursein der Substanz des Rechtswillens einzuverleiben, wohl aber um das, was durch Umstände in den Bereich subjectiver Freiheit fiel, so lange an sich zu behalten, als die gesetzliche Möglichkeit dazu vorhanden ist. Die unsichere *(incerta)* Möglichkeit, die im subjectiven Vermögen des Innehabens liegt, gestaltet sich zur objectiven Wirklichkeit eines gesicherten Könnens oder Vermögens. Schon aus dem ausgesprochenen Habenwollen entsteht ein Rechtsverhältniss zwischen dem aneignenden Subject und dem anzueignenden Object, das aber seinem Entstehungsgrunde nach, in Folge eines unmittelbar beim Acte des Einnehmens erhobenen Widerspruchs von Seiten besser Berechtigter, sofort erlischt und anfechtbar bleibt, auch nachdem der Besitz „ergriffen" ist. Es schützt indess das Gesetz den Besitz-ergriffen-habenden in Uebereinstimmung mit der Idee des Rechts, die ohne Zugreifen gar nicht verwirklicht werden kann. Der Besitz gilt für rechtmässig, bis das Gegentheil erwiesen ist,[2]) womit zugleich ausgesprochen wird, dass derjenige, der einen ihm angehörenden Gegenstand, ohne Einsprache zu erheben, in den Besitz eines Andern gelangen lässt, eine Fahrlässigkeit begeht, seinen Rechtswillen gleichsam aus der Sache zurückgezogen zu haben scheint. Wer einen an ihm verübten Diebstahl nicht zur Anzeige bringt, der verzichtet freiwillig auf den gesetzlichen Schutz seines Eigenthums; wogegen ein Solcher, der die Sache geliehen oder gepachtet hat, in seinem Besitze von dem Eigenthümer nur auf Grund des Gesetzes angefochten und gestört werden kann. Dass der unredliche Besitzer, der die Unzulänglichkeit seiner Besitztitel kennt, für Alles verantwortlich gemacht werden kann, was sich während seines Besitzes mit der besessenen Sache ereignet, folgt aus der bewussten Gesetzwidrigkeit seines Handelns. Eine Vererbung des Besitzrechts schliesst sich von selbst durch dessen Entstehungsweise aus, denn der Rechtswille als solcher kann wohl über Raum und Zeit hinausreichen, nicht aber die zufällige Verbindung eines Entschlusses mit einem Gegenständlichen.

[1]) Der Deutsche stellte einen Stuhl auf den Acker, den er in Besitz nahm, bestieg das erworbene Ross, um seinen Besitztitel sinnlich wahr-

nehmbar zu machen. Dass auch der römischen Besitztheorie eine symbolische Ergreifung des Theils für das Ganze geläufig war, wird man selbst gegen die Auctorität v. Savigny's anzunehmen haben. (Lenz, das Recht des Besitzes.)

[2]) Der Schutz wird durch s. g. persönliche Klagen gewährt.

§ 15. Der Einzelerwerb, oder die Aneignung eines Gegenständlichen als solchen, sie mag geschehen wie sie will, ist so lang Besitz, bis der Erwerber sich mit der Substanz des Gesetzes darüber auseinander gesetzt hat, dass er das Einzelne der Sache in die allgemeine Selbstbestimmung seines Willens und folglich in sein Eigenthum aufzunehmen berechtigt ist. Jedes Besitzergreifen enthält ein kritisches Moment, weil bald bekannte bald unbekannte Gewichte daran hängen, die sich von gar verschiedenen Seiten dem Hereinnehmen des Gegenständlichen in die ideale Machtsphäre des Rechtswillens entgegensetzen können. Der Besitz schwankt zwischen der Wirklichkeit oder Möglichkeit entgegengesetzter Willensbestimmungen, deren keine es zu einer unbedingten Einverleibung in das übergreifende Eigenthumsrecht eines subjectiven Herrscherwillens kommen lässt. In solcher Lage kann der Besitz auf's Verschiedenste gestaltet, die entgegenstehende Berechtigung eines aneignenden Willens entweder bestimmt und klar ausgesprochen, durch freie Uebereinkunft das Gegenständliche absichtlich in der Schwebe gehalten, oder durch die Art des Erwerbs selbst die Möglichkeit fremder Ansprüche gegeben sein. Jede Möglichkeit einer rechtlich begründeten Einsprache benimmt dem Eigen das Merkmal der Unbedingtheit und darum Nothwendigkeit, gleichviel ob der Anspruch einem Einzelnen, der Familie, der Genossenschaft, dem Staate zukommt. Der Begriff des Eigenthums duldet keinerlei Einschränkung: ächtes Eigen ist unzertrennlich von unbedingter Verfügbarkeit, und wo diese gesetzlich nicht gefordert werden kann, [1]) da sinkt das Eigenthum zum blossen Besitz herab. Der besitzende Wille schwebt gleichsam über seiner eigenen Determination und dem Gegenstand des Besitzes; zwar nicht mehr blosse Anwandlung zu einer Rechtsbeziehung, wie bei der Innehabung, die sich einer bestimmten Absicht erst bewusst zu werden anfängt, ist das Besitzen-wollen eine zur Reife gelangte Entschliessung *(animus sibi habendi)* hinsichtlich eines streng gesonderten Objectes, aber eben deshalb fehlt dem Besitze die ideale Natur des schlechthin Allgemeinen und Nothwendigen. Im Eigenthum ist es der Gesammtwille, mit der ungetheilten Machtfülle seines Bestimmungsvermögens, der mit dem begrifflichen Wesen des von ihm Angeeigneten zusammenwächst, ein mit Freiheit erfülltes Sinnliches und ein in die Erscheinung eingegangenes Freies. Das Merkmal der Unbedingtheit büsst das Eigenthum dadurch nicht ein, dass der Wille, bewusst oder unbewusst, das Seinige in den Besitz und das damit verbundene Recht eines Andern gelangen lässt: der Besitz ist schlechterdings an die Formen der Sinnlichkeit, an Raum und Zeit, gebunden und hört mit dem Verschwinden dieser Bedingungen von selbst auf; dem Eigenthumswillen thut ein augenblickliches Loslassen des sinnlichen Gegenstandes keinen Eintrag, weil seine Factoren ideale Grössen sind und innerlich davon gar nicht berührt werden, wenn augenblicklich das raum-zeitliche Object durch eine fremde Determination festgehalten wird. Das ganze Gewicht fällt auf die reale Möglichkeit einer unbedingten Zurücknahme, während das dem Besitze eigene Rechtsverhältniss vorübergehend und precär bleibt. Sofern er nur besessen wird, ist der einzelne Besitzgegenstand hypothetischer Begriff des Allgemeinen: er kann die Bestimmung haben, sich allgemein und nothwendig zu dem aneignenden Rechtswillen zu verhalten, so dass das Allgemeine als die Macht der Möglichkeit über dem Einzelnen schwebt. Umgekehrt ist das in wirkliches Eigenthum übergegangene Gegenständliche als Einzelding blos eine Bestimmung des allgemeinen Rechtswillens, dem es anhaftet, gleichwie beim Besitze weiter nicht als der Widerschein des Allgemeinen auf das Einzelne fällt. Der geschichtliche Ursprung eines Eigenthumsrechts kann nicht entscheiden, sondern allein die gesetzliche Anerkennung. Es liesse sich unschwer nachweisen, dass kaum ein Culturvolk auf dem Boden, dem es entstammt, frei und mächtig geworden ist; dass das meiste Eigenthum Anfangs eine Folge der Eroberung und der durch den Willen der Gesammtheit bewerkstelligten Zutheilung von Ackerloosen war: — worauf es wissenschaftlich allein ankommt, das ist die gesetzlich anerkannte Berechtigung, mit dem zugetheilten Loose nach Belieben zu schalten und zu walten, und jede Beeinträchtigung dieser Freiheit, wenn es nicht anders sein kann selbst mit Gewalt, zurückzuweisen. Der aneignende Rechtswille gelangt so lange nicht zur Ruhe, bis er der Gemeinschaft und der durch sie gesetzten Rechtsordnung gegenüber dieses sein Recht errungen hat und behaupten kann. Noch mehr! Die uneingeschränkte Machtvollkommenheit greift hinaus über den phänomenalen Besitzstand, über das sinnliche Ergreifen und Festhalten des Gegenständlichen; denn Alles und Jegliches, was in das Eigenthum des Rechtswillens einmal übergegangen, bleibt, ohne Rücksicht auf seine übrigen Eigenschaften und sein raum-zeitliches Verhalten, zur unanfechtbaren Verfügung des Eigenthümers,[2]) weil im Unterschied vom Besitze, bei dem das Allgemeine blosse Bestimmung des Einzelnen ist, im Eigenthum das Allgemeine das Einzelne bestimmt.

[1]) Die römischen Juristen sprechen von einem *animus possessionis, possidendi* u. s. w., aber nicht von einem *animus domini* oder *dominii,* aus dem natürlichen Grunde, weil der Wille nur beim Besitze die Absicht haben kann, ihn zu behalten, beim Eigenthum dagegen mit dem Gegenstande ganz und gar identisch ist. Hier ist das Streben vollständig befriedigt oder gesättigt: der Wille vermag sich selbst nicht zu wollen, sondern nur in dem Seinigen zu setzen, zu bejahen, zu behaupten. Beim Besitz schlägt der *animus*, als Absicht fremde Ansprüche abzuweisen, vor. Das Eigenthum bleibt unter allen Umständen kategorisch, der Besitz hypothetisch. Dass die Römer selbst den *animus* als eine subjective Stimmung auffassten, ersieht man daran, dass sie *affectus* dafür setzten.

[2]) Kant unterscheidet richtig den intelligibeln Besitz von dem empirischen.

§ 16. Eine ächte Schenkung setzt ein ächtes Eigenthum voraus: rechtmässig gegeben kann nur werden, was rechtmässig genommen ist. Die Entäusserung als solche aber geschieht in derselben Stufenfolge wie die Aneignung. Was der Wille innehat, das kann er dahingeben (*tradere*), d. h. die Macht, die er über ein Gegenständliches besitzt, freiwillig abtreten, wobei es wiederum die Vernunft der Sache unberührt lässt, ob das Dahingeben leiblich oder geistig, etwa durch Mittheilung, wo ein Ergreifbares zu suchen ist, erfolgt. Der Inhaber entlässt die Sache einfach aus seinem subjectiven Vermögen. Eine Rechtsgenossenschaft ist nicht befugt, den Rechtswillen, den sie als solchen anerkennt, an der Entäusserung dessen, was er hat, zu hindern, vorausgesetzt dass die Thatsache des Innehabens nicht an sich schon der Rechtsordnung zuwider läuft. Das Unrecht hebt von selbst das Recht auf. Auch hier ist es die Thatsache als solche, die in ihrer nackten Unmittelbarkeit als Ausfluss des Rechtswillens anerkannt werden muss; jedoch so wenig, als beim Innehaben, in der äusserlichen Weise des Uebergehens von einer Hand in die andere, vielmehr als eine Entäusserung des noch indeterminirten Rechtswillens. Der bestimmende Zweck ruht noch in der Thatsache des Gebens, und die Rechtshandlung, an sich formlos, entbehrt der Bedingungen eines ordnungsmässigen Rechtsgeschäfts. Wer das Dahingegebene empfängt, kann selbstverständlich nicht mehr empfangen, als der Innehaber selbst hatte — Möglichkeit rechtlicher Aneignung.

§ 17. So lang der bestimmende Grund fehlt, heisst Schenken Weggeben, das sich nur zufälliger Weise vom unnützen, verschwenderischen Wegwerfen unterscheidet. Durch Vertiefung des Schenkungsbegriffs in sich selbst kommt es zu einer motivirten Entäusserung, als absichtlicher Schenkung oder Zuwendung, mit dem ausgesprochenen Zwecke, dem Beschenkten wohlzuthun. Dies genügt, um die vorangehende Möglichkeit eines rechtlichen Besitzes zu verwirklichen, ohne dass in der Zuwendung selbst ein Rechtsgrund enthalten wäre, den Gegenstand der Schenkung nicht blos zu besitzen, sondern als wirkliches Eigenthum anzusehen. Erfolgen kann die wohlthätige Zuwendung allein aus dem wirklichen Besitzstande des Schenkenden. Mag die wohlthätige Absicht noch so bestimmt sein, zu ihrer Verwirklichung bedarf es eines mit dem Willen des Schenkers unmittelbar verbundenen Gegenständlichen. Ein solches ist weder die Erbschaft, die Jemand zu erwarten hat, noch das Geisteswerk, das er künftig einmal zu verfassen gedenkt, weshalb in beiden Fällen die Zuwendbarkeit wegfällt. Auf der Stufe der wohlthätigen Zuwendung hat die Schenkung ihre Merkmale mit dem Besitzrecht gemein, den einzelnen Willensact und das bestimmte Gegenständliche, und obschon sie unwiderruflich sein kann, und jedenfalls der Beschenkte in seinem Besitze geschützt ist, so bleibt doch vorerst der Eigenthumstitel des Schenkers ununtersucht und das Recht des Beschenkten anfechtbar.

§ 18. Auf dem Punkte, wo die Schenkung ihre anfängliche Möglichkeit verwirklicht, ist ihr Verhältniss zu dem ihr analogen Besitz dieses. Kraft seiner eigenthümlichen Besonderheit und besondern Eigenthümlichkeit ist alles Wirkliche nur beziehungsweise, ein Hypothetisches hinsichtlich der verwirklichenden Nothwendigkeit seines Grundes, auf den es zurückweist und von dem es getragen wird. So namentlich der Besitz, dessen Beziehung zu seinem nothwendigen Rechtsgrund von dem Gesetz in Schutz und Obhut genommen wird. Dass er diesen Grund erst suchen musste, um ihm seine gesetzliche Stellung anzuweisen, dies ist die Eigenthümlichkeit des römischen Besitzes, dessen vertragsmässiger oder im guten Glauben gemachter Erwerb dem schroffen und unerbittlichen Eigenthumsbegriff Schritt um Schritt abgerungen werden musste. Meister über seine rechtliche Möglichkeit, sucht der Besitz an der Hand des Gesetzes sich in seiner Wirklichkeit zu erhalten, um je nach Umständen die hypothetische Beziehung zu seinem Rechtsgrunde in durchsichtige Nothwendigkeit aufzuheben. Bis dahin ist er precär, und so ist es auch die verwirklichte Schenkung, so lang sie eine spezifische, d. h. wohlthätige, Zuwendung zum Gegenstand hat und als Besitz des Beschenkten in gesetzlichem Wege aufrecht erhalten wird, bis der Rechtsgrund geprüft und anerkannt ist. Was an wirklichen Besitzgegenständen in das Eigenthum des Rechtswillens übergegangen ist, hört seinem Sein nach nicht auf, in seiner Besonderheit und Eigenart zu beharren; seinem Rechte nach geht es unter in der allgemeinen Nothwendigkeit des Gesammteigenthums, über das als ein Ganzes der Wille verfügt, und zu dem der einzelne Gegenstand sich verhält, wie der Besitz als solcher zu der Allgemeinheit und Nothwendigkeit des Gesetzes. Eben dahin will die wohlthätige Zuwendung gelangen. Dieselbe Spannung zweier Rechtswillen, die beim Besitz durch das Gesetz absichtlich in der Schwebe erhalten wird und anders nicht, als in der unbedingten Aneignung des Gegenständlichen durch den einzigen rechtmässigen Träger zur Ruhe und Uebereinstimmung gelangt, erhält das Object wohlthätiger Zuwendung auf der Peripherie zwischen dem sich enteignenden Schenker und dem aneignenden Beschenkten, bevor dasselbe ungezweit dem aneignenden Willen anheimfällt. Die ideale Vermittlung zwischen Subject und Object tritt bei der Schenkung erst da ein, wo der uneingeschränkte Wille unbedingt über freies Eigenthum verfügt. Insofern es in den vorgeschriebenen Formen des Gesetzes geschieht, ist der Schenkende nicht an die sinnliche Gegenwart und Dahingabe seines Eigenthums gebunden, kann vielmehr, ohne durch Raum und Zeit beengt zu sein, schenkweise sich alles dessen entäussern, was von nah oder fern, über kurz oder lang in seine rechtliche Gewalt fällt. Die sinnlichen Merkmale, die bei der wohlthätigen Zuwendung an dem Gegenständlichen haften müssen, um die Natur des Schenkungsobjectes vollständig zu machen, können bei der ächten Schenkung entbehrt werden, in den potenziellen Zustand zurücktreten: der Materie oder dem Inhalt nach bewegt sich das Rechtssubject in der übersinnlichen Sphäre der ihm durch das Gesetz zugesicherten Willensbestimmungen und ihrer nothwendigen Allgemeinheit; die gesetzliche Form aber, in der diese zur Erscheinung kommen, muss um so strenger gewahrt werden, je zwangloser der Wille mit dem Gegenständlichen verfährt. Die eigentliche Schenkung bezweckt nicht mehr blos eine Bereicherung oder Gütervermehrung des Beschenkten, sondern eine Kräftigung und Erweiterung seines Rechtswillens aus der Fülle der Eigenmacht des Schenkenden. Für die wohlthätige Zuwendung giebt der einzelne Gegenstand *(certum)* den Ausschlag: die Schenkung tritt in den Mittelpunkt des Gesammteigenthums und behauptet ihre Stellung, wie viel oder wie wenig von der Aussenseite verloren gehen mag.

§ 19. Rechtliches Haben und Geben, deren Modalität, als Inhabung, Besitz, Eigenthum einerseits, als Dahingabe, Zuwendung, Schenkung andrerseits, vom Möglichen an durch das Wirkliche sich fester und fester bis zum Nothwendigen schürzt, haben es auschliesslich mit dem Verhältniss zwischen Person und Sache zu thun. Obschon bei dem Haben die Person des Eigenthümers gegenüber der Person des Besitzers und umgekehrt, beim Geben die Person des Beschenkten gegenüber dem Schenker in Betracht kommt, so wird davon weder der Begriff des Eigenthums, noch der Begriff der Schenkung an sich berührt. Die Beziehung ist eine abgeleitete. Eine ursprüngliche Verknüpfung zwischen zwei Rechtssubjecten liegt in dem Rechtswillen selbst ausgesprochen: sofern er sich aneignend und entäussernd verhält, kann es nicht fehlen, dass die Beziehung zwischen Person und Sache in ihrer lebendigen Wechselwirkung zwei oder mehr Rechtswillen in Berührung bringt, nicht etwa um, wie die kriegerische Stimmung des 17. Jahrhunderts glauben machen wollte, den Krieg Aller mit Allen in Scene zu setzen, vielmehr um den Bedingungen zu genügen, deren der gesellschaftliche

Mensch zur Verwirklichung seiner Ideenwelt bedarf. Vernunftmässig gedacht ist die rechtliche Beziehung zweier Willensvermögen Vertragen, was so viel heisst als Ausgleichung zwischen den beiderseitigen Sphären ihrer Berechtigung. Um sich vertragen zu können, muss jede der beiden Parteien Etwas haben, dessen sie sich entäussern kann, und wäre es auch nur das (subjective) Vermögen, aus dem (objectiven) Vermögen der andern Partei Etwas anzunehmen oder abzulehnen.

§ 20. In dem Verhältniss der Person zur Sache ist wohl Wechselwirkung, aber keine Gegenseitigkeit, welch' letztere sich allein mit ebenbürtigen, gleichgearteten Factoren verträgt. Der Vertrag erträgt keinerlei spezifische Ungleichheit: nur ein berechtigter Wille vermag sich mit einem andern berechtigten Willen zu vertragen. Demnach hat man das ausgleichende Moment nicht in der Leistung, wohl aber in der Leistbarkeit zu suchen. Zwei Rechtswillen binden sich in ihrem subjectiven Vermögen, wobei es ganz gleichgiltig ist, ob der eine sich zum Geben, der andere sich zum Annehmen verbindlich macht. Nicht das Gegenständliche, sondern der Wille entscheidet, und selbst beim Schenkungsvertrag steht die formelle Erklärung, die Schenkung annehmen zu wollen, auf derselben Linie mit dem Versprechen des Schenkers. Wer dem Verhältniss auf den Grund sieht, der erkennt eine reine Gleichung zwischen zwei Leistungen, und der Punkt, an welchem die Leistenden zusammentreffen, schliesst sie zu einer idealen Einheit zusammen, so gut als der Eigenthümer mit seinem Eigenthum real Eins ist. Unterscheiden lassen sich dann allerdings in den sich gegenseitig bindenden Willensacten zwei Seiten, die erst in ihrer gegenseitigen Durchdringung den ächten und eigentlichen Vertrag zu Stande bringen — die Verbindlichkeit nämlich und der Anspruch.

§ 21. In der Verbindlichkeit *(obligatio)* belastet sich der Rechtswille einem andern gegenüber, zwar unter Voraussetzung einer Gegenleistung, aber immerhin in ursprünglicher Weise. Wie beschaffen die versprochene Leistung auch sein mag, die ausgesprochene Absicht, ein Gegenständliches, sei es als Sache *(dare)*, sei es als Dienst *(facere, præstare)*, aus dem Rechtswillen zu entlassen und dem sich vertragenden Subjecte einzuverleiben, muss allen andern Erwägungen und Handlungen vorausgehen. Wer über eine solche freiwillige Selbstbelastung nicht mit sich im Reimen ist, dem fehlt der *animus contrahendi*, denn um einen Andern zu obligiren, muss man sich zuvor gegen ihn obligirt haben. Der despotische Wille lässt sich dazu nicht herbei, weil er eben unbelastet, d. h. uneingeschränkt, bleiben will: — er nimmt, oder schenkt, und schon darum sollte man nicht so gewaltig sich dagegen sträuben, in dem Rechtsstaate ein Vertragsverhältniss zwischen Fürst und Volk anzuerkennen. Wer von Beiden gewinnt denn dabei, wenn die Krone mit der Summe der ihr zukommenden Attributionen weiter nichts ist, als ein durch beliebige Occupation gewonnenes Eigenthum? Die Selbstherrlichkeit und Thatkräftigkeit des römischen Rechtswillens erkennt den Vertrag nur in seinem obligatorischen [1]) Charakter an, und verzichtet damit auf die reine [2]) Vermittlung der ursprünglichen Gegenseitigkeit und die innere [3]) Verknüpfung der sich bindenden Rechtswillen.

[1]) Für den absoluten Rechtsbegriff des Römers giebt es gar keinen andern Weg, um zwei Rechtswillen in eine friedliche Beziehung zu einander zu bringen, als die Selbstbelastung. Alles geht vom Subject aus, und Alles läuft auf das Subject zurück: *do ut des, do ut facias, facio ut des, facio ut facias*. Dies ist alles Rechtes Anfang und Ende. Der Einwand, die Delictsobligation, d. h. die aus Beschädigung oder Verletzung entsprungene Verbindlichkeit, erheische einen andern Erklärungsgrund, ist nicht stichhaltig, weil es sich dabei nicht mehr um das Recht, sondern um den Rechtsstreit handelt. Ersatz ist Abkommen, Nothbehelf, an Statt des Vertrags, aber nicht selbst Vertrag. Vor muthwilliger Verletzung bewahrt das Gesetz, und wenn in Fällen, wo das Gesetz für unfreiwillige Beschädigung nicht vollen Ersatz gewährt, ein vertragsmässiges Uebereinkommen getroffen wird, so hat dasselbe nur die Bedeutung einer zu einem vorangehenden Vertragsverhältniss hinzukommenden Nebenbestimmung. Werden die unfreiwilligen Obligationen den freiwilligen gleichgesetzt, so ist nicht abzusehen, warum nicht jede

Art Strafe, selbst die körperliche Züchtigung nicht ausgenommen, den Obligationen beizuzählen wäre.

[2]) Ein hypothetisches Rechtsverhältniss konnte in Rom neben dem absoluten Eigenthumsrecht nicht bestehen: es musste in zwei kategorische Urtheile zerfällt werden, in ein Nimm! und Gieb! Paullus (3 D. 44, 7), einseitig bei der Obligation die Wirkung der Selbstbelastung an Stelle dieser selbst betonend, sagt von der Obligation: *Obligationum substantia non in eo consistit, ut aliquod corpus nostrum, aut servitutem nostram faciat, sed ut alium nobis obstringat ad dandum aliquid, vel faciendum, vel praestandum.* Alle Bezeichnungen sind im römischen Recht von dem Bilde des Bindens und Lösens genommen: *obligare, contrahere, nectere, obstringere, solvere.*

[3]) Es legt sich von selbst nahe, mit der römischen *obligatio* die römische *religio* in Verbindung zu bringen. *Vinculo pietatis obstricti Deo et religati sumus, unde ipsa religio nomen accepit* — etymologisirt Lactanz (*Institutiones.* IV. 28) gegen Cicero. Gewöhnlich gebrauchen die alten Schriftsteller das Wort in dem Sinne einer strengen Gewissenhaftigkeit und peinlich genauen Ausübung heiliger Gebräuche (Preller, Römische Mythologie. 2), was der civilen Verbindlichkeit nahe genug kommt.

§ 22. Der mittelst der Obligation sich selbst belastende Wille begründet den Rechtsanspruch oder die Forderung. Im Verkehrsleben erwächst jede Forderung aus einer Verbindlichkeit: Niemand darf von Rechtswegen Etwas von einem Andern fordern, wozu dieser sich nicht verbindlich gemacht hat, [1]) unmittelbar oder mittelbar, laut oder stillschweigend; wohl aber kann, je nach der Rechtsanschauung eines Volkes, das Hauptgewicht entweder auf die Verbindlichkeit, oder auf die Forderung fallen, und in dem Sinne unterscheidet sich das germanische Recht erheblich von dem römischen. Dem Römer erstreckte sich der Umfang der Forderung nicht über die freiwillig übernommene Verbindlichkeit hinaus: beide deckten sich, die eine war der einfache Widerhall der andern. Der Deutsche dagegen erkannte Forderungen auch da an, wo keine directen Verbindlichkeiten übernommen, statt dessen aber stillschweigend vorausgesetzt wurden. Eine gewaltsame Beeinflussung und Einengung der Willensfreiheit dessen, an den dergleichen Forderungen gestellt wurden, konnte wohl missbräuchlich ausgeübt werden, ergab sich aber keineswegs mit Nothwendigkeit; vielmehr weil eine Forderung die andere stützte, lösten sich von selbst im Zusammenhang des Ganzen die Ansprüche in Verbindlichkeiten auf, und die Priorität der Forderung vor der Verbindlichkeit trug ihre Ermässigung in sich selbst. Die Härte des römischen Rechts stammt aus der einseitigen Betonung der Verbindlichkeit: wer eine übernommene Leistung streng nach dem Buchstaben der Uebereinkunft erfüllt hat, der fordert unnachsichtlich die Gegenleistung, die in Folge der geschehenen Leistung ein Bestandtheil seines eigenen Willensvermögens geworden ist.[2]) Es ist, als ob Jeder in seinem Theile die Verbindlichkeit des Andern als einen Ausschnitt des fremden Willens sich aneignete, wogegen für den Germanen die beiderseitigen Forderungen sich verschränken und eine Gemeinschaftlichkeit begründen.

[1]) Die Forderungen, die der Staat im Namen des Gesetzes an den Einzelnen stellt, sind so anzusehen, als ob letzterer durch das Gesetz eine ursprüngliche Verbindlichkeit übernommen hätte, mag die Verbindlichkeit in dem Herkommen und dem geschichtlichen Bestande der Staatsverfassung überhaupt, oder in dem ausdrücklichen Antheil jedes freien Bürgers an der Gesetzgebung vorausgesetzt werden.

[2]) So erklärt es sich, warum nach römischem Recht die Uebertragung einer Forderung nur in der vermittelnden Form einer *cessio actionis*, nicht *obligationis*, möglich war. Der *cessionarius* war ein *procurator* des Gläubigers, weil es als undenkbar erschien, dass der persönlich erworbenen und angeeigneten Forderung ein anderer Rechtswille sich substituiren lasse. Seines Willens vermag Niemand sich zu entäussern, darum kann es keinen wirklichen Stellvertreter geben. In derselben Vorstellung wurzelt Ulpian's (19 D. 50, 16) Definition: *contractus ultro citroque obligatio est.* Erst durch gelehrte Abstraction gelangten die römischen Juristen dahin, von einer Obligation der Sache zu reden: *rem pignori obligare, res obligata* u. s. w. Wirklich obligirbar ist allein der Wille, und wenn *vulnus obligare* eine Wunde verbinden heisst, so folgt daraus noch lange nicht, dass in rechtlichem Sinne von einer Obligation der Sache gesprochen werden kann.

§ 23. Vertrag heisst das durch vollständige Gegenseitigkeit bewirkte Gleichgewicht zwischen Verbindlichkeit und Forderung, so zwar dass die Verbindlichkeit die Forderung, und die Forderung die Verbindlichkeit ursprünglich schon in sich begreift. Im Versprechen werden zunächst die beiderseitigen Willensmeinungen laut und einigen sich sodann in der Uebereinkunft, die ihre gesetzlich verbindende Kraft durch das Hinzutreten der vorschriftsmässigen Formen erlangt. Ob und inwieweit Leistung und Gegenleistung auch im Gleichgewicht des objectiven Werthes stehen, kommt nicht in Betracht, wenn nur die beiden Werthgrössen freier Willensbestimmung gleich sind. Nicht etwa, als ob das Gegenständliche (Sache oder Leistung), über welches die Contrahenten sich vertragen, ganz und gar ausser Rechnung bliebe: laut oder stillschweigend können die Eigenschaften und Werthe genau spezificirt sein und den vollen Schutz des Gesetzes geniessen; nur hat das nicht den Sinn, als ob im Verhältniss zur allgemeinen Rechtsidee der Vertrag durch den Gehalt des Gegenständlichen bedingt wäre. Sein Schwerpunkt liegt in der idealen Vereinbarung, die an einem äusseren Merkmal erkennbar und durch dasselbe zugleich bekräftigt sein muss. Schon die einfache mündliche Erklärung kann genügen. Das Sichvertragenwollen, die lautere Kraft des Willens im Zusammenfliessen zweier Rechtssubjecte, bildet die Spitze des rechtlichen Verhältnisses, und wo die inneren Willensbestimmungen in äusserlich erkennbarer Weise und nach gesetzlich vorgeschriebenen Formen [1]) sich kund gegeben haben, da erzwingt das Recht das Halten der Verträge. Hat das Gesetz den Rechtswillen in dem Umfang seiner Befugnisse anerkannt, beobachtet es gegen denselben die allgemeinen Rechtsverbindlichkeiten, so fordert es mit logischer Consequenz, dass der Wille sich selbst, dem Wesen freier Selbstbestimmung treu bleibe. Im andern Falle sänke das Recht zur Willkür herab und hörte auf Idee zu sein. Wer sich dazu nicht verstehen will, der schliesst sich eigenmächtig von den Segnungen der Rechtsordnung aus, weshalb die Erzwingbarkeit keineswegs nur der Partei zugute kommt, die verlangt, dass der von und mit ihr abgeschlossene Vertrag gehalten werde, sonderm in gleichem Masse demjenigen, der sich seiner eingegangenen Verbindlichkeit zu entziehen sucht. Das Gesetz hindert ihn, dass er sich nicht in Widerspruch mit sich selbst und mit seinen eigenen Rechtsansprüchen setzt. Jede andere Auffassung wird nothwendig casuistisch.

[1]) Die natürlichste und zugleich unerlässlichste Einkleidung des Vertragswillens ist das lebendige Wort, dem Handschlag, mitvernehmende Zeugen oder Unterpfänder beglaubigenden Nachdruck verleihen. Die bequemste Sicherheit bietet die schriftliche Vertragsform.

Dritter Abschnitt.

Das Eigenthum.

a. Dingliche Rechte.

§ 24. Eine Menge äussere Einflüsse und innere Triebfedern müssen in Thätigkeit gesetzt sein, bevor der Wille seine Hand, ohne sie zurückzuziehen, auf das Eigenthum legt und es ausspricht, dass zwar die Dinge, die er zueigen besitzt, wandelbar sind, der Begriff des Eigenthums selbst aber unveränderlich und ewig. Auf den niedersten Culturstufen der Jäger- und Fischerstämme findet sich Gütergemeinschaft: die Geräthschaften und der durch sie erzielte Ertrag an Lebensmitteln sind nahezu der einzige Eigenbesitz. Der Nomade erblickt in dem Lande eine ungeheure Gemeindeweide, und erst die Heerden fangen an, in feste Hände überzugehen. So zum Theil in Sparta, in Peru, in Mexico.[1]) Die Ionier hoben entschiedener das Eigenthumsrecht aus den Ansprüchen der Gesammtheit heraus, brachten es aber noch immer nicht dahin, den subjectiven Rechtswillen von der zum Theil drückenden Bevormundung des Staatswesens loszulösen.[2]) In dem vollen Bewusstsein der subjectiven Berechtigung gewannen die Römer zuerst die Einsicht von dem Wesen und den Bedingungen des ächten Eigens, und damit war die Trennung zwischen öffentlichem Recht und Privatrecht vollzogen — vielleicht der erfolgreichste Schritt in der ganzen Rechtsgeschichte und zugleich eine ernste, jedoch erst in der Gegenwart gebührend vernommene Mahnung, den Gesellschaftsbegriff in derselben Weise vom Staatsbegriffe abzutrennen, wie der subjective Rechtswille, als Träger des Privatrechts, vom Staate, als Träger des öffentlichen Rechts, durch römische Thatkraft geschieden wurde. Ueber dem römischen Eigenthum waltet keine andere Gnade, als die Gnade der Gottheit; jeder Eigenthümer ist sein eigener Auctor und im Staatsleben wie im Privatleben giebt es nur originäre Erwerbungsarten.

[1]) Der natürliche Verstand der kaum erst auf die unterste Stufe der Gesittung gelangten Völkerschaften, die jedoch keine wandernden Horden sein dürfen, zeigt sich ungemein erfinderisch in allerlei Listen und Nothbehelfen, um Eingriffe in das Eigenthum, welche die Faust des Stärkeren und die Schlauheit des Klügeren unternehmen könnte, abzuhalten. Bekannt ist das Tabuh der Südsee-Inseln. Auf Neu-Seeland hatte ein Häuptling den Einfall, die nach dem englischen Lager führenden Wege tabuh zu machen, so dass kein Eingeborener mehr wagte, den Truppen Nahrungsmittel zu bringen. (Arthur Thomson, *The story of New-Zealand.* London 1859.) In culturgeschichtlicher Beziehung, zumeist hinsichtlich des zweckmässigsten Colonialsystems, ist es wichtig, zu untersuchen, ob wenig entwickelte Völker den allein durch das angestrengteste Willensvermögen persönlich dargestellten Eigenthumsbegriff zu ertragen im Stande sind. Dem Morgenland ist der civile Begriff liegenden Eigenthums fremd geblieben. Dem Monarchen gehört das Land, und der Unterthan ist Nutzniesser dessen, was er hat. Man hat es angefochten, dass die indobrittische Regierung in Bengalen Lehen schuf und Grundbesitz an europäische Einwanderer vergab, und mit Recht erntete das von van der Bosch auf Java eingeführte System, die vom Landessouverän zu fordernde Pacht in Bodenerzeugnissen, anstatt in Geld, einzutreiben, grossen Beifall, dadurch namentlich, dass man den Grundbesitzern vorschreiben konnte, in welchen Früchten sie den Pachtschilling zu entrichten hätten. Auf die Weise wurden sie gezwungen, die lohnendsten Producte, wie Kaffee, Zucker, Indigo, zu pflanzen.

[2]) „Was dem Hellenenthum den Untergang brachte, ist das Lebensprincip des Römerthums. Das Princip der Subjectivität tritt hier in eine neue Phase, es erscheint als Individualismus, welcher den Einzelmenschen gegenüber dem Gemeinwesen zu einer selbständigen Bedeutung und einem unabhängigen Wirkungskreise erhebt, ja sogar den Schwerpunkt der Existenz in diese individuelle Sphäre verlegt.“ (Hildenbrand, Geschichte und System der Rechts- und Staatsphilosophie. I. 524.)

[3]) Im alten Rom succedirte der König weder, noch wurde er gewählt: der Interrex bezeichnete ihn.

§ 25. Worauf der Wille die Hand zu legen ein Recht hat, das hat nach römischer Anschauung für ihn die Bedeutung eines Dinglichen. Nicht genug, dass zwischen den Sachen in ihrem Verhältniss zum Eigenthümer ein Unterschied schlechterdings nicht stattfindet, der Acker sich seinem Willen gerade so unterordnet, wie die Frucht; auch die lebenden Wesen, gleichviel ob vernunftbegabt oder nicht, wenn sie ohne eigenen Rechtswillen sind, müssen sich als Gegenstände von dem aneignenden Willen verbrauchen lassen, wo und wie es ihm beliebt. Eine Spezification der Rechtsobjecte schliesst sich von selbst aus: alle verhalten sich gleichartig, weil alle auf dieselbe, nämlich auf ursprüngliche, Weise erworben werden müssen. Selbst was die Natur dem Menschen mitgiebt, was er auf die Welt mitbringt, wird für ihn ein Rechtsobject erst dann, wenn er die wirkliche Absicht hat, eigenen Gebrauch davon zu machen. Dem Thiere gehört sein Leib nicht zueigen, es besitzt ihn blos schenkweise, so lang kein Rechtswille Hand darauf legt; und so hat man auch den Menschenleib herrenlos zu denken, wenn und so lang kein vernünftiges Selbstbewusstsein ihn beherrscht. Es ist sonach nicht die todte Sache, die der Eigenthümer in seinem Eigenthum beansprucht und festhält, vielmehr seine eigene Willensbestimmung, die gesetzlich sich in dem Eigen nimmt oder ergreift, nachdem sie sich rechtlich in das Gegenständliche hineingelegt, sich in ihm bejahet hat. Eigenthum ist Herrscherwille und Herrschermacht — *dominium;* wer welches erwirbt, muss es fassen und festhalten — *mancipatio;* [1]) ist es ihm abhanden gekommen, so nimmt er es eigenmächtig, wo er es findet — *vindicatio,* [2]) ohne sich weiter um den Grund zu kümmern, der möglicher Weise den fremden Besitzer rechtfertigt. [3]) Was der Wille nur immer berühren mag, er beseelt, befreit es: [4]) ein Grundsatz, ohne den die römischen Legionen die Welt nicht erobert haben würden. Ist doch die Legion selbst der Ausdruck des kriegerisch thatkräftigen Volkswillens, ein freies Eigenthum der befehligenden Consulargewalt. Darin besteht die unergründliche Tiefe des römischen Rechtsbewusstseins, welches nicht duldet, dass der Freie sich seiner Freiheit entäussert, noch auch dass der Gläubiger sich an das Eigenthum des Schuldners, der Fiscus sich an das Eigenthum des Steuerpflichtigen hält. Die Person des Eigenthümers ist allein haftbar, und geräth er in fremde Gefangenschaft, so verliert er mit der Freiheit auch sein Eigenthum. Um jeder Beschränkung des unbedingten Eigenthumsrechts, jeder Vermischung zweier Rechtswillen vorzubeugen, liess man es gar nicht, oder nur ungern, zu, dass der Baum vom Grund und Boden, ein Stockwerk vom Hause ausgeschieden und einem andern Eigenthümer überlassen wurde; bestimmte ferner das Gesetz, dass die hängende Frucht als Theil des Bodens, in welchem der Baum steht, anzusehen sei, die getrennte Frucht dagegen nur dann, wenn sie durch kein fremdes Eigenthumsrecht angezogen wird.[5])

[1]) Ohne die förmliche *mancipatio* und *in jure cessio* war ursprünglich keine Besitzübertragung möglich, bis später die Besitzübergabe (*traditio*) aus einem auf Eigenthumsübertragung gerichteten Rechtsgrund genügte. Nichts natürlicher deshalb, als dass das ächte und identische Eigenthum (*dominium ex jure Quiritium*) nur auf Gegenstände sich erstreckte, die der Mancipation unterlagen, die andern aber, die sich den nationalen Rechtsformen nicht fügten (*res non mancipi*), nicht unmittelbar unter dem Schutze des Gesetzes standen (Provincial-Grundstücke), nur völkerrechtlich und nicht civilrechtlich, also ausserordentlicher Weise, in das Eigenthum des Römers übergehen konnten (*dominium in bonis*).

[2]) *Ubi rem meam invenio, ibi vindico.* So hat man es zu verstehen, dass bei der Vindication von Grundstücken die eine Partei mit scheinbarer Gewalt die andere vom Grundstück vertrieben und sich dadurch als Beklagte constituirt haben musste.

[3]) Man hat daraus eine den Römern eigene äussere, mechanische, materialistische Weltanschauung, ihre Habsucht und Härte ableiten wollen; im Grunde aber legten sie Werth auf das Dingliche, weil sie darin einen festen Stützpunkt für ihre persönliche Freiheit erblickten, und sie suchten das Greifbare, Handfeste auch im Recht, weil ihr Sinn vorzugsweise auf das Practische, Einfache, Verstandesmässige gerichtet war. Unverkennbar entstammte dann allerdings diesem unmässigen Selbstgefühl ein herrischer und unbarmherziger Zug im römischen Wesen, dem das Mitleid als krankhafte Schwäche zuwider war. (Cicero, *Tuscul.* IV. 8. Seneca, *de clem.* II. 5.)

[4]) Treffend bemerkt Paullus: *Sufficit quamlibet partem fundi introire, dum mente et cogitatione hac sit, uti totum fundum usque ad terminos velit possidere.*

[5]) Wem aber steht die Klage zu, wenn reife Früchte vom Baume gestohlen werden? (12 § 5 D. 7, 1.) Offenbar dem Eigenthümer des Baumes, weil die Anziehungskraft des letztern stärker ist, als die des danebenliegenden Ackers.

§ 26. Der Römer nimmt sein Eigen, wie es ihm zugefallen sein mag, und darf es gebrauchen, wie es ihm beliebt; der Germane empfängt es als ein ihm Anvertrautes, in Pflege Gegebenes, über dessen Betrieb, Bestand und Schutz er der Gesammtheit seiner Blutsverwandten und, auf einen gewissen Grad, selbst allen denen, die in Krieg und Frieden seine natürlichen Genossen bilden, verantwortlich ist. Dieses als natürliche, nicht erst vom Staate abzuleitende, Erweiterung der Familieneinheit zu denkende Band lässt den berechtigten Eigenwillen niemals los, und so wenig in der Idee von den Germanen das ächte Eigenthum misskannt wurde,[1]) so zahlreich waren in der Wirklichkeit die Beschränkungen bei der Erwerbung und Entäusserung von Eigenthum. Für das Verhältniss des Gegenständlichen zum Eigenthümer war die Vorstellung des Einkleidens, also nicht Greifens und Festhaltens, massgebend: dem Willen gehört alles das zu Recht, worein er sich ordnungsmässig gekleidet hat. Das ist der Inbegriff der germanischen „Gewere," die mit *skr. vṛi* (bedecken, wahren), *goth. varjan* (wehren)[2]) zusammenhängt und auf das Wurzelwort „wahr" *(verus)* zurückzuführen sein dürfte. Ein wahrer Besitz ist solcher, der als gewährleistet gewehrt und gewahrt wird, zunächst des Mannes „Leib und Leben," weiterhin dann Alles, was in einem unmittelbaren Abhängigkeitsverhältniss zum Willen steht.[3]) Es gehört zur Gewere das gesammte nutzbare Rüstzeug, in das der wehrhafte und darum rechtsfähige Mann sich hüllt, und worüber ihm irgend eine Art Verfügungsrecht zukommt.[4]) Nun liegt es in dem Begriffe der Bekleidung, dass ihre verschiedenen Bestandtheile bald weiter bald enger an den Leib anschliessen, und es lässt sich füglich damit vergleichen, dass zur Gewere sowohl das wirkliche Eigenthum, als der blosse Besitz, die Bekleidung im engeren und im weiteren Sinne, gehört. Den einzigen Gegensatz zur Gewere bildet das Gemeindeland, so dass, was nicht einer Gewere einverleibt ist, *eo ipso* der gemeinen Mark anheimfällt. Die von den Römern mit gleicher Feinheit und Schärfe durchgeführte Unterscheidung von Proprietäts- und Nutzungsrechten, *dominium*, *possessio* und *jus in re alinea*, hat für die Gewere keine Geltung: sie ist ein Gattungsbegriff, der nach der Beziehung des gewerhaften Gegenstandes zum Inhaber sich in verschiedene Arten zerlegt und die Entkleidung mit der Einkleidung in Uebereinstimmung bringt. Weder hat man unter der Gewere zu verstehen ein Rechtsinstitut,[5]) noch etwas rein Formelles,[6]) noch auch den thatsächlichen Ausdruck eines Rechts auf die Sache,[7]) vielmehr den Inbegriff des rechtlichen Habens überhaupt, sofern es in gesetzlicher Beziehung steht zu einem bestimmten Rechtssubject, und sich der Hauptsache nach in eine eigentliche (rechte) und uneigentliche (einfache) Gewere theilt.[8]) Der Germane fand es ganz in der Ordnung, von seinem Acker einen Baum, von seinem Hause ein Stockwerk in die Gewere eines Andern übergehen zu lassen,[9]) und zwar nicht blos in die uneigentliche zur Nutzniessung, sondern in die eigentliche, ächte; sein Eigenthumsbegriff war nicht so stark und herrisch, dass die gefallene Ueberfrucht von dem fremden Boden angezogen wurde: wer die Frucht durch Arbeit verdient hat, der soll ihrer auch froh werden, indem er sie geniesst, was augenscheinlich mit der Vorstellung zusammentrifft, dass zum Inhalt der Liegenschaft, ausser der Bodenfläche und den Anpflanzungen, auch die darauf angesiedelten Thiere und Menschen gehören.[10]) Jeder Wechsel der Gewere erfordete eine öffentliche und förmliche Kundgebung der beiden Gewere-Inhaber, die um so feierlicher sein musste, je unbedingter der Eigenthumsbegriff in Frage kam. Der Eigenthümer hatte unter den Augen und mit der Bürgschaft der Gemeinde die Auflassung (Salung) dem neuen Erwerber zu gewähren, und um die Uebergabe vollständig zu machen, kam das Friedewirken durch den Richter, sowie dreitägiger Besitz hinzu. Hatte Jemand das Seinige in die Gewere eines Andern übergeben, so konnte er es auch nur von diesem zurückfordern, aber nicht mit Gewalt nehmen, denn dem Inhaber war es gestattet, Gewalt mit Gewalt zurückzuweisen, auf welche Weise fremdes Eigenthum in seine Gewere gekommen sein mochte. Dagegen stand es Jedermann frei, gegen den Besitzer oder Benutzer seines Eigenthums gerichtliche Klage anzustellen, und der Beklagte hatte entweder seinen rechtmässigen Erwerb nachzuweisen, oder seinen Vormann zu nennen.[11])

[1]) G. L. v. Maurer (Einleitung zur Geschichte der Mark-, Hof-, Dorf- und Stadt-Verfassung. 6 u. 93) urtheilt, ein wahres Privateigenthum habe es ursprünglich bei den Germanen nicht gegeben, das „Loosgut" sei des damit verbundenen Wechsels wegen blos ideales Eigenthum gewesen. Allein derselbe Verf. gesteht (S. 205), der Looseigner habe volle Freiheit gehabt, sein Loosgut zu veräussern und zu verschenken, wem er nur wollte, und namentlich sei in Dänemark bereits zur Zeit der Abfassung der Rechtsquellen wirkliches Sondereigen die Regel gewesen. Die Stellen bei Tacitus (*Germ. c.* 26) und Caesar (*Bell. gall.* VI. 22) werden nur auf die halbansässigen Völkerschaften, wie die Sueven, sich beziehen, wiewohl Beispiele von Feldgemeinschaft unter den Germanen auch später (Waitz, Deutsche Verfassungsgeschichte. I. 21 u. 269), so gut als anderwärts (Roscher, Nationalökonomik des Ackerbaues. § 71), vorkommen. Keineswegs ist bewiesen, dass die nordischen Ausdrücke *Athaelbit*, *Odhal*, *Aedhel* so viel als Adelsbesitz, und das gleichbedeutende *Alod* (*al-od* = ganzes, volles Eigen, *lutereigen*. Schmeller, *Glossar. saxon.* 5 u. 85) einen dem Privateigenthum entgegengesetzten Geschlechterbesitz ausdrücken sollten.

[2]) Pott, Etymologische Forschungen. I. 223.

[3]) Sprachlich wird, abgesehen von Wehr oder Waffe, zwischen „*wëre*," in der Bedeutung von Gewährleistung, Verbürgung (*wërgarant*, *warranter*), und „*were*," Besitz, unterschieden, indem man „*gewere*", abzuleiten vom *ahd. werjan*, *goth. vasjan* (?) (*vestire*), als „Einkleidung" in den Besitz deutet. (Grimm, Deutsche Rechtsalterthümer. 603.) In den französischen „*Coutumes*" kommt neben *vest* und mit diesem gleichbedeutend *werp* (davon *werpir*, *guerpir*) vor (H. Klimrath, *Travaux sur l'histoire du droit français*. II. 376), und schwerlich greift man fehl, wenn man *werp* aus dem Deutschen erklärt. Wergeld soll der Preis des erschlagenen Mannes (*wër* = *vir*), *capitis æstimatio*, sein; es wird sich aber kaum bestreiten lassen, dass in der *Gewere* eine Anzahl verwandter Vorstellungen vereinigt ist, die einen und denselben Ursprung verrathen. Die Wurzel

ist *var*, wehren, *arcere;* wogegen *vasjan* zu *skr. vas* (ἕννυμι für ἔς-νυμι) gehört, in der Rechtssprache aber mit *var*, *werjan* verschmolzen zu sein scheint. Wahrhaft, *ahd. wârsecco*, hängt zusammen mit „*bewaren.*" (Grimm. 858.) Auch *Ares* (Mars) ist wahrscheinlich mit ἥρως und *vir* gleichen Ursprungs und bedeutet Wehrer, Schützer. *Vestire* wird von den Schriftstellern des Mittelalters in sehr verschiedenen Bedeutungen gebraucht, insbesondere auch als Bodenbekleidung oder Bebauung.

4) Die Begriffe Eigenthum, Wehrhaftigkeit, Freiheit sind Correlate, und bis auf den heutigen Tag gelten in England *liberty* und *property* für synonym. Einen Beweis dafür, dass die Gewere in der Vorstellung des Wahren *(verus)* wurzelt, glaube ich in dem Umstand erblicken zu dürfen, dass das germanische Mittelalter anstatt *Alod, hereditas,* nicht selten den Ausdruck „*veritas*" gebrauchte. (Des Vfs Entstehung und Geschichte des Westgothen-Rechts. 270.)

5) Albrecht, Die Gewere als Grundlage des ältern deutschen Sachenrechts.

6) Gerber, Deutsches Privatrecht. § 73, der richtig die Ununterschiedenheit in der Auffassung der persönlichen und der dinglichen Rechte, und die Ungetrenntheit des im Eigenthum liegenden factischen Moments, des Besitzes, vom Rechte erkannt und in der Gewere zunächst Besitz (factisches Innehaben), sodann Haus und Hof, endlich Schutz im Verhältniss einer Person zu einer Sache ausgesprochen findet.

7) Bluntschli, Deutsches Privatrecht. § 54. Erschöpfend kann auch Kraut's (Die Vormundschaft nach den Grundsätzen des deutschen Rechts. I. 62) Erklärung nicht heissen, der die Gewere auf die Wehrhaftigkeit des Familienoberhaupts allein zurückführt, was Zöpfl (Deutsche Staats- und Rechtsgeschichte. II, 2. § 104) erweiternd in „Vertheidigungsbesitz" verwandelte. Unstreitig liegt in der franz. *saisine (sassina)* das Festhalten dessen, womit das Rechtssubject bekleidet ist.

8) Es lassen sich unterscheiden Eigengewere (eigentliche), Lehnsgewere, Leibzuchtgewere, hofrechtliche Gewere, Pachtgewere, Faustpfandgewere u. s. w., und namentlich wird man darauf zu bestehen haben, dass der Vormund das Mündelgut, bis zur Zeit der Ausscheidung bei der Volljährigkeit des Pflegbefohlenen, in seiner Gewere hatte. Unter den Carolingern wurden neben den Hof- und Pfalzgütern auch die Kirchengüter zur Gewere des Kaisers gerechnet. (Waitz a. a. O. IV. 135.) Aber unstatthaft ist es, die einfache Besitzgewere, nach römischem Vorbild, als ein blos thatsächliches und nicht zugleich rechtliches Verhältniss zu verstehen, weil nicht dem Wesen, sondern nur dem Grade nach das Eigenthum von dem Besitze abweicht. Der Trieb, zu individualisiren, zu sondern und zu gliedern, Jegliches an seinen gehörigen Platz zu stellen, zieht sich durch die gesammte germanische Rechtsbildung hindurch und erstreckt sich selbst auf die Thiere, die nach Alter, Race, Gattung unterschieden werden.

9) Dass die Bauernhöfe (Mansen) ohne die Wohnung *(sella)* verkauft wurden, galt allerdings als Missbrauch. (G. L. v. Maurer, Geschichte

der Fronhöfe, der Bauernhöfe und der Hofverfassung in Deutschland. I. 337.) Zusammengehörigkeit und Ganzheit des Eigenen bildete den Grundzug des Eigenthumsrechts, derselbe war aber bei ganz freiem Eigenthum keineswegs unbedingt geboten. Der Schweizer nennt ein nur für Menschen bestimmtes Wohngebäude „Stock“, zum „Hause“ gehören Scheuer und Stallung, und diese deuten einen vorhandenen Grundbesitz an.

[10]) Bei den Normannen galten Gebäude und Zubehör, Hintersassen, Dienstleistungen, Schutzgelder und Abgaben als „Bekleidung des Bodens.“

[11]) *Intertiorari* und *ad tertiam manum trahere* heisst die Berufung auf den Vormann (*fordro*), Gewährsmann (*warrantus*): leugnet dieser, so hat der Beklagte ihn der Autorschaft zu überführen, widrigenfalls er selbst als Dieb behandelt wird. — Dass das Recht der Gewere, die dem Besitzer mit Gewalt entzogen wurde, verloren ging (Homeyer, System der Lehre der sächsischen Rechtsbücher. II. 413. 421), kann doch nur für den Fall gemeint sein, wenn der Vergewaltigte keinen Widerstand entgegensetzte, noch das Gesetz anrief.

§ 27. Der wissenschaftliche Gedanke hat gleichmässig der römischen und der germanischen Auffassung nachzugehen, will er beim Begriffe des Eigenthums zugleich der subjectiven Macht des Willens und dem objectiven Masse der gegliederten Allgemeinheit gerecht werden. Es genügt nicht, dass ohne einen rechtsfähigen Willen mit dem nothwendigen Träger des Eigenthums dieses selbst verschwindet: jeder einzelne Eigenthumstitel bedarf zu seiner Legitimation eines bestimmten Willensactes und ausgesprochenen Entschlusses, denselben zu tragen. Damit verträgt er sich recht wohl, dass gesetzliche Fürsorge getroffen werde, einem Individuum, dem die beiden Erfordernisse fehlen, für eine bestimmte Zeit oder auf Lebensdauer einen eigenthumsfähigen Willen zu substituiren: da muss er sein, soll der noch so begründete Anspruch auf Eigenthumsobjecte nicht verloren gehen. Was nicht occupirt wurde, sei es unmittelbar, sei es mittelbar, gehört auch nicht zueigen, weshalb die Occupation auf die durch Succession zugefällenen Güter sich so gut erstreckt, als auf herrenlose Gegenstände (*res nullius*). Es ist damit nicht gesagt, die Occupation könne nur ein körperliches Festhalten sein, was gegen den Begriff des Eigenthums streitet, wenn nur von dem Berechtigten solche Vorkehrungen getroffen werden, die seinen Willen, sich in seinem Eigenthum zu behaupten, kund thun. Dass der Erste Beste eine Sache sich aneignen darf, an die Niemand einen rechtlichen Anspruch hat oder, wenn auch, doch nicht erhebt, ist kein besonderes Recht, sondern die allgemeine Rechtsidee selbst, die im Namen der menschlichen Vernunft diejenigen äusseren Bedingungen und Besitzverhältnisse fordert, deren Genuss die Verwirklichung der Freiheit und der uns vorgesteckten Ideen ermöglicht. Wenn es Gegenstände giebt, die einen Eigenthümer erst suchen, so ist dies unwesentlich und unerheblich: berufen sind sie dazu, und je weiter die Gesittung voranschreitet, desto seltener wird die natürliche Occupation.[1]) Die Berechtigung, herrenloses Gut sich anzueignen, wo es sich vorfindet, kann dem eigenthumsfähigen Willen nicht bestritten werden, so wenig, dass sie am Ehesten noch für ein Urrecht ausgegeben werden könnte. Aber auch dann ist die Occupation nur der erste Act der Aneignung, unmittelbares Besitzergreifen, das in ideales und gesetzliches Eigenthum sich allein unter der Veraussetzung umwandelt, dass der Aneignungsprozess als eine dauernde Beziehung zwischen Willen und Gegenstand sich fortsetzt: was durch Occupation gewonnen ist, muss durch Arbeit in einen ertragsfähigen Stand gesetzt und in solchem erhalten werden,[2]) soll die vorerst nur äussere Beziehung zwischen Subject und Object nicht das Auseinanderfallen beider zur Folge haben. Wie man von der Welt zu sagen pflegt, ihre Erhaltung sei eine fortgesetzte Schöpfung, so ist die Erhaltung des rechtmässigen Eigenthums ein fortgesetztes Besitzergreifen, und wie Schöpfung und Erhaltung eine nach Zwecken wirkende Vernunft voraussetzen, so muss die Eigenthum schaffende und erhaltende Arbeit eine zweckmässige, d. h. auf Beschaffung der äussern Bedingungen gerichtet sein, deren der Rechtswille zu seiner Existenz nicht entrathen kann. Durch Furchenziehen, auf das keine Besämung, also auch kein Fruchtertrag, folgt, lässt sich kein Grundeigenthum erhalten; andrerseits hüte man sich, die Arbeit und den ihr entnommenen

Rechtstitel auf ein unmittelbares Handanlegen[3]) und Durcharbeiten einzuschränken, denn damit wäre die ideale Seite des Eigenthums aufgehoben. Es handelt sich vielmehr um den Zweck der Arbeit, oder den Ertrag, für den es gleichgültig ist, ob er mittelbar durch fremde Hände erzielt wird, und Raum und Zeit als ideale Potenzen in Rechnung bringt. Es ist schon eine Erarbeitung und Umwandlung des Naturgegenständlichen in ein Eigenthümliches (*specificatio*), wenn Jemand ein Grundstück mit Bäumen bepflanzt, und der Aufbau eines Hauses, dieses bedeutsamsten Ausdrucks des Eigenthumswillens, genügt, um ringsum auch den herrenlosen Boden an solchen lebendigen Mittelpunkt menschlicher Arbeit heranzuziehen. Wie weit eine derartige Anziehungskraft sich erstreckt, ist Sache des Uebereinkommens: das Recht erheischt nur so viel, dass dem occupirenden Willen eine beliebige Macht zur Geltungmachung seines Anspruchs zur Seite stehe, und durch ein äusseres Merkzeichen die Grenze, bis zu welcher er sein Eigenthum auszudehnen beabsichtigt, erkennbar sei.[4])

[1]) In der Regel sind Ansiedelungen auf unoccupirtem Boden durch „Squattern" (Hocken) entstanden. Die Gesammtheit duldet solche Besiedelung ohne Rechtstitel, weil sie entweder die Macht oder den Willen nicht hat, dieselbe zu hintertreiben. Die Messstange macht früher oder später dem Zustand ein Ende: der Ansiedler muss, unter Wahrung des Vorkaufsrechts, nachträglich bezahlen, wofern ihm nicht das in Besitz Genommene schenkweise überlassen wird. Solche „Hocker" halten fest an ihrem Genossenrecht (*Clublaw*), dass der Ankäufer mit dem Vorsiedler sich abfinden muss, will er in Frieden wirthschaften. In Australien hat man die Erfahrung gemacht, wie das Squatterthum in seiner zweiten Entwicklungsphase zu einer absonderlichen Viehzüchter-Aristokratie führt. Die Regierung verlangt zunächst einen kleinen Pachtschilling für ein grosses Stück Weideland, das in kleineren Parcellen nicht abgelassen wird, oder zu so hohem Preise, dass der geringe Ansiedler an den Ankauf nicht denken könnte, auch wenn dem Squatter-Pächter das Vorkaufsrecht nicht zustände. Der privilegirte Nomade wird zum reichen und vornehmen Herrn. Nun kommt aber die dritte Phase: der berechtigtere Ackerbau setzt das Recht der „freien Auswahl" für seine Zwecke durch und der Squatter-Aristokrat büsst seine „Station" und mit ihr seine Erwerbsquelle ein, ohne dass das Aufkommen des kleinen Landbaus zuerst nur halbwegs Ersatz böte für den Untergang der grossen Vieh-

zucht. Der Wakefield'sche Vorschlag, dem „Squattern“ durch einen verhältnissmässig hohen Preis für alles unoccupirte Land vorzubeugen, hatte den entgegengesetzten Erfolg: Niemand wollte zu hohen Preisen kaufen, und der Zugreifende behielt Recht. Mit der freien, jedoch bezahlten, Auswahl fängt die Schule der strengeren Arbeit an. Zuerst wird das Prärieland, obgleich sandig und arm, in Angriff genommen, weil der Pflug sofort eingreifen kann. Erst später geht es an den fetten, aber der Ausrodung bedürftigen, Schlammboden, der mehr Capital und Arbeitskraft erheischt, und im Verlauf der Zeit beträgt der Gesammtpreis alles Bodens in einem Culturlande bei weitem nicht so viel, als die Summe, welche ausgegeben wurde, um das Land urbar zu machen. (Carey, *Principles of political Economy.* I. 102.) Zuletzt verschwindet unter der fortschreitenden Culturarbeit die Bodenrente, oder der unmittelbare Gewinn der Bodenerzeugnisse, ganz und gar, „die Macht der Grundherrlichkeit beruht nicht mehr auf dem Bodenraum, sondern auf der Möglichkeit, mittelst ihres Eigenthumsrechts auf diesem Boden über die Kräfte der Menschen zu verfügen, welche denselben bewohnen oder sonst benutzen.“ (Hoffmann, Lehre von den Steuern.) — Was übrigens verloren wurde, ist darum noch nicht herrenlos: Strand- und Beuterecht können nur als Abarten gewaltsamer, durch die Umstände zu entschuldigender Occupation gelten; desgleichen ist es nicht im Recht, sondern in den Verhältnissen begründet, dass in Californien der glückliche Entdecker einer Metallader seinen Fund auch auf fremdem Eigenthum verfolgen und sich aneignen darf. Es soll der Arbeit durch das Capital ihr Lohn nicht verkürzt werden.

²) Locke: *The reasons which form the justification of land, are only valid in so far as the proprietor of land is its improver.* Seitdem Hobbes (*de cive.* XIII. 14. *Leviathan.* 24) als die Kategorien der Volkswirthschaft *labor, parsimonia, proventus terræ et aquæ* aufgestellt und A. Smith Arbeit, Capital und Natur als die Productionsfactoren oder Güterquellen wissenschaftlich begründet hat, wandte sich die Nationalökonomie dem Begriffe der Arbeit dermassen und mit solcher Vorliebe zu, dass Viele die Arbeit als den einzigen Rechtstitel auf Eigenthum anerkennen. S. J. Mill (*Principles of political Economy.* B. II. ch. 2. § 6) geht darin so weit, dass er von dem Begriffe des Eigenthums behauptet, er enthalte nichts als das Recht eines Jeden auf seine eigenen Fähigkeiten, auf das, was er durch dieselben hervorbringen und was er dafür in einem freien Markte verlangen kann. Auch Roscher (Grundlagen der Nationalökonomie. § 77) meint, das Eigenthum an Grund und Boden erstrecke sich nur auf seine Bearbeitung; allein damit ist weder das Wesen der Arbeit und noch viel weniger der Begriff des Eigenthums erschöpft: man vermisst die geistigen Motive, die der Arbeit als Antrieb dienen und die niedere Gütererzeugung auf idealere Ziele hinlenken. Man hat es deshalb neuerdings versucht, statt des „chrematischen,“ der Volkswirthschaft ein anthropologisch-ethisches Princip zu unterstellen, wonach das Wirthschaften kein Naturprocess, sondern ein Reich ethischer Bethätigung wäre. (A. Schäffle, Nationalökonomie oder allgemeine Wirthschafts-

lehre.) Ueber die Forderung einer derartigen Behandlung ist die Wissenschaft noch nicht hinausgelangt: die Volkswirthschaft soll sein die menschliche Gesellschaft in ihrer Bethätigung, die Aussenwelt zum Mittel der sämmtlichen Zwecke der Gesellschaft zu machen. Riehl (Die deutsche Arbeit), dem übrigens die Kunst begrifflicher Entwicklung abgeht, hat verwandte Absichten. Immer aber bleibt es wahr, dass die Förderung der Arbeitskräfte im directen Verhältniss steht zur Vermehrung der Arbeitswerthe. Die volkswirthschaftliche Theorie List's, welche durch Schutzzölle den nationalen „Productivkräften" auf Kosten der Arbeitserzeugnisse zu Hilfe kommen will, misskennt diese Gleichung und trennt was nur scheinbar zu trennen ist. Darum beruht der Credit, „die freiwillig eingeräumte Befugniss, über fremdes Eigenthum zu verfügen, gegen das blosse Versprechen des Gegenwerthes," weit mehr auf der Voraussetzung einer genügenden Arbeitskraft, als eines entsprechenden Vermögens. Wer diese Voraussetzung willentlich irre leitet und dadurch den Credit einer Rechtsperson schmälert, macht sich einer strafbaren Beschädigung fremden Eigenthums schuldig. In Amerika wird Alles auf Credit unternommen, der nie fehlt, wo redliche Thätigkeit sich bemerklich macht. Scheitert die gesunde Kraft und der gute Wille zuweilen an der Ungunst der Verhältnisse, so verschmerzen die Creditgeber leicht den Verlust durch die Masse der gelungenen Geschäfte. Es ist dies freilich die äusserste Spitze, in welche die Macht des Capitals, und zwar in Uebereinstimmung mit der Rechtsbildung, ausläuft, wenn dasselbe die Stufen der „freien" Natur und der „blossen" Arbeit überwunden hat, ähnlich den Staatseinkünften, die zuerst in Nationaldomänen, dann in Regalien und zuletzt erst in Steuern bestehen. (Roscher, Ansichten der Volkswirthschaft aus dem geschichtlichen Standpunkt.)

[3]) Sehr erheblich ist der Einfluss der Maschinenarbeit auf die Handarbeit, zumal in Ländern, wo man sich nur zu bücken braucht, um Geld aufzuheben. In S. Francisco kostet ein Dutzend Hemden zu waschen 3 Dollars; Strümpfe und Sacktücher, die leicht durch Dampf zu reinigen sind, hat man fast umsonst. Für $\frac{1}{2}$ Dollar fährt man 150 engl. Meilen in eleganten Dampfbooten; lässt man sich seinen Nachtsack vom Schiffe aus nach Hause tragen, so verlangt der Dienstmann mindestens 1 Dollar.

[4]) Bei den Hinterwäldlern Nordamerika's gilt das Herkommen, dass jeder Mann auf 160 Acker Wildland sein Besitzrecht schon dadurch gründen kann, dass er ein paar Bäume fällt oder anhaut, oder aus Stämmen, Baumrinden und Zweigen eine Hütte baut, mit einem Feuerplatz davor.

§ 28. Rechtlich aneigenbar sind solche Gegenstände, die sich occupiren lassen, Luft und Licht also nicht. Einen bedingten Schutz gegen Beeinträchtigung freier Luftcirculation und ungehinderten Zutritts des Sonnenlichts (bei Bauten, Fabriken) ist das Gesetz schuldig, gewährt ihn jedoch lange nicht hinreichend. Grössere Schwierigkeiten bereitet das Wasser. Seiner Natur nach, sofern es fliesst, sollte es frei sein, was in Betreff des Meeres auch anerkannt wird *(mare liberum)*; denn das Wasser als solches entzieht sich denjenigen Bedingungen, die zu der Begründung eines dinglichen Eigenthums erforderlich sind, waraus indess nicht gefolgert werden darf, dass es keinerlei Aneignung in bestimmten Quantitäten fähig. Im Kruge oder Schlauch aufbewahrt gewinnt es eine feste Consistenz. Für den in einer Taucherglocke Befindlichen hat die Luft einen sehr erheblichen Eigenthumswerth. Will das Gesetz folgerichtig verfahren, so muss es das Wasser, nicht etwa blos in einem einzelnen Falle, vielmehr seinem Begriffe nach, als etwas der Occupation nicht Anheimfallendes anerkennen *(aqua libera)*, und etwaige Beschränkungen dieser Freiheit nicht als Regel, sondern als Ausnahme behandeln. Das fliessende Wasser ist frei, aber eben nur als Wasser, und so lange Jemand sich desselben in dem Sinne bedient, sollte ihn vernünftiger Weise Niemand hindern können.[1]) Allein das Wasser vermag sich nicht gleichmässig nach allen Richtungen zu bewegen: seine spezifische Schwere bedingt den Abfluss, und der kann nur zwischen Ufern erfolgen, wogegen das Sonnenlicht ganz unabhängig von unsrem Planeten, die atmosphärische Luft nur an die allgemeine Schwerkraft der Erde gebunden ist. Ufer ist ein Mittleres zwischen Wasser und Land; wenn daher das Uferland occupirt ist, so beschränkt das daraus erwachsende Eigenthumsrecht die Freiheit des Wassers, insoweit dieses unmittelbar mit dem betreffenden Lande zusammenhängt und an letzterem Umgestaltungen verursacht. Es ist darum nicht blos völkerrechtlich, sondern rechtlich überhaupt zu biligen, dass ein Wasserstreifen, der bei schmalen Gewässern fadendünn werden kann, als dem Ufereigenthümer gehörend angesehen wird; niemals aber sollte es gestattet sein, der Benutzung des Wassers selbst Fesseln anzulegen, und nur darüber kann sich Keiner beschweren, wenn ihm der Uferbesitzer das Anlegen wehrt. Bei Canälen hört das Wasser auf, Naturproduct zu sein:

es wird Kunsterzeugniss, eine Spezification des natürlichen Elements, und in dieser Eigenschaft ist es rechtlich zulässig, die Benutzung der Wasserstrasse beliebig zu belasten, oder nach Umständen ganz zu verbieten. In dem Falle ist das Wasser blosses Accidens, das Bett das Wesentliche. Vorausgesetzt wird einmal, dass durch Canalanlagen den natürlichen Wasserstrassen kein wesentlicher Abbruch geschieht, und dann dass keinem Eigenthümer von Uferland die Benutzung der gesammten Wasserlinie für seinen eigenen Bedarf vorenthalten werden kann. Das in heissen Ländern so wichtige und von den Arabern Spaniens bis zur Vollendung ausgebildete Berieselungsrecht beruht da, wo es sich auf Hinterland erstreckt, auf freiem Uebereinkommen, und wird der sehr verwickelten Technik wegen am Zweckmässigsten durch Freigerichte von Sachverständigen gesprochen, weil mit der Ab- und Zunahme des Wassers die Ansprüche fortwährend wechseln. Auf stehende Gewässer, weil bei ihnen die Natur des Elements nicht rein zur Erscheinung kommt, übt das umliegende Uferland eine grössere Anziehungskraft aus, als auf fliessende; immer aber bleibt jedem Ufereigenthümer der Anspruch auf die Benutzung der Wassermasse.[2])

[1]) Als unauslöschliche Schmach lastet auf dem deutschen Bunde der Vorwurf, dass er sich durch eine unwürdige Sophistik die Mündung des Rheins sperren liess.

[2]) Auf keine Weise zu rechtfertigen ist demnach das Wasserregal, das vom Staate geforderte und ausgeübte Eigenthumsrecht auf die vorhandenen Gewässer. Bei ihrer Entstehung in dem Zeitalter des Feudalismus waren die Regalien, die zuerst in dem *Usatici* von Barcelona vorkommen (des Vfs Westgothen-Recht. 400), eine Wohlthat, weil den Baronen der Unfug gelegt wurde, nach Belieben Wege und Stege zu belasten. In den Händen der Krongewalt war das Recht weniger der Gefahr ausgesetzt, in brutale Willkür auszuarten; dass es aber auch nach Beseitigung des Feudalismus bei den Regalien hin und wieder sein Bewenden hatte, ist zu beklagen, so wenig dem Staate sein Oberhoheitsrecht und das Recht der Besteurung verkümmert werden soll. Schon gegen das Ende des römischen Kaiserreichs hatte man angefangen, die *res publicœ*, insofern sie einen Nutzen abwerfen konnten, als fiscalisch aufzufassen. Die Bewohner der Ostseeküste erklären jetzt noch den

Strand und die Dünen für kaiserlich, ohne zu wissen, was das bedeutet: in einigen Gegenden, heisst es, denken sie an den Kaiser von Russland! Im Sachsenspiegel (II. 28. § 4) ist ausdrücklich bestimmt: „*svelk water strames vlut, dat is gemene to varene unde to vischene ynne.*" Uebereinstimmend der Schwabenspiegel. (c. 197 ed. Lassberg.)

§ 29. Die Mutter alles wahren Eigenthums ist die Erde, und so lang diese nicht durch Occupation den Charakter ächten Eigenthums angenommen hat, bleibt die ganze Rechtsordnung eines Volkes, oder richtiger Stammes, locker und unsicher. An sich hat der feste Grund und Boden, auf dem er steht, für den Menschen den Zweck, als Stützpunkt zur Ausbreitung seiner Freiheit zu dienen. Man hat sich den Rechtswillen auf ideale Weise in sein Eingenthum eingepflanzt zu denken: er zieht aus ihm seine Lebenskraft, wie der Baum aus dem Boden, in welchem seine Wurzeln sich verzweigen, und darf gegen Beschädigung des Seinen ungestraft zu gewaltsamer Selbsthilfe schreiten, für den Fall, dass Pfändung und Klagführung ihm abgeschnitten sind. [1]) Was in und auf dem unbeweglichen Elemente zu nehmen ist, das nimmt er; durch das Nehmen, das immer eine Art Arbeit ist, wird das Unbewegliche beweglich — man gräbt das Metall aus dem Schoose der Erde, fällt den Baum, erlegt das Wild. Was dagegen im Luftraum oberhalb und im Wasser unterhalb des Grundstückes ergriffen und benutzt werden kann, darf der Bodenbesitzer sich aneignen nicht in Kraft seines Eigenthumsrechts, sondern nach Massgabe als diese fliessenden Elemente ihren Ertrag dem zuwenden, der zuerst darnach greift. Aechtes Landeigenthum schliesst das Bergwerks- [2]) und das Jagdrecht [3]) nach denselben Grundsätzen in sich, wie die Holzungsgerechtsame: wo dieselben vorenthalten werden, da hat man den Grund entweder in vertragsmässiger Ueberlassung, oder in dem frühern Besitzstand des Eigenthümers, oder in missbräuchlicher Auslegung der Hoheitsrechte zu suchen. Würde dem Eigenthum eine derartige Anziehungskraft nicht inwohnen, so könnte der damit bekleidete Wille kein Recht auf das haben, was durch

Anspülung *(accessio)* ihm zuwächst. — Mittelst einer edleren und freieren Art von Arbeit wird das in und auf dem Boden Vorhandene und fortwährend Erzeugte nicht mehr als Naturgabe in Empfang genommen, sondern die durch die Vernunft geleitete Hand ändert, regelt und vermehrt den Fruchtertrag in Uebereinstimmung mit den vorhandenen Bedürfnissen, wozu namentlich auch die Zähmung der Thiere gehört. Die Arbeit findet überall nach Umfang und Inhalt ihre Berechtigung: das geschnittene Korn, das der Sturmwind auf einen fremden Acker entführt, darf zurückgenommen, das angeschossene Wild in dem fremden Wald auf eine gewisse Entfernung verfolgt,[1] Bienen und gezähmtes Wild dürfen innerhalb einer bestimmten Frist auf fremdem Boden eingefangen werden. So lang sie das fremde Eigenthum erst berühren, trägt die Arbeit über letzteres den Sieg davon. Weiterhin löst sich die Frucht von ihrem natürlichen Boden ganz los: der Verkehr macht sie zu einem beweglichen Stoff und treibt sie von einer Hand in die andere, sei es um verzehrt, sei es um mit frischer Arbeitskraft umgestaltet und von neuem verwerthet zu werden. Mit ungemeiner Schärfe haben die römischen Juristen vom *locus* den *fundus* und von diesem das *corpus* (äol. κορπος) als ein Trenn- und Schaubares *(species)* unterschieden, und gelangten von der Naturspecies (Baum) durch die Kunstspecies (Haus) zur Collectivspecies (Herde, Haufe). Der bildende Sinn des arbeitenden Gedankens drängt durch die freigeschaffene Form den natürlichen Inhalt immer mehr zurück, bis er zuletzt in der reinen Vernunftthätigkeit aufgeht. Jeder ist Herr über seine Gedankenwelt, und bleibt es unanfechtbar, so lang die Gedanken in ihrem Elemente verharren. Anders wenn der erfindende Gedanke in einem Kunstwerk, der wissenschaftliche Gedanke in einem Buche sich verleiblicht; denn damit tritt er in den Bereich des Rechts, und der Eigenthümer steht unter dem Schutze desselben Gesetzes, das den Eigenthumstitel auf einen Acker, ein Haus, ein Pferd aufrecht erhält. Den Gedanken als solchen vermag das Gesetz nicht zu schützen, weil er als etwas Ideales gar nicht unter den Begriff des Rechts fällt; dagegen ist der reale Werth, den der Gedanke dadurch erlangt, dass er in die sinnliche Erscheinung tritt,[5]) gegen Nachbildung und Nachdruck im vollsten Sinn des Wortes schutzbedürftig und schutzberechtigt. Die verschiedensten Werthgrössen des durch Arbeit gewonnenen Eigenthums fliessen in dem einfachen und durchsichtigen Elemente des Geldes zusammen, homogenisiren sich, darum auch der Gedankenwerth, sofern er durch die Art der Mittheilung aneigenbar wird, und diese den Rechtsanspruch des Eigenthümers auf sein Eigenthum beurkundet.[6]) Was bezahlt wird, ist jeder Zeit ein Sinnliches, wenn auch nur das gesprochene Wort, wie ja auch das Geld nicht als Werthobject, sondern als Versinnbildlichung des allgemeinen Werthbegriffes anzusehen ist.

[1]) Noch ganz neuerdings haben Obergerichte den Grundsatz bestätigt.

[2]) Dass das Bergwerksregal gegen das Recht streite, als Usurpation anzusehen sei, kam in Deutschland schon frühzeitig zum Bewusstsein. Der Sachsenspiegel bestimmt, dass „alle Schätze unter der Erde vergraben, tiefer denn ein Pflug gehet,“ der königlichen Gewalt gehören. Churfürst August von Sachsen hob i. J. 1572 durch eine Landes-Constitution (const. 53) das Gesetz für sein Land auf, derselbe edle Fürst, der gegen die in ganz Deutschland übliche, dem römischen Strafrecht entnommene, fürchterliche Criminalpraxis ankämpfte. (Hölscher, Gesch. des Brandenb.-Preussischen Strafrechts. 121.) — Die im Boden gefundenen Schätze erheischen eine billige Ausgleichung zwischen Finder und Grundeigenthümer, weil dem Finder der Lohn für seine Arbeit nicht entzogen werden kann, vorausgesetzt, dass sie nicht unrechtmässig unternommen wurde.

[3]) Gesetzliche Vorschriften für Jagd und Fischerei sind nichtsdestoweniger vollkommen gerechtfertigt. Durch waidmännische Fürsorge ist gegenwärtig in Baiern der Gemsenstand stärker als je zuvor, obschon mehr Thiere geschossen werden als früher. Durch den Verfall der Lachsfischerei in England dagegen wurden ungeheure Summen Geldes und Massen schmackhafter Lebensmittel muthwillig zu Grunde gerichtet, und nur der Anglernaivität kann es einfallen, zu behaupten, die Fische seien nicht seltener, wohl aber durch die Gefahr und den Unverstand der Fischenden gewitzigt und vorsichtig geworden. Bei den alten Sachsen war es polizeilich untersagt, den Dienstboten öfter als dreimal in der Woche Lachs zu verabreichen. Auch Bergbau und Holzschlag unter-

liegen, zum Besten des Ganzen, und in Wahrheit auch der einzelnen Besitzer, der bevormundenden Fürsorge des Staates.

[4]) Jägervölker schon sehen sich in die Nothwendigkeit versetzt, die Erwerbsansprüche abzustufen. Jeder hat sich seiner eigenen Waffen zu bedienen; läuft ein Seehund mit einem Wurfspiess im Leibe davon und wird von einem Andern getödtet, so gehört er dem, der zuerst getroffen. Reisst der Riemen der Harpune, so hat der Schütze sein Recht verwirkt. Schiessen Mehrere zugleich ein Rennthier, so gehört es dem, dessen Pfeil dem Herzen am Nächsten sitzt. Wer eine Fuchsfalle baut und sie längere Zeit nicht aufstellt, der kann auf das gefangene Wild keinen Anspruch machen, wenn ein Anderer sie mittlerweile aufgestellt hat. Die Slaven Istriens trauen nur ihrem eigenen Rosenkranze: wer einen solchen von einem Andern borgt, betet nur für diesen. — Das römische Recht rechnet zu den Hausthieren alle Thierarten, die, wenn man sie laufen oder fliegen lässt, wiederkehren, den *animus revertendi* haben.

[5]) Auch der Buchhändler honorirt nicht den Gedankeninhalt, sondern die Handschrift, die er mit Genehmigung des Verfassers auf künstliche Weise vervielfältigt. Die Beschränkung des Schrifteigenthums damit rechtfertigen zu wollen, dass die Arbeit des Schriftstellers ohne sein Zuthun sich so vielmal wiederholen lässt, ginge nur dann an, wenn man die durch Maschinen gelieferte Arbeit nicht für ächtes Eigenthum gelten lassen wollte. Auch das wird sich wohl schwerlich bestreiten lassen, dass die nachdruckende Wiederholung allein für den Fall rechtmässig wäre, dass es Jedermann gestattet sein müsste, von dem Ackergrunde seines Nachbars so viel Krume, als ihm ansteht, wegzunehmen, da der Acker seiner ganzen Ausdehnung nach nichtsdestoweniger Eigenthum seines rechtmässigen Besitzers bleibe.

[6]) Zur Rechtfertigung des Autorenrechts lassen sich verschiedene Standpunkte wählen: der Standpunkt des Privilegiums, des Verlagsrechts, des litterarischen Eigenthums oder Schrifteigenthums, des Urheberrechts. Ein Privilegium oder Monopol, wie K. S. Zachariä das Schrifteigenthum als nutzbares Recht betrachtet, sind nicht einmal die für Erfindungen ertheilten Patente, vielmehr eine Anerkennung des Staates, dass die Erfindung wirkliche Erfindung sei und darum Anspruch habe auf den dem Eigenthum überhaupt gewährten gesetzlichen Schutz. Der Autor findet diesen, weil er seine Gedanken in ein sinnenfälliges Object hineingelegt, folglich die zum Begriffe des litterarischen Eigenthums erforderlichen Bedingungen zuwege gebracht hat. Handelt es sich um die blosse Ehre der geistigen Urheberschaft, nicht um den durch sie zu erzielenden Gewinn, so nimmt das Gesetz keine Notiz davon — die „Geister" mögen es unter sich abmachen. Dem Arzt und dem Rechtsanwalt wird die mündliche Consultation als Mühewaltung honorirt, unangesehen den Werth, den der ertheilte Rath hat, auch wenn der Kranke stirbt und der Client den Prozess verliert. Es konnte nur durch ein riesenhaftes Missverständniss geschehen, dass Macaulay im Schoose des Parlaments behauptete, das Verlagsrecht sei eine den Lesern zum Vor-

theil der Schriftsteller auferlegte Steuer, es müsste denn sein, dass der Preis, den der Landbauer für seinen Weizen von dem Bäcker fordert, gleichfalls eine dem Hungrigen auferlegte Steuer wäre. Hörte diese Besteurung auf, so würde zuletzt gar kein Weizen mehr gepflanzt und das Bücherschreiben den meisten Schriftstellern verleidet. Es heisst die Arbeit und mit ihr das Eigenthum herabwürdigen, wenn man der geistigen Arbeit es unmöglich macht, ihr Brot zu verdienen. Der Verleger, ist er nicht selbst der Autor, kann sich auf das Gesetz nur dann berufen, wenn er das litterarische Eigenthum vom Autor oder dessen Erben rechtmässig erworben hat. Die Schwierigkeit für den Gesetzgeber liegt in der Bestimmung der Grenze, wo die erlaubte Benutzung aufhört und die unerlaubte anfängt. Chrematisch kommen die Capitalien, welche die Staatsgenossen ansammeln, auch dem Ganzen zugut, weil mit der Vermehrung des Wohlstandes die Steuerkraft der Bürger und mit dieser die Macht und das Ansehen des Staates wächst; die erworbenen Vermögen aber bleiben trotzdem Einzelgut und vererben von einer Hand in die andere, wogegen das geistige Eigenthum seine private Natur über kurz oder lang verliert und in die Masse des Gemeinguts zurückfällt, aus dem Jeder entnehmen kann, was ihm dienlich ist. Es ist dies beim Lichte besehen freilich das Schicksal alles Eigenthums: je mehr es sich von dem festen Boden trennt und zu beweglichen Werthen verflüchtigt, desto rascher nutzt das wandelbare Verkehrsleben das festere Erbgut zu eintägigen Gewinn- und Verlustrechnungen ab. In Nordamerika werden die Vermögen nicht nach Generationen, sondern nach Jahrzehnden und nach Jahren gezählt. Die ideale Natur des Geldes ermöglicht das Capital, d. h. die systematische Ansammlung von Tauschwerthen, mittelst deren die Arbeit die ihr durch Raum und Zeit gesteckten Schranken bemeistert und auf einen gewissen Grad unabhängig von ihnen producirt. In einer besonders misslichen Lage befindet sich die Patent-Gesetzgebung, weil das Neue keineswegs an sich schon einen berechtigten Gedankeninhalt in sich begreift. In England erhielt Jemand ein Patent darauf, dass er die Borsten seiner Haarbürsten von ungleicher Länge schnitt, und 14 Jahre lang durften die übrigen Bürstenbinder nur Bürsten von gleicher Borstenlänge anfertigen.

§ 30. Eigenthümlich erwerben lassen sich endlich auch Rechtsverbindlichkeiten, denen der erwerbende Wille einen beliebigen Zuwachs seines Vermögens oder seiner Machtvollkommenheit zu danken hat. [1]) Die Summe der Eigenschaften, welche die allgemeine Zuständlichkeit, den Rechtsstatus des Subjects ausmachen, enthält die Möglichkeit für einen derartigen Erwerb. Tritt ein positiver Rechtsgrund hinzu, der die Verpflichtung zu realen Leistungen in sich schliesst, so entsteht ein nutzbares Recht von dinglichem Eigenthumswerth. Das Gegenständliche des Erwerbs ist unerheblich, wenn nur die Leistung eine Vermehrung oder Steigerung der dem Besitzer des erworbenen Rechts angehörenden Güterwelt bewirkt. Auch darauf kommt es nicht an, ob der Gewinn aus einer Handlung oder Unterlassung entspringt: es ist erspriesslich für den Eigenthümer, ob Jemand gehalten ist, ihm regelmässig eine Summe Geldes auszuzahlen, oder Waaren unter dem Tagespreise abzusassen; ob für ihn der Hörige arbeiten muss, oder ob der Staat keine Steuern von ihm fordert, beziehungsweise fordern kann. Der Eximirte gewinnt nicht allein, weil er nicht zu zahlen braucht, sondern weil zugleich Andere für ihn steuern müssen, und die Verwendung ihres Geldes zur Befriedigung der öffentlichen Ausgaben und Erhaltung der staatlichen Ordnung dient, somit jedem Bürger, dem am Meisten, der viel zu verlieren hat, Vortheil bringt. Die Römer rechneten zum Vermögen ausser den Sachen auch die rechtliche Möglichkeit, in ihren Besitz zu gelangen, also das Klagerecht. *Habetur quod peti potest* — wer die *Actio* hat, der hat die Sache, und die Aussicht, welche eine bedingte Stipulation eröffnet, gehört unter das vererbbare Vermögen.[2]) In der germanischen Gewere aber lagen alle berechtigten Forderungen, die gerichtlich verfolgt werden konnten, mitbegriffen.

[1]) Der Begriff eines erworbenen Rechts ist wissenschaftlich noch nicht festgestellt. Der Eine versteht darunter das Gegentheil der blossen Erwartung; der Andere nur Privatrechte; ein Dritter alle nicht angeborenen Rechte; ein Vierter die Rechte, die durch speciellen Rechtsgrund entstanden sind, im Gegensatz zu den allgemeinen gesetzlichen Möglichkeiten und Befugnissen. Letztere Auffassung kommt der Wahrheit am Nächsten, versieht es aber entschieden darin, dass sie die s. g. Standesprivilegien nicht als erworbene Rechte anerkennt, weil sie nicht zu einer besondern Rechtssphäre gehören. Der englische Officier, der sein Patent gekauft hat, ist doch zuverlässig Eigenthümer eines erworbenen Rechts, und warum sollte es nicht auch Jener sein, der auf Grund bestandener Prüfung vom Kriegsherrn seine Bestallung ausgefertigt bekommt? Die grosse Unsicherheit in Betreff der Privilegien, *personales constitutiones, jura singularia* hat dahin geführt, dass man dieselben auf subjective oder objective Ausnahmen von der Anwendung der Rechtsregeln beschränkte, und sie nicht einmal mehr als „uneigentliche“ Gesetze

gelten liess. Warum sollte denn die Norm für ein concretes Rechtsverhältniss kein Gesetz sein? Zwischen dem Generellen und dem Individuellen, zwischen der gemeingiltigen Regel des Gesetzes und der einzelnen Ausnahme liegt ein Drittes in der Mitte — das von einer generellen Regel abgeleitete und durch einen positiven Rechtsgrund unterstützte Sonderrecht.

[2]) 4 J. 3, 15. Das s. g. Hoffnungsrecht (*jus futurum simplex*), wie die Aussicht auf eine bevorstehende Beerbung ist davon ausgeschlossen.

§ 31. In Ermanglung des Grundes, auf dem der Erwerb von Eigenthum beruht, geht dieses wieder verloren: behauptet der Wille sich nicht in dem Seinigen, so giebt er es durch eigene Verschuldung fremder Occupation preis, weil es den Anschein gewinnt, er habe absichtlich seine Hand zurückgezogen. Ohne das sich selbst behauptende freie Zuthun erstirbt oder erlischt der Eigenthumstitel.[1]) In so verschiedenem Sinne man auch von der Verjährung reden kann, ihr begriffliches Moment liegt darin, dass ein Rechtswille aufgehört haben muss, einen Gegenstand zu occupiren, soll ein anderer, mit Zustimmung des Gesetzes, sich dessen bemächtigen dürfen. Nicht weil der Ersitzer einen Eigenthumstitel erworben hat, erlischt das Recht des Eigenthümers, sondern weil dieser ihn hat erlöschen lassen, erlangt der Erwerb von Jenem gesetzliche Kraft. Die Acquisitiv-Verjährung ist demnach eine Folge der Extinctiv-Verjährung. Es fand sich ehedem und findet sich jetzt noch hie und da die gesetzliche Bestimmung, dass mehrjähriges Brachliegenlassen dem Aufgeben des Eigenthums gleichkommt.[2]) Bei denjenigen Sachen, die der Eigenthümer unmittelbar in seiner Gewalt und Gewere hat, genügt schon die Mühe des Aufbewahrens, dass das Recht darauf nicht verjähren kann; wohl aber erlischt dasselbe innerhalb eines bestimmten Zeitraums, wenn der Eigenthümer das Seinige auf die eine oder die andere Weise in den Besitz eines Andern gerathen lässt, ohne seinen Anspruch irgendwie geltend zu machen. Der berechtigte Ruf nach freiem Verkehr hat die sittlichen Erwägungen, wie mir scheint mit Recht, so sehr in den Hintergrund gedrängt, dass das deutsche Handels-gesetzbuch den redlichen Erwerber das Eigenthum an Waaren und andern beweglichen Sachen, welche von einem Kaufmann in dessen Handelsbetrieb veräussert und übergeben worden sind, erlangen lässt, auch wenn der Veräusserer nicht Eigenthümer war. Mit dem redlichen Erwerb verjährt und erlischt das früher begründete Eigenthum, wie auch jedes zuvor an der betreffenden Sache begründete Pfandrecht oder sonstige dingliche Recht, wenn dasselbe dem Erwerber bei der Veräusserung unbekannt war. Die deutsche Wechselordnung dehnt die Bestimmung auf Inhaberpapiere selbst in dem Falle aus, dass deren Veräusserung oder Verpfändung nicht von einem Kaufmann in dessen Handelsbetrieb geschehen ist, und auch wenn die Papiere gestohlen oder verloren waren.[3]) Der unredlich erworbene Besitz bleibt, als im Widerspruch mit der gesetzlichen Substanz, für alle Zeiten anfechtbar, so lang ein Gesetz ihn nicht legitimirt. Wie aber überhaupt kein einzelnes Rechtsverhältniss in absolutem Sinne verstanden werden darf, so ist auch der unrechtmässig erworbene Besitz an sich schon nicht schlechthin unersitzbar. Eine Einschränkung liegt bereits darin, dass der an seinen Eigenthum Beschädigte, der es unterlässt, den Schutz des Gesetzes rechtzeitig anzurufen, seines Klagerechts einmal verlustig gehen muss. Sollte die Obrigkeit gleichwohl in die Lage kommen, dem Besitzer des von ihm widerrechtlich in Besitz Genommene abzunehmen, so fordert die Rechtsvernunft, dass der Anspruch des Eigenthümers nach einer Anzahl von Jahren, die über den Termin der gewöhnlichen Ersitzung hinausgehen muss, zum Besten der Rechtsgenossenschaft verwendet werde. Aus der richtig verstandenen Occupation ergeben sich von selbst die ferneren Grundsätze für die rechtmässige Ersitzung. Streitet der Weg, auf welchem das Eigenthum des Einen in den Besitz des Andern übergegangen ist, nicht mit dem Gesetze, so erwirbt der Besitzer das Eigenthumsrecht in um so kürzerer Frist, je mehr er durch Spezification des Gegenständlichen sich einen Rechtsgrund erarbeitet hat. Zu einer angemessenen Entschädigung zwar, jedoch nicht zur materiellen Rückgabe des Objectes, sollte vor eingetretener Verjährung der Besitzer verpflichtet sein, sobald der Werth der Arbeit den Werth des Gegenstandes übersteigt; und umgekehrt erscheint es nicht mehr als billig, bis zum Eintritt der gesetzlichen Verjährung dem Eigenthümer die Zurücknahme seines Eigenthums gegen Entschädigung für die Spezification in dem Falle zu gestatten, dass der Werth der Arbeit nicht den Werth des Gegenständlichen erreicht. Rascher noch verjährt das geistige Eigenthum durch freie Verarbeitung, und erworbene Rechte erlöschen naturgemäss, wenn sie nicht geltend gemacht werden, und zwar um so schneller, je lähmender eine lange Verjährungsfrist auf den allgemeinen Verkehr zurückwirkt.

[1]) Gaius: *Omnia quæ jure contrahuntur, contrario jure pereunt.* Die Regel erinnert an Sallust's (Cat. 2) Wort: *Imperium facile his artibus retinetur, quibus initio partum est.*

[2]) In Aragonien konnte Jeder unangebautes Land, das keinen Eigenthümer hatte, in urbaren und ertragsfähigen Stand setzen; er verlor aber sein Anrecht, wenn er das Feld 10 Jahre lang brach liegen liess. Heutigen Tages erlischt dasselbe schon nach 3 Jahren. In Mexico steht ein ausser Betrieb gesetztes Bergwerk Jedem zur Ausbeutung offen. Es ist eine Rechtskränkung, wenn irische Landbesitzer lieber Jahre lang ausgedehnte Grundstücke unbenutzt lassen, ehe sie den geforderten Pachtschilling ermässigen. Unmöglich kann das unbedingte Verfügungsrecht einen rechtswidrigen Missbrauch in sich schliessen; ist doch das Recht ein Culturproduct und darum die Verneinung absichtlicher Culturlosigkeit. Es hiesse die rechtliche Freiheit mit muthwilliger Willkür verwechseln, wollte das Gesetz es ruhig geschehen lassen, dass ein Landeigenthümer während einer Hungersnoth einen Theil seiner Früchte zerstört, um den Preis der Waare zu steigern.

[3]) Ein volkswirthschaftlicher Verein hat den Antrag gestellt, dass in Preussen die gesetzliche Verjährungsfrist bei Forderungen der Handwerker von 2 auf 1 Jahr ermässigt werde, um den Stand an Ordnung zu gewöhnen und ihm raschere Beitreibung seiner Ausstände zu ermöglichen.

§ 32. Dem positiven Sinn des Römers lag es fern, sein handgreifliches Eigenthumsrecht mit abstracten Forderungen zu beladen, denen vorweg die unmittelbare Anwendbarkeit abging. Mit der Verjährung *(praescriptio)* als solcher wusste er nichts anzufangen, wohl aber leuchtete es ihm schon frühe ein, dass für den redlichen Besitzer ein Zeitpunkt kommen müsse, wo seine thatsächliche Beziehung zum Besitzgegenstand in eine positiv rechtliche übergehe,[1]) was nur dadurch zu erreichen war, dass der Besitz sich in wirkliches Eigenthum verwandelte und als solches gesetzliche Anerkennung erlangte. Wollte man das einmal, so war das Gesetz genöthigt, einen Termin festzustellen, bis zu welchem das Rechtssubject wegen seiner Ansprüche klagbar werden konnte, und insofern sind die erwerbende und die erlöschende Verjährung hinterher aus den auf bestimmte Rechte beschränkten Instituten der Usucapion[2]) und Klageverjährung abstrahirt worden.[3]) Der herrische, gewaltthätige Zug in der Vindication, dass auch der redliche Besitzer die Sache unentgeltlich herausgeben müsste, selbst wenn er sein Recht von dem Vormann des Eigenthümers ableitete, oder wenn letzterer an dem Verluste der Sache und den Folgen dieses Verlustes schuld war, drängte dahin, dass in Alt-Rom die Ersitzung beweglicher und unbeweglicher Sachen, ursprünglich wahrscheinlich ohne das Erforderniss der *bona fides*, in der kurzen Frist von einem und zwei Jahren erfolgte. Später verlangte das Gesetz die *bona fides* nur für den Anfang der Usucapion, was durchaus in Uebereinstimmung stand mit der Idee des Rechts, wenn nur die Verjährungsfrist verlängert und dem Beschädigten ein Mittel an die Hand gegeben wurde, der Verjährung zuvorzukommen. Je nach ihrer Modalität trat die Verjährung mit 3, 10, 20, 30, auch 40 Jahren ununterbrochenen Besitzes ein,[4]) und das canonische Recht mit der sittlichen Forderung eines ununterbrochenen guten Glaubens hat die Sache nur verwirrt, nicht gebessert.[5]) Germanische Rechtseinflüsse haben hier unverkennbar mitgewirkt. Von dem Zeitpunkte an, da die deutschen Völkerschaften feste Wohnsitze eingenommen hatten, mussten sie Bedacht darauf nehmen, ihren Eigenthumsbegriff nach Innen und nach Aussen abzugrenzen. Wie früh oder wie spät auch der Ausdruck „Gewere“ in Gebrauch gekommen sein mag —

ausgemacht ist, dass die rechtliche Bedeutung, die man damit verband, in das graueste Alterthum der Germanen zurückreicht und von Anfang an die Verjährung ausschloss. In einfachen Lebensverhältnissen, unter welchen das bewegliche Gut (die fahrende Habe) neben dem unbeweglichen (den Liegenschaften) kaum in Betracht kam und jedenfalls als Zubehör angesehen wurde, bot sich wenig Gelegenheit zu unrechtmässigem Besitz, es sei denn dass das Recht verstummen musste vor der Gewalt. Die Uebersichtlichkeit der Volksgemeinde, die Oeffentlichkeit aller wichtigeren Rechtsgeschäfte, der innige Zusammenhang unter den Angehörigen verwandter Lebenskreise liessen kaum noch Spielraum für unbemerkte Besitzveränderungen. Der Hörige, der seinen Verpflichtungen gegen den Herrn gewissenhaft nachkam, brauchte keine Besitzstörungen zu fürchten, und vererbte sein Pachtgut wie der Herr sein Eigengut. Was die Treue verbunden, die Sitte geheiligt, das bestätigte das Gesetz. Nach und nach, als die Germanen mit den römischen Rechtsanschauungen und Lebensordnungen vertrauter wurden, mussten sie Sorge tragen, die in den Einzelgewereu vorkommenden Veränderungen sicher zu stellen, auch wenn sie nicht durch feierliche Auflassung oder Einkleidung erfolgt waren. So bildete sich der Rechtsgrundsatz, dass Alles, was Einer während Jahr und Tag unbestritten in seiner Gewere besessen, als rechtmässig erworben anzusehen sei, bis der Gegner vor dem Richter das Gegentheil bewiesen. Auch bei dem durch Erbgang erworbenen Gute wird es der Ersitzung über Jahr und Tag bedurft haben, um die Forderungen an die Erbmasse durch den nöthigen Ausscheidungsprocess zur Ruhe kommen zu lassen. Diese Art Ersitzung war keine wirkliche Verjährung, konnte es aber allerdings dadurch werden, dass der rechte Eigenthümer die Ansprüche auf die aus seiner Gewere abhanden gekommene Sache nicht zu erweisen vermochte, oder es nicht wagen konnte; ein Umstand, dem man das rasche Zusammenschmelzen den Gemeinfreien und das Umsichgreifen des Feudalismus hauptsächlich zuzuschreiben hat. Vor Verfluss von Jahr und Tag war der Träger der Gewere den Beweis seines Rechtstitels schuldig, hatte beziehungsweise seinen Vormann zu nennen, indem das Gesetz annahm, dass bis zur angegebenen Frist der Besitzgegenstand noch nicht in die Gewere hineingewachsen sei. Eine ungesetzliche Handlung konnte niemals, wie dies im alten Rom der Fall, eine rechtmässige Wirkung haben. Beim Rechtsstreit siegte die bessere, näher liegende Gewere über die schlechtere, ferner abstehende; immer aber musste, oder sollte wenigstens, der Entwerte vor allem Andern wieder in den Besitz des ihm abhanden Gekommenen gesetzt, und dann erst über die Rechtmässigkeit des Erwerbs entschieden werden. Nachdem die Zeitpacht und mit ihr die römische Verjährung, zunächst in Italien, in Aufnahme gekommen, hatte das Gesetz die grösste Mühe, zu verhindern, dass das Pachtgut nicht durch angemasste Verjährung und unrechte Ersitzung, wobei namentlich die Kirche litt, in die Eigengewere des Nutzniessers sich verwandelte.[6]) Das Schutzbedürfniss führte dahin, dass das ächte Eigenthum, anlehnungsbedürftig wie es war, immer mehr derselben Gewalt erlag, deren Gunst es anrief. In Italien[7]) fing man schon im 13. Jahrhundert an, auch die beste deutsche Gewere nur als eine *possessio* im römischen Sinne aufzufassen: in der Person des Kaisers vereinigten sich, gleich den Radien des Kreises im Mittelpunkte, alle Besitztitel, als deren idealer Eigenthümer er gedacht wurde. Die unausbleibliche Folge war ein Missverhältniss in der Vertheilung der Liegenschaften: der grosse Grundbesitz erdrückte den mittleren und dieser den kleinen, ein System der Gewalt, bei welchem auch die freie geistige Regsamkeit erstarren musste.[8])

[1]) Dass im römischen Besitze überhaupt kein Rechtsmoment enthalten gewesen sei, und zwar ein positives, liegt in v. Savigny's Theorie nicht ausgesprochen: dasselbe trat nur vor dem Thatsächlichen zurück. Ein unglückliches Unterfangen aber muss es heissen, schlechthin vom Rechte des Besitzes, als von etwas anfänglich schon Fertigem, zu reden. Die Einseitigkeit des römischen Subjectivitätsprincips hat sich im Verlauf der Jahrhunderte in allen Rechtsinstituten ermässigt, warum also

nicht im Besitzrecht? Der negative Schutz der possessorischen Interdicte führte schrittweise zu der positiven possessorischen Condiction, kraft deren auf Wiedererstattung des Werthes (Ersatz) von unrechtmässig abhanden gekommenem Besitze geklagt werden konnte. (Rudorff, Römische Rechtsgeschichte. II. 144.) Die recuperatorischen Edicte, und in noch höherem Grade die ihnen nachgebildete mittelalterliche Spolienklage, leiteten den Besitz vollends in die Rechtssphäre des Eigenthums hinüber. (Bruns im Jahrbuch des Deutschen Rechts. IV. 38.) Wer behaupten wollte, Papian's Lehre: *non debet ignoranti tolli possessio quæ solo animo tenetur*, sei altrömisch, der müsste die ganze Rechtsgeschichte in Frage stellen.

[2]) *Usucapio est adeptio dominii per continuationem possessionis anni vel biennii.*

[3]) v. Savigny, System des R. R. IV. 299.

[4]) Die Zahlen in der Rechtsgeschichte, so willkürlich sie ihrer Natur nach hie und da in Anwendung kommen, verdienen doch wohl mehr Beachtung, als sie bisher gefunden haben, wäre es auch nur deshalb, weil sie da, wo sie die Lieblingszahl eines Volkes verdrängen, den fremden Ursprung einer gesetzlichen Bestimmung manchmal verrathen. Sieben ist vorzugsweise die heilige, von kirchlichen Schriftstellern arg missbrauchte Zahl, daher sowohl im Sanskrit als im Hebräischen das Schwören „Besiebenen" heisst. Bei dem römischen Testament *in tabulis* mussten dieselben 7 Zeugen zugegen sein, die in den römischen Militärdiplomen regelmässig wiederkehren. (v. Sacken, über die neuesten Funde zu Carnutum. 362.) Auch im deutschen Rechte gehört die Siebenzahl zu den Grundzahlen (Grimm, Rechtsalterth. 213); die eigentliche Lieblingszahl der Germanen, und wohl auch der Celten (Walter, das alte Wales), war die Drei. So viel ich sehe, liebten die Germanen die Vier zur Verstärkung der Drei, so in der Sieben- und Zwölfzahl, welch' letztere in gerichtlichen Verhältnissen eine grosse Rolle spielt. (Waitz, Deutsche Verfassungsgeschichte. I. 275.) Die Semiten huldigen der Fünfzahl. Nach I Mose 47, 26 machte Josef ein Gesetz, wonach die Aegypter den Fünften an Pharao zu entrichten hatten, und der Mohammedanismus wusste sich durchgehends auf demselben Fusse einzurichten. Das maurische Kriegsheer war in 5 Haufen getheilt; der fünfte Theil der Kriegsbeute gehörte dem Chalifen, ein Gebrauch, den die Spanier und von ihnen andere christliche Völker annahmen. In Neu-Spanien nahm der König von der Perlenfischerei die Quint; der König von Navarra erhielt sie von jedem verkauften Sklaven. Als Lord Baltimore Maryland colonisirte, forderte er den Fünften von allen Gold- und Silberminen. „*The king's fifths*" hiess früher der Ertrag eines Caperschiffes, welcher der Krone anheimfiel. Nahm ein englischer Caper einen feindlichen weg, so zahlte die Admiralität jedem vor Beginn des Treffens an Bord gewesenen Mann 5 Pfund. Wird ein Sklavenschiff verurtheilt, so erhält die Bemannung des königlichen Schiffes dieselbe Summe auf jeden Kopf.

[5]) Der Grundsatz führte zur Entweihung des Eides.

[6]) Besonders lehrreich in der Beziehung ist die Geschichte des langobardischen Volksrechts. Das Edict von Rotharis erklärte fünfjährigen Besitz für genügend, damit der Besitzer entweder die Klage abschwören oder sein Recht mit der Klinge beweisen konnte. Dagegen verordnete König Grimoald, dass nach Verfluss von 30 Jahren der Beklagte die Ausforderung sollte ablehnen und dafür schwören können, was Liutprand näher dahin bestimmte, dass vor Ablauf der 30 Jahre es dem Kläger gestattet sein sollte, Gegenurkunden beizubringen. Carls des Grossen Sohn Pippin schützte die kirchlichen Anstalten gegen die Einreden der 10, der 20 und der 30 Jahre: erst wenn geistliches Gut 40 Jahre lang in den Händen eines Laien sich befunden, sollte ferner nicht auf Rückgabe geklagt werden können, wozu ich bemerken will, dass die vierzigjährige Ersitzung ihren Ursprung im Alten Testamente hat. Gewöhnlich waren die Pachtverträge auf drei Generationen geschlossen — *scriptum quod dicunt tertium genus*, *tertiogenerum* —, ein Herkommen, das jetzt noch im südwestlichen England sehr verbreitet ist, und früher auf den kurpfälzischen Domänen üblich war. Die Berufung, der Beklagte habe den Pachtzins gezahlt, half nichts (Muratori, *Scripp.* II, b. 503), daher ein weites Gewissen auf beiden Seiten leicht zu Spoliationen führte. Um die dem Zweikampf zuerkannte Beweiskraft nicht in rohe Gewaltthätigkeit ausarten zu lassen, gebot Otto I. (Pertz, *Legg.* II, a. 32), dass mit Ausnahme der Grafen, und auch dieser nur in kirchlichen Angelegenheiten, sowie der Unmündigen, Greise und Wittwen, kein Laie einen gerichtlichen Zweikampf durch Stellvertreter sollte ausfechten können, daher das Vorrecht den Geistlichen blieb, die auf ihre wohlgeschulten Lohnfechter sich verlassen konnten. Wichtiger noch war das Edict Otto's III., wonach alle den Kirchen nachtheiligen Verleihungen von Land nur so lange Geltung haben sollten, als der Geistliche, der die Verträge abschloss, lebte.

[7]) Die Könige der iberischen Halbinsel und die Normannenkönige Englands hatten den Grundsatz, alles Land sei königliche Domäne, schon seit Jahrhunderten zu Ehren gebracht.

[8]) Bis zur Entstehung grosser Grundbesitzungen ist das politische Leben raschen Wechseln ausgesetzt, und die Zufälligkeiten individueller Verhältnisse haben einen übermässig starken Einfluss. (Stein, System der Staatswissenschaft. II. 183.) Haben sich einmal Latifundien gebildet, so zieht die geistige Erstarrung auch die Lähmung der Rechtsnerven nach sich, und die Behäbigkeit mühelosen Erwerbes ertödtet die im Gesetze wirksame persönliche Triebkraft. Der Geist allein macht frei, und darum wird Aristoteles Recht behalten, dass die besten Zustände die mittleren sind, weil unter ihrer Herrschaft die Arbeit in ihren Antrieben am Gewecktesten, in ihren Früchten am Lohnendsten sich verhält.

§ 33. Es ist so wenig eine Herabwürdigung der rechtlichen Wesenheit der Familie, wenn man ihr eine dingliche

Seite abzugewinnen sucht, dass ihr Bestand vielmehr dadurch erst eine feste Unterlage gewinnt. Was zur Familie gehört, fällt, vermöge seiner Einverleibung in den Willen des Familienoberhauptes, unter den Begriff des Eigenthums, ohne dass die Familienangehörigen darum den dinglichen Objecten schlechthin gleichzusetzen wären. Mag die Sittlichkeit, mag die Religion Einrede dagegen erheben und ihre Flügel ausbreiten über vernunftbegabte Wesen, die zu Sachen herabgewürdigt werden können — es ist unter Umständen sogar ihre Pflicht es zu thun; nur so weit darf der Widerspruch nicht gehen, dass das Eigenthumsrecht des Familienvaters an sich geleugnet wird. Innerhalb gewisser Grenzen wehrt das Gesetz schon dem muthwilligen Verderben von Sachen, noch in höherem Grade der Thierquälerei, und gewährt damit einen Rechtsschutz dem Eigenthum, gegenüber dem Eigenthümer. Das naturalistische Nationalitätsprincip der alten Welt hielt sich für befugt, den Ausländer als Feind, gerieth er in Gefangenschaft, als Sklaven zu behandeln, ihn und seine ganze Nachkommenschaft auf ewige Zeiten. Besteht die Sklaverei zu Recht, so ist und bleibt der Sklav Leibeigener, also Sache, wie sehr Menschlichkeitsrücksichten dem Missbrauch und der Misshandlung vorbeugen mögen. Frau und Kinder hängen, wenigstens was ihr Vermögen, wozu auch die Arbeitskraft zu rechnen ist, anbelangt, wenn schon mit zarteren Banden als der Leibeigene, mit dem Eigenthumsrecht des Gatten und Vaters zusammen. Er ist ihr Herr, sein Rechtswille für sie entscheidend. Der Gebrauch der Familie durch ihr Oberhaupt lässt sich ein für alle mal nicht beanstanden, und indem das Gesetz dem Missbrauch steuert, fördert es noch immer nicht den rechten, vernunftmässigen Gebrauch, dem die gesetzlich anerkannte Berechtigung selbst, im Bunde mit den idealeren Beweggründen, die ausserhalb der Rechtssphäre liegen, den naturgemässesten Antrieb verleiht. Die Rechtsgenossenschaft als solche sieht sich ausser Stande, dafür Sorge zu tragen, dass ihr tüchtige Rechtssubjecte erzogen und zugeführt werden: die Wege dazu mag sie ebnen, die Mittel an die Hand geben, ihre eigentliche Aufgabe kann und soll nur die sein, dass sie das Recht selbst seinem Begriffe gemäss entwickelt und das Rechtsbewusstsein der Einzelnen so viel als möglich kräftigt. Je precärer die Stellung zwischen Gatte und Gattin, zwischen Vater und Kindern, desto unfruchtbarer wird das Familienrecht.

§ 34. Mit eiserner Strenge hat das römische Recht die Familie unter die Hand ihres gesetzlichen Oberhauptes gebeugt. Die Familie ist die natürliche Vereinigung von rechtlich Unfreien, die durch Occupation einem fremden Rechtswillen zufielen.[1]) Selbst die Clientel unterschied sich von der Sklaverei nicht ihrem Wesen nach, sondern durch die accidentelle Willenserklärung des Patrons, von seinem Eigenthumsrechte keinen Gebrauch machen zu wollen. Die Freilassung kam deshalb der Dereliction gleich und erzeugte zwar eine occupirbare Sache, aber keinen freien Bürger: als hörig *(cliens)* blieb der freigelassene Sklav, früher mit einem Ackerloos, später mit einer Summe Geldes ausgestattet, in der Familiengemeinschaft des Herrn, dessen Geschlechtsnamen er zu führen, dessen Gottesdienst und Gerichtsbarkeit er zu theilen hatte. Dem Herrn wie dem Clienten war Klage und Klagunterstützung untersagt, nach und nach aber machte das Gesetz dem precären Zustand ein Ende und schuf die Plebs,[2]) wobei es um so leichter geschehen konnte, dass in die Gentes neben den patricischen auch plebeische Familien Aufnahme fanden. Der Fruchterwerb des Colonen und des Fructuars entstand gleichfalls durch die Willenserklärung des Eigenthümers, dass er auf sein Recht verzichte.[3]) Einmal unter der *manus*[4]) des Mannes ging die Frau, sammt Allem was ihr angehörte, in seinem Rechtswillen unter: sie war unfähig, etwas für sich zu erwerben, konnte weder testiren, noch vom Gemahle Geschenke erhalten; die aus einer solchen Ehe entsprungenen Kinder aber hatten nicht einmal rechtliche Ansprüche aufzugeben, da sie niemals welche besassen.[5]) Allein in allen den Fällen erstattete der religiöse Familiencultus in reichem Masse zurück, was das bürgerliche Recht den Freibürtigen zu nehmen schien. Die durch einfachen Consens geschlossene Civilehe der Schutzgenossen und Beisassen, in Folge der die Frau mit ihren Vermögensansprüchen aus ihrer Familie gar nicht ausschied, befreite sie zwar von der Härte des *jus civile*, aber um den hohen Preis religiöser Verlassenheit. Der statutarische [6]) Charakter der römischen Religion, deren geheimnissvolles Walten in den alten guten Zeiten auch das schärfste kritische Auge nicht ganz zu durchschauen vermag, hat sich unfehlbar an den schneidenden Kanten des subjectiven Rechtsprincips und als ein wohlthätiges, ja nothwendiges, Gegengewicht desselben entwickelt. Der Oberpriester in dem König besass das Auspicium; die drei Flamines bezeugen die Stammgottheiten der drei Tribus; die Curie, die Familie hatten ihren gemeinsamen Gottesdienst. In einer Menge Rechtsgeschäften stand dem Priester die Vorfrage zu; in Allem konnte er eingreifen, wenn die herrschende Classe es für vortheilhaft hielt: er musste es in allen wichtigen Staatsangelegenheiten. Nach Innen einem einzigen Willen unterthan, verstärkte die Familie sich nach Aussen in der Gens, durch deren rechtliche und religiöse Zusammengehörigkeit der Eigenthumswille bei seinem zuständigen Gebaren in eine nie ganz abzuschüttelnde Abhängigkeit gerieth. Im Ganzen jedoch hatte der Römer eine fast abergläubische Vorstellung von dem Familienhause und dessen Beziehung zum Hauseigenthümer. [7]) — Die germanische Gewere ihrerseits erstreckte sich gleichfalls nicht blos auf Sachen, sondern gleicher Weise auch auf Personen. Von den Leibeigenen bezeugen es mit klaren Worten die „Spiegel“; [8]) es hat aber den Grundton der urdeutschen Rechtsanschauung für sich, dass Frau, Kinder, Gesindleute, Hörige, Mündel darin mitbegriffen waren, und nur der abstracten, unlebendigen Auffassung kann es einfallen, die Gewere von der Mundschaft spezifisch zu trennen. Die gewissenhafte Schutzpflicht bildet das natürliche Band zwischen beiden, mag das eine Mal das dingliche, das andere Mal das persönliche Moment überwiegen, und so gut als Besitz und Eigenthum sich demselben Rechtsbegriffe unterordnen liessen, konnten der Pflegling und das Pflegbefohlene zusammengehen. Für den erlaubten Nutzen, den der Gewerträger aus Dinglichem und Persönlichem zog, lag ihm die Wehrpflicht ob. Veruntreuung war hier im Bereich der Möglichkeit, aber für die persönliche Kränkung der in der Gewere einbegriffenen Personen lag die Rechtshilfe näher als in Rom. Die Blutsverwandtschaft nahm sich ihres Angehörigen, die Rechtsgemeinde des Genossen an, wenn der Inhaber der Gewere seine Befugniss überschritt; den Hörigen willkürlich von seinem Pachtgute austrieb; die Morgengabe und das Eingebrachte der Frau veräusserte, anstatt sich mit dem Niessbrauch zu begnügen; das den Kindern durch Schenkung oder Erbgang Zugefallene wie Eigengut gebrauchte. Als im Verlauf der Zeit die einer Sippe angehörigen Grundstücke nicht mehr alle materiell an einander grenzten, fuhren sie dennoch fort, ein ideales Gesammteigenthum zu bilden. Schon die Formeln und Urkunden aus der Zeit der fränkischen Monarchie lassen keinen Zweifel, dass bereits Veräusserungen, welche die Familieninteressen verletzten, gesetzlich anzufechten waren.

[1]) Noch in der späteren Zeit des römischen Reiches bestritten Eltern mit ihren Kindern die Steuern. (Zosimus. II. 38.) In einem grossen Theil der alten Welt hatte die Härte der Schuldgesetze dieselbe Wirkung, unter andern auch bei den Friesen. (Tacitus, *Annal.* IV. 72.)

[2]) Mommsen in v Sybel's Historischer Zeitschrift. I, 2. 232. Zu der Freilassung von Seiten eines Bürgers kam in der Verleihung des Bürgerrechts durch die Gemeinde eine weitere Entstehungsform der Plebität. Dass die Theten in Attika, die zur Zeit Solon's gegen die Reichen aus denselben Gründen aufstanden, wie die Plebejer Roms bei der ersten Secession auf den heiligen Berg, sich in der gleichen Lage mit den römischen Clienten befanden (Dionysius Halicar. II. 9), ist kaum wahrscheinlich. In England dagegen hat die Classe der *copyholder*, die im Mittelalter mit Land ausgestattete Knechte waren, eine ähnliche Entstehungsart.

[3]) 63, § 8 D. 47, 2.

[4]) Ein philosophisch gebildeter Jurist wie Cicero, der dem humanistischen Cosmopolitismus der Stoiker nahe stand, konnte das Nachlassen der strengen römischen „Hand" ernstlich beklagen, wenn er (*de Repub.* I. 43) den demagogisch regierten Staaten nachsagt, bald werden sich die Sklaven als frei ansehen und sich Alles erlauben, die Frauen die Rechte der Männer sich anmassen, endlich von so übermässiger Freiheit Pferde, Hunde, Esel selbst frei werden und so frei herumlaufen, dass man ihnen aus dem Wege gehen müsse.

[5]) Bei der Beurtheilung des schuldigen Obsequiums war den Kindern die Anstellung der *actio de dolo* und *injuriarum* auch für den Fall untersagt, dass die Eltern sich durch einen *procurator* vertreten liessen.

[6]) Die unverwüstliche Zähigkeit der jüdischen Theokratie, die ihren politischen Untergang nächstens Jahrtausende überdauert haben wird, verdankt dies vorzugsweise den statutarischen Eigenthümlichkeiten der Jehovah-Religion. Zufällig wird man es nicht heissen können, dass gerade über Leute, die den Sinn für Gesetz und gesetzliche Ordnung gänzlich verloren zu haben scheinen, das vorherrschend statutarische und rituale Religionswesen eine bestrickende Gewalt übt. Jüdische Verbrecher verschmähen nicht selten die Gefangenkost, weil sie nicht koscher ist; lutherische Gauner haben Wachskerzen und Wallfahrten gelobt, und einer der gefährlichsten Räuber katholischer Confession verlangte nach Verkündigung seines Todesurtheils nach einem Rabbiner, um als Jude zu sterben. (B. Avé-Lallemant, das deutsche Gaunerthum. I. 16.) Das Ritualgesetz soll dem bösen Gewissen über die bürgerlichen Ungesetzlichkeiten hinweghelfen. Freigeisterei könnte die feste Rechtsordnung des angelsächsischen Stammes bedenklich erschüttern.

[7]) Nur in dem von ihm selbst oder dem Schwiegersohne bewohnten Hause durfte der Vater die ehebrecherische Tochter tödten. Die Geschlossenheit der hellenischen und, dieser entsprechend, der römischen Familie erhielt sich meist durch den Umstand, dass sie sich selbst durch die Beschaffung aller Lebensbedürfnisse genügte. Es erklärt sich daher die Verachtung, in der das Handwerk bei den Alten stand. Die ehrenvolle Last des Kriegsdienstes wurde so niedrigen Beschäftigungen nicht zu Theil — Tagelöhnern, Krämern, Handwerkern, zumal solchen, die ihre Erzeugnisse selbst verkauften, klebte noch in den Augen Cicero's der Schmutz der Niedrigkeit an. Im wirthschaftlichen Sinne war eine Theilung der Arbeit allein innerhalb der Familie möglich, daher noch die kaiserliche Hofhaltung ihre eigenen Innungen oder Collegien hatte. Dahin ist die Behauptung einzuschränken, das *jus civile* der ältesten Römer sei auf den Zustand der isolirten Arbeit, das spätere *jus gentium* auf den der Arbeitstheilung berechnet. (Dankwardt, Nationalökonomie und Jurisprudenz. I.)

[8]) Der Sachsenspiegel (III. 32. 6) erwähnt die „*gewere an enem manne*," obschon der Spiegler weiss, dass Leibeigenschaft ein Unrecht und ein Recht der Gewalt sei (III. 32. 3).

§ 35. Die volle Sicherheit erlangt das Eigenthum erst durch die Anerkennung von Seiten des Staates, womit nichts Anderes gesagt ist, als dass jedes Recht, also auch das Recht auf Eigenthum, erst im Gesetze zur Selbstverwirklichung gelangt. Daraus zu folgern, das Eigenthum gründe sich nicht auf Eigenmacht, sondern auf Auctorität,[1]) hätte nur dann Sinn, wenn man dasselbe von der Verwirklichung aller Ideen, auch der Sprache, der Sitte, der Religion, behauptete. In der unabweisbaren Forderung der Rechtssicherheit liegt es ausgesprochen, dass vom Standpunkt des Vernunftzweckes aus der Staat früher ist als die Familie, das Gesetz früher als das Recht; allein ohne das natürliche Vorhandensein der Familie käme es zu keiner staatlichen Verknüpfung von Familien, und wo keine Rechte gefordert werden, da entstehen auch keine Gesetze. Um den Zusammenhang der staatlichen Ordnung gegen den isolirenden und eigennützigen Standpunkt des Eigenguts zu wahren, bedient sich der Staat der gesetzlichen Enteignung — Expropriation. Sie kommt in Anwendung zu Gunsten einer engeren oder weiteren Rechtsgenossenschaft, in selteneren Fällen auch eines einzelnen Rechtssubjects, wenn der Eigenthümer die freiwillige Entäusserung verweigert und gegen eine billige, von Sachverständigen bestimmte, Entschädigung im Namen des Gesetzes dazu angehalten werden muss. Ohne einen schweren, nicht zu entschuldigenden Eingriff in das Eigenthumsrecht, diese festeste Grundlage gesetzlicher Ordnung, zu begehen, kann zur Enteignung nur in dem Falle geschritten werden, dass der dem Ganzen oder dem Einzelnen erwachsende Nutzen grösser ist, als der Werth, den der Eigenthümer billiger Weise darauf legen darf. So viele Arten von Eigenthumsobjecten, so viele Weisen der Enteignung giebt es. Am Gewöhnlichsten ist die Expropriation von Grundstücken und Gebäuden;[2]) aber auch bewegliche Sachen können unter dem Drange der Umstände der Enteignung unterliegen, und jeder Zeit für den Fall, dass der Werth der spezificirenden Arbeit den laufenden Preis des natürlichen Stoffes überwiegt. Es ist Expropriation, wenn das Gesetz dem geistigen Eigenthum nach einer Anzahl von Jahren seinen Schutz entzieht und es der Occupation preisgiebt. Nach denselben Rücksichten verlangt das Gesetz eine Enteignung erworbener Rechte und Befugnisse: manche fallen von selbst, wenn der Staat sich seiner bestehenden Formen entkleidet, die andern aber sind der expropriirenden Ausgleichung um so bedürftiger, je mehr sie unter der Form von Privilegien die durchsichtige Gleichheit des Gesetzes trüben, und je rückhaltsloser der Staat aus freien Stücken auf seine eigenen Regalien verzichtet.[3]) Die Entlassung des Kindes aus der *Manus* und der Gewere ist abermals eine Art Enteignung, und zwar der väterlichen Gewalt, sofern sie zum Eigenthum gehört, und liegt der Trennung der Colonie vom Mutterlande zu Grunde.[4])

[1]) Nach Hobbes (*Leviath.* 24) gelangt das Eigenthum durch die Staatsgewalt, nach Montesquieu (*Esprit des lois.* XXVI. 15) durch Gesetz zum wirklichen Dasein, was v. Savigny (System des R. R. I. 368. 380) damit zu rechtfertigen sucht, dass die Gesammtherrschaft über die unfreie Natur dem Staate innerhalb seiner Grenzen zukomme. Stahl und Krause legen alles Gewicht auf die Auctorität, ohne zu bedenken, dass diese nur dann eintreten kann, wenn der Wille Eigenthum zu erwerben angefangen hat.

[2]) Ein tadelloses Expropriationsgesetz wird ein unerfüllter Wunsch bleiben, weil das *pretium affectionis* für das Recht eine unbekannte Grösse bildet, und die Bedürfniss- und Werthfrage in jedem einzelnen Falle verschieden beantwortet sein will. Das aber streitet gegen die einfache Rechtsvernunft und kennzeichnet den Polizeistaat, dass in Berlin die Polizeibehörde die öffentliche Nothwendigkeit der Expropriation decretirt, die Communalbehörde ihrerseits verpflichtet ist, solcher Verfügung mit ihren Mitteln zu genügen. Die nächstens zur Hälfte expropriirten Grund- und Hausbesitzer von Paris erfreuen sich, wenn man von dem Zwange selbst absieht, wenigstens billiger Grundsätze. Für Bauten, Anpflanzungen und sonstige Verbesserungen, von denen die Jury aus der Zeit, in welcher sie vorgenommen sind, oder aus sonstigen Umständen die Ueberzeugung gewinnt, dass sie lediglich in der Absicht, eine höhere Entschädigung zu erzielen, ausgeführt wurden, wird keine Entschädigung gewährt. Entstehen Restparcellen, auf denen gesunde Wohnungen nicht hergestellt werden können, so hat die Behörde das Recht, dieselben zu expropriiren, um sie mit dem angrenzenden Grundstück zu vereinigen. Weigert sich der Eigenthümer des angrenzenden Grundstücks, die Parcelle zu erwerben, so wird das angrenzende Grundstück gleichfalls von

der Behörde erworben, sei es gütlich, sei es auf dem Wege der Expropriation.

[3]) Warum die Freiheit von Lasten und Abgaben nicht zu den erworbenen Rechten zu zählen sein soll (Zachariä, Deutsches Staats- und Bundesrecht. 2. Aufl. II. § 150), ist nicht einzusehen: kann ja doch die Befreiung durch die Uebernahme einer andern Leistung ganz ordnungsmässig erworben sein. Die Aufhebung der Grundsteuerbefreiung z. B. ist eine enteignende Ablösung eines erworbenen Rechts durch den Staat. Vorsicht und Schonung sind gerade bei nutzbaren Rechten besonders anzuempfehlen, soll der unerbittliche Buchstabe des Gesetzes nicht frevelhaft einschneiden in Fleisch und Blut des ursprünglichsten aller Rechte. Der Zweck kann das Mittel doch nur dann heiligen, wenn das Mittel dem Zwecke vollständig entspricht, was bei den Ablösungen keineswegs immer der Fall ist, und ziemlich grell dann hervortritt, wenn Leistungen ohne alle Entschädigung aufgehoben werden. Je unsicherer der Rechtstitel, desto gerechtfertigter ist die Enteignung. In Betracht, dass die Ritterbürtigen durch den von ihnen zu leistenden Kriegsdienst die Steuerfreiheit erwarben; dass sie aus eigener Machtvollkommenheit bei jedem Todesfall vom Gutsherrn einen Bauer auszukaufen pflegten, um dessen Gut als einen Wittwensitz einzurichten, der mit dem Tode der Wittwe zum Hauptgute geschlagen wurde und nun als steuerfreies Rittergut galt — in Erwägung solcher Thatsachen kann die Aufhebung der Grundsteuerbefreiung nicht als ein Angriff auf wohlerworbene Rechte verurtheilt werden. Mit der allgemeinen Pflicht zum Kriegsdienste war jenes Recht von selbst gefallen. Gewiss wäre es thöricht, dem öffentlichen Geiste einen Tribut für seine Fortentwicklung aufzuerlegen; wenn aber der Satz dahin ausgedehnt wird, jedes Individuum habe das erworbenste Recht, dass das, was einmal den anerkannten Inhalt des allgemeinen Geistes bildet, auch für es da und vorhanden sei (Lassalle, das System der erworbenen Rechte. I. 349), so kann man wohl zugeben, dass das Gesetz keine rückwirkende Kraft haben darf, weil dies ein Eingriff in die Freiheit und Zurechnungsfähigkeit des Menschen wäre; nur ist damit nicht gesagt, dass das Gesetz in seinem Streben nach Allgemeinheit ohne Weiteres über erworbene Rechte Einzelner wegschreiten kann. Ein ähnliches Bedenken knüpft sich an die Behauptung, dass ein Gesetz, welches die Personencapacität ändert, augenblicklich die Fähigkeit aller Personen ändere, und sie sofort allen denen entziehe, welche sie bisher bereits hatten, nach dem neuen Gesetze aber nicht besitzen. Hienach könnte ein Volljähriger wieder in den Zustand der Minderjährigkeit herabgedrückt werden, was auch dann kaum statthaft erscheint, wenn die auf Grund dieser Fähigkeit bereits vorgenommenen individuellen Handlungen giltig bestehen bleiben.

[4]) Nach römischem Rechte löst sich das Band der väterlichen Gewalt, als eines natürlichen Eigenthumsverhältnisses, erst mit dem Tode des Vaters, der das Kind *sui juris* macht, daher die Emancipation, gleich der Expropriation, immer nur die Ausnahme von der Regel bildet.

§ 36. Wie das eigenthümliche Wesen der deutschen Gewere dem Feudalismus ungewöhnlichen Vorschub leistete, so gefährdete es zugleich den intensiven Begriff des Eigenthums. Man hat es dem Aufkommen des römischen Rechts zu danken, dass die precären Besitzverhältnisse der Feudalzeit, die in einem nur idealen Eigenthumsrechte gipfelten, einem natürlicheren Eigenthum Platz machten; andrerseits verräth es den practischen Sinn der Engländer, dass sie, die das römische Recht von ihrem bürgerlichen eifersüchtig fern zu halten trachteten, den römischen Eigenthumsbegriff, zum unberechenbaren Gewinn für ihre nationale Wohlfahrt und Machtstellung, zuerst mit allem Nachdruck erneuerten, die Frau und die Kinder in die *manus* des Mannes [1]) brachten, und die unbeschränkteste Testirfreiheit zum Gesetz erhoben.[2]) Je näher die Gefahr einer materialistischen Rechts- und Lebensanschauung [3]) an eine derartige Auffassung herantritt, desto wirksamer erweist sich, nächst dem Herkommen und der Religion, der in seinen Verfügungen noch über das Leben hinaus unbehinderte Rechtswille, der die unsterbliche und ideale Natur des Eigenthums nicht besser bethätigen kann, als durch Verfügungen, welche das durch Arbeit Erworbene vor der raschen Zersplitterung bewahren. In demselben Verhältniss können ohne Ueberbürdung die Lasten wachsen, die der Staat den ihres Eigenthums und Erwerbs froh werdenden Bürgern auferlegt: aller lästigen Fesseln entledigt, schafft sich der Eigenthumswille überall selbst Raum und organisirt den Verkehr in einer Art, dass die Sorge um das Seinige sich auf eine Menge verfügbarer Arbeitskräfte vertheilt, und der Eigenthümer durch den beständigen Rückhalt, den er an dem Rechtsbewusstsein der gesammten Nation hat, sich gleichwohl der Gefahr von Verlusten weniger aussetzt, als anderswo. Genügen kann auch dieses Eigenthumsrecht so wenig, als das schwankende Besitzrecht, dem mit dem Lohne der Arbeit die Lust zum Erwerbe abgeht. Es wäre an der Zeit, die deutsche Gewere von der Seite wieder in's Leben zu rufen, mittelst der sie zugleich dem realen und dem idealen Eigenthum Genüge thut, nämlich durch Begründung eines Familieneigenthums, das dem verwandten Blute einen Grundstock materieller Güter sichert. So wünschenswerth, ja nothwendig es ist, dass der freie Wille über einen Theil des Ererbten und Erworbenen unbedingtes Verfügungsrecht behält, so sehr würde es dem Einzelnen und dem Ganzen zu Statten kommen, wenn die Familie, über ihren natürlichen Kreis hinaus zur gleichnamigen Geschlechtsgemeinschaft erweitert, einen realen Mittelpunkt behielte, der ohne namhafte Beeinträchtigung des von Einzelnen durch Erbgang Erworbenen, ausser dem Bewusstsein der Zusammengehörigkeit, die in der Wahrung und Benutzung gemeinsamer Interessen liegende Verantwortlichkeit lebendig erhielte.

[1]) Es ist freilich schrecklich zu sagen, dass in England die Hälfte aller Capitalverbrechen zwischen Ehegatten begangen wird. Auch in Rom führte die strenge Form der Ehe noch in verhältnissmässig später Zeit zu argen Rohheiten. Der aus einer attischen Familie entsprossene Herodes Atticus liess seine Frau, die im achten Monat ihrer Schwangerschaft stand, eines Vergehens wegen durch einen Freigelassenen durchprügeln. Sie starb in Folge der Misshandlung, aber Niemand fiel es auf. (Philostratus, *Vitæ sophistarum.* 556.)

[2]) Seit dem Anfang dieses Jahrhunderts kennt das englische Gesetz selbst den Pflichttheil nicht mehr. Vor hundert Jahren rief der Franzose Grosley, als er nach England kam, erstaunt aus: „Das Eigenthum ist in England heilig; die Gesetze schützen es vor jedem Eingriff, nicht blos gegen Ingenieure, Aufseher und dergleichen Leute, sondern sogar gegen den König selbst.“ Es ist dies um so auffallender, als in der Theorie alles Grundeigenthum daselbst noch heute als Lehn gilt, und die Erbfolge des Erstgeborenen sich seit der Normannen-Zeit erhalten hat, übrigens aber durch Testament frei geändert werden kann, soweit nicht Fideicommisse es hindern.

[3]) Es lässt sich nicht bestreiten: der Britte liebt es, Alles nach baarer Münze zu berechnen. Er überschlägt, dass das Geld, das er an Rettungsanstalten bezahlt, ihm reichliche Zinsen trägt, denn der Statistiker sagt ihm, dass der Kopf in einer solchen Anstalt auf 13 Pf. St. zu stehen kommt, während das verwahrloste Individuum auf freiem Fusse jährlich gegen 100 Pf. stielt, ungerechnet die Einbringungs- und Gerichtskosten, die sich auf 62 Pf. belaufen. Hat doch die „Times“ genau berechnet, welches Geldopfer sich die englische Nation an dem Bestattungstage des Prinzen Albert aus freien Stücken auferlegte, indem die Meisten ihre Arbeit einstellten. „Ein Land, welches so trauern kann — nämlich indem es eine halbe Million opfert —, verdient, dass man ihm

so diene!“ — ruft das Weltblatt emphatisch aus, und so sehr unser deutsches Gefühl daran Anstoss nimmt, die Trauer um einen geliebten Todten als Geldgeschäft behandelt zu sehen, so wird man doch zugeben müssen, dass der Calcul seine weltgeschichtliche Berechtigung hat. Es ist ganz etwas Anderes, wenn, wie wir es unlängst an einem Nachbarstaate erlebt haben, der redliche Erwerb sich unter ein System beugen muss, das alle Unternehmungen in Papier verzettelt und in dem waghalsigen Spiele das höchste Gebot der Finanzklugheit erblickt.

[4]) Von dem riesenhaften Anwachsen der Anforderungen des Staates an den Einzelnen kann man sich eine Vorstellung machen, wenn man erfährt, dass in einem Zeitraum, während dessen die englische Bevölkerung sich etwas mehr als verdreifachte, die Staatsausgaben auf das Vierzigfache gestiegen sind und hauptsächlich von der Grundrente bestritten werden. Bei der grossen Wohlhabenheit der Grundeigenthümer läuft der Nationalwohlstand darum keine Gefahr, und hat kein Zahlungsfähiger die geringste Noth, seinen Geldbedarf durch die einfachsten Mittel zu beschaffen. Der Bankier macht den Kassier für eine Anzahl Privatpersonen; eine Anzahl Bankiers schaaren sich um eine Landbank, und die Banken insgesammt stehen in Verbindung mit grossen Londoner Geldhäusern, die ihre Baarvorräthe in der Bank von England liegen haben. Es sollen $^9/_{10}$ aller Zahlungen ohne Hilfe von Münzen oder selbst Banknoten abgemacht werden, und während Frankreich 4 Milliarden Franken baares Geld nöthig hat, begnügt sich England mit 1200 Millionen. (M. Chevalier, *Cours d'économie politique.* III. 397.) Die Giro-Bank der Londoner Banker verrechnete i. J. 1858 gegen 1900 Millionen Pf. St., wovon nur 7 % baar ausbezahlt wurden.

b. Obrigkeitliche Rechte.

§ 37. „Eigenthum an etwas Anderem, als an einer körperlichen Sache, ist juristisch ein Absurdum“ — bemerkt Stahl, übersieht aber offenbar, dass schon der Römer sein *Dominium* zuweilen für Rechte gebraucht, die zu den unkörperlichen Sachen gerechnet werden. Nach germanischem Recht hat es vollends nichts Widersinniges, von einem Eigenthum an Personen zu reden, ohne dass diese aufhören, rechtlich frei zu sein. Man kann die Römer keines logischen Widerspruchs zeihen, weil sie das völlige Eigenthumsrecht auch da noch anerkannten, wo die factische Herrschaft mit fast allen Merkmalen aufgegeben war: warum sollte der subjective Rechtswille seiner Substanz nach nicht fortbestehen können, wenn einzelne seiner Willensbestimmungen einem Anderen zueigen gehören? Sind die Hausfrau und der Haussohn, rechtlich angesehen, Sachen in der Hand des römischen Bürgers, so fehlt ihnen darum keineswegs das allgemein menschliche Merkmal der Persönlichkeit; wer beliebige persönliche Befehle blindlings zu befolgen hat, der verhält sich in diesem seinem besonderen Thun oder Lassen als integrirender Bestandtheil des befehlenden Eigenwillens, ist augenblicklich in Unterthänigkeit, jedoch mit der Befugniss, durch geleisteten Gehorsam die Dienstbarkeit aufzuheben und die momentan ruhende Willensfreiheit in ihrem ganzen Umfang wieder herzustellen. Die Herrschaft oder das Herrenrecht haben zu ihrem Gegenstand weiter nichts, als persönliches Eigenthum, und der kategorische Befehl, dem die zwingende Macht zur Seite steht, verfährt als ächter Eigenthümer. So weit das Persönliche zu gesetzlicher Anerkennung gelangt, kann es von einem persönlichen Willen dienstbar angeeignet werden.

§ 38. Das Verlangen nach persönlichem Eigenthum ist so berechtigt, ja nothwendig, als das Begehren nach dinglichem Eigen: die wahre Herrschaft, also das Gegentheil der gewaltthätigen und schwächlichen, gedeiht sogar ausnahmslos in Gemeinschaft mit dem zu freier Selbständigkeit sich entwickelnden Verfügungsrecht über Naturgegenstände. Die physische Macht einer Rechtsgenossenschaft steht im directen Verhältniss zu dem Nachdruck ihres Regimentes und der freiwilligen Unterordnung unter ein höheres Machtgebot. Was wäre das gesetzliche Zusammenleben der Menschen ohne eine fortlaufende Reihe energischer Willen, die sich zum Herrschen und die Andern zum Gehorchen für berufen halten! Wo das Herrschen am Platze ist und so geübt wird, wie die Arbeit beim dinglichen Eigenthum, da quillt aus ihm die Rechtssicherheit und der Segen der Rechtsgemeinschaft: sinkt es zu einem todten Titel und zu willkürlichem Gebrauche herab, so wird es zum Unsegen, für den Herrscher so gut als für den Beherrschten. Es giebt schwerlich einen bedenklicheren Rechtsirrthum, als die weit verbreitete Meinung, die Freiheit des Rechtsubjects steige mit der Schwächung der Rechtsgewalt; umgekehrt, je energischer regiert, je entschiedener das Herrscherrecht als ein vernunftmässiges Eigenthumsrecht geübt wird, desto grösser ist die persönliche Freiheit. Will man von dem Herrscherrecht, unter Herbeiziehung sittlicher und religiöser Motive, alle Merkmale des Eigenthums entfernen, so gelangt man zu denselben Folgen, die das in blossen Besitz verwandelte Eigenthum nach sich zieht — es entstehen lauter precäre Rechtszustände, und die Gewalt trägt den Sieg davon über das Recht.[1])

[1]) Alles das findet seine Bethätigung in den Worten v. Savigny's, das subjective Recht erscheine vorzugsweise in sichtbarer Gestalt, wenn es bezweifelt und bestritten, und nun das Dasein oder der Umfang desselben durch ein richterliches Urtheil anerkannt werde. So ideale Denker wie Aristoteles und Schleiermacher legen um derselben Ursache willen das grosse Gewicht auf die physische Gebundenheit des Staates, die an Schopenhauer einen allzu begeisterten Lobredner gefunden hat. Es genügt die Beachtung des dinglichen Eigenthums und der ihm zukommenden Macht, um die ausschliesslichen Majoritätsentscheidungen zwar nothwendig, unter Umständen aber anstössig zu finden, wenigstens da, wo sie verschiedene oder einander entgegengesetzte Interessen, nicht lediglich verschiedene Meinungen über die Mittel zur Förderung gemeinsamer Interessen, betreffen. England verdankt seinem Parlamente den Verlust seiner nordamericanischen Colonien, weil Ende des 17. Jahrhunderts das königliche Veto aus der Staatsverfassung verschwunden war. So wahr ist es, was Göthe sagt, der Gesetzgeber müsse die Volkheit hören, nicht aber das Volk, wie der Erzieher die Kindheit und nicht das Kind zu hören hat. *Le public! le public! Combien faut-il de sots pour faire un public?* fragte derselbe Chamfort, der den Ausruf that: „Wollt Ihr denn eine Revolution mit Rosenwasser machen?"

§ 39. Dies einmal zugegeben, hat es geringe Schwierigkeit, das Gattungsmerkmal des Eigenthumsbegriffs, die unbedingte Verfügbarkeit, in den beiden Arten des Dinglichen und Persönlichen festzuhalten. Sein dingliches Eigen gebraucht und verwerthet der Wille, wie es ihm beliebt; sein Eigenthumsrecht an Personen bethätigt er durch die Erzwingbarkeit seiner Befehle. Obrigkeitliche Befugnisse finden überall statt, wo die persönliche Selbstbestimmung, und zwar schon der realen Möglichkeit nach, ein Rechtssubject vermuthen lässt. Ein mit Vernunft begabtes Wesen kann unter keinerlei Umständen als schlechthin unfrei, also dinglich, angesehen werden: geschieht es gleichwohl, so ist es eine unverzeihliche Verletzung der persönlichen Vernunft und der durch sie gesetzten Ideen, zu denen auch das Recht gehört. Es gehört ein Uebermass sophistischer Casuistik dazu, wenn die Justinianischen Juristen, ihrer besseren Einsicht zum Trotz, die Unmöglichkeit der Selbstbefreiung eines Sklaven damit darzuthun unternahmen, dass er als Sache das, was er erwerbe, auch auf der Flucht allein seinem Herrn erwerben könne. Andrerseits darf in einer vernünftigen Rechtsordnung kein Wille existiren, der sich nicht in gewissen Fällen persönliche Einschränkung, einen Rechtsbefehl, gefallen lassen müsste. Wer zu befehlen hat, der darf es aber im Sinne eines zuständigen Eigenthumsrechts allein durch die Determination bestimmter Willensacte: auf seinen Willen selbst zu verzichten und ihn als Sache dem obrigkeitlichen Willen unterzuordnen, dazu kann er Niemand zwingen. Man erkennt hieraus, dass die obrigkeitliche Berechtigung ihre Hauptmerkmale mit dem Besitzrechte gemein hat, somit geeignet sein muss, das Wesen des Besitzes zu beleuchten, wie umgekehrt der Besitz das Herrschaftsrecht erläutert. Der Besitzer hat in dem Besitzgegenstande einen fremden Rechtswillen, auch wenn dieser ihm unbekannt sein sollte, zu achten, was ihn nicht hindert, mit dem Gegenstande beliebige Handlungen vorzunehmen, die ihm Nutzen bringen. Die in dem Objecte liegende und vom Gesetze anerkannte Rechtssubstanz des wahren Eigenthümers bleibt davon unberührt. Im Einzelnen kann sich der Besitzer als Eigenthümer geriren, aber nicht im Ganzen, und so verhält es sich auch mit der Erzwingbarkeit der obrigkeitlichen Befugniss, welche die einzelne Willensäusserung determinirt oder beherrscht, ohne das Willensvermögen an sich aufzuheben. So aufgefasst hat der Standesbesitz *(possession d'état)* des französischen Rechts einen guten Klang: die Vorstellung der altgermanischen Gewere klingt darin nach.

§ 40. Schon ein schwacher Ansatz persönlicher Willensfreiheit ruft den obrigkeitlichen Befehl wach, der bis zu den erkennbaren Anfängen des menschlichen Daseins im Leibe der Mutter zurückreicht. Der Lebenskeim, der zum freien Rechtswillen sich entwickeln kann, mit der Gesammtheit rechtlicher Hoffnungen, die er im kaum erst zitternden Herzen birgt, ist bereits ein Gegenstand obrigkeitlicher Fürsorge. Der schlechthin Unmündige, der nicht besitzen und noch viel weniger zueigen haben kann, soll auf Befehl der Obrigkeit in seiner Inhabung nicht gestört werden. Selbst an dem Sklaven haftet das Peculium, falls er es erwerben darf; der Client, der Colon, der Fructuar sind ursprünglich auch nur Inhaber, bevor sie in die Besitzrechte einrücken. In der freier entwickelten Familie können die Angehörigen unabhängig von dem ihnen gesetzten Oberhaupte besitzen, und sollen durch ihre natürliche Obrigkeit bei ihrem Besitze erhalten bleiben. Doch erst im Widerstreite vollwichtiger Rechtswillen gelangt das persönliche Eigenthum zu begrifflicher Reife, weil dann Subject gegen Subject steht, und in der Vollberechtigung Beider der Grund enthalten ist, einen höheren Willen zur Entscheidung anzurufen. Das Gesetz, würde es als das lebendige Gewissen der zu einer politischen Gemeinschaft verbundenen Rechtspersonen deren die Rechtsidee betreffendes Thun und Lassen ausnahmslos bestimmen, bedürfte keiner obrigkeitlichen Befehle, indem es sich selbst genügte; weil aber, bald absichtlich, bald unabsichtlich, von der gesetzlichen Richtschnur abgewichen wird, verlangt das Recht nach dem gesprochenen Gesetze, nach einer persönlichen Macht, die Jeden bei dem Seinigen, als der Summe seiner rechtlichen Ansprüche, unverkürzt erhält. Und zwar soll nicht allein die Macht, sondern auch die Vernunft des Gesetzes an dem obrigkeitlichen Bewusstsein ein entsprechendes Organ haben.

§ 41. In den ältesten Zeiten Roms fand sich die obrigkeitliche Gewalt noch nicht in der Familie selbst, deren Bestandtheile in dem gleichartigen dinglichen Eigenthum allen Rechtswillen und alle Differenzirung aufgeben mussten: die Obrigkeit war ausser und über der Familie künstlich zu schaffen — Magistratur *(magis stratus)*, die Empore der aneinander gelagerten natürlichen Familieneinheiten. Ausserhalb der Familie steht unvermittelt Wille neben Willen; kommt es unter ihnen zum Rechtsstreit, der weder durch Eigenmacht noch durch Zeugen entschieden werden kann, so hat die Obrigkeit sich in's Mittel zu schlagen. Der Prätor ist die *viva vox juris civilis*, nicht als einfacher Ausleger des Gesetzes, sondern *adjuvandi*, *supplendi*, *corrigendi juris civilis causa propter utilitatem publicam.* Es hat viel für sich, dass die XII Tafeln mit prozessualischen Bestimmungen begannen,[1]) so wenig vermochte der Altrömer den Buchstaben des Gesetzes von dem lebendigen Bewusstsein des Richters zu trennen. Dieselbe uneingeschränkte Machtvollkommenheit, die dem *pater familias* über die Familie zustand, gebürte der Magistratsperson in Allem, was das Verhältniss der Familien unter einander betraf, daher sie bis zum Ablauf der Amtszeit sich ihres obrigkeitlichen Willens nicht zu entäussern vermochte. In jedem seiner Beamten gewann der unsichtbare Staat persönliche Existenz; ein jeder konnte, auch wenn er Amtsgenossen hatte, ohne Rücksicht auf deren Meinung, seine Amtsgewalt ausüben, der College aber durch sein Veto den Willen des Andern lahm legen. Theilbar war das persönliche Eigenthum so wenig als das dingliche, und die Plebs hätte sich niemals Rechtsgleichheit errungen ohne Neutralisirung des patricischen Beamtenthums durch das Tribunat. So hat es denn auch nie und nirgends eine geschlossenere Beamtenregierung gegeben als in Rom; ihr, der väterlichen Gewalt nachgebildeter, Absolutismus trug die Frucht hingebender Pflichttreue, die über dem Einzelnen nicht leicht das Ganze aus den Augen verlor. Alle Besitzverhältnisse ruhten in der Hand des Prätors, der die Vindication nicht zuliess, so sehr solches Untersagen mit dem directen Güterrecht in Widerspruch stand. Und wie der obrigkeitliche Befehl selbst ein Ausfluss absoluter Machtvollkommenheit, so war auch die Wirkung für den, zu dessen Gunsten der Befehl ausfiel, absolut: er konnte den rechtskräftig zur Leistung Verurtheilten überall persönlich packen, und bis derselbe seine Verbindlichkeit erfüllt hatte, war ihm nicht nur der factische Widerstand untersagt, sondern auch der Rechtsweg verschlossen, was der gewaltsamen Aufhebung des Rechtswillens gleichkam. So ganz und gar auf die scharfe Spitze persönlicher Entscheidung gestellt, weil dem dinglichen Eigenthumsrechte nachgebildet, liess die Magistratur keinen Raum für den Begriff der corporativen oder juristischen (moralischen) Person und der Vertretung ihrer Befugnisse. Nachdem die Stammesunterschiede politisch ausgeglichen waren, und der Census die natürlichen Verbände in künstliche umgewandelt hatte, war der Staat, wie früher der König, der einzige Vollmachtgeber und duldete es nicht, dass neben der Magistratur selbständige Körperschaften mit eigenen Beamten bestanden.

[1]) Dirksen, Uebersicht der bisherigen Versuche zur Kritik und Herstellung des Textes der XII Tafeln-Fragmente. 80.

[2]) Die Handwerksinnungen (*Collegia*) genossen zwar als juristische Personen die Wohlthat des Gesetzes, ihre Gemeinsamkeit betraf aber nur die Gleichmässigkeit der berufsmässigen Beschäftigung, nicht einen zunftmässigen Geschäftsbetrieb. Ueberhaupt kennt das spätrömische Recht nur einen privatrechtlichen Charakter der Corporation neben dem Staate.

§ 42. Dem entgegengesetzt das germanische Rechtsbewusstsein. Hier war das persönliche Eigenthum unmittelbar in der Einzelgewere enthalten, deren Träger darüber zu wachen hat, dass in dem natur- und rechtmässigen Beisammensein ihres Inhalts Jeglicher und Jegliches in der ihm zukommenden Stelle heharre. Wer über die an die Familie sich anschliessenden Kreise, bis hinauf zur Eidgenossenschaft und dem Fürstenthum, gesetzt ist, der nimmt die Gewere seines Kreises in obrigkeitliche Obhut. Für den römischen Beamten begann die Verantwortlichkeit erst mit Ablauf seiner Amtsthätigkeit: der germanische Beamte stand fortwährend unter Aufsicht der Gesammtheit, deren Gewere er trug. Dass in England die corporativen Attribute der Obrigkeit sich unversehrt erhielten, bewahrte Land und Verfassung vor dem Eindringen der Bureaukratie und ihren, den öffentlichen Geist bedrängenden, Wirkungen. Die englische Verfassung ist einfach ein Complex von Corporationen: König, Parlament, Kreis- und Gemeindeverbände, als Vertreter der vereinigten Besitzclassen, alle selbständig in ihren spezifischen Lebensäusserungen und doch wiederum nur Glieder eines grossen Ganzen. Es stimmt überraschend mit der altgermanischen Anschauung, dass das englische Staatsrecht kein Bedenken trug, Einzelcorporationen *(corporations sole)*, mit einer einzelnen Person und deren Rechtsnachfolger, zu schaffen, z. B. König und Bischof. Die Regel bilden solche Geweren, die einen Obmann mit gleichnamigen Theilhabern befassen — Sammelcorporationen *(corporations aggregate)*, wie Mayor und Bürgerschaft einer Stadt, Haupt- und Mitglieder eines Collegiums, Decan und Capitel einer Kathedralkirche. Gesellschaftliche Körperschaften, jedoch mit staatlichen Zwecken, sind Kirche, Universitäten, Collegien; den corporationsartigen Innungen der gesonderten Berufsstände, Aerzten, Anwälten u. s. w., den Stiftungen, gewerblichen Innungen, Actiengesellschaften ist zwar die Theilnahme an der politischen Vertretung untersagt, aber Niemand hindert sie, sich familienartig nach ihren eigenen Wünschen und Bedürfnissen einzurichten. Die Souveränität vertheilt sich über eine Menge von örtlichen Verwaltungsorganen, denen die Initiative in Allem zusteht, was zu ihrem Bereiche gehört. Hat aber Jemand ein Amt angenommen, so ist er auch für den Schaden verantwortlich, der aus der Vernachlässigung seiner Amtspflichten entstehen könnte. Die Gerichte allein besitzen keine Initiative: sie können nur auf die Klage der verletzten Parteien und der Polizei handeln; dafür giebt es für sie keinerlei Incompetenzerklärung, und ihre Entscheidungen reichen so weit, als das Recht selbst.[1])

[1]) In den letzten 20 Jahren hat das Einschreiten der Centralgewalt in England bedeutend zugenommen — Armenpflege, Geisteskranke, Gefängnisswesen, Polizeicontrole für die Städte sind in die Hände der Regierung übergegangen, jedoch bei der Entwöhnung von aller Centralisation oft genug, trotz der Kostspieligkeit, ohne Erfolg. Die seit 1839 bestehende Oberschulbehörde (*Committee of Council on Education*) verausgabt jährlich 800,000 Pf. St., und gleichwohl lernen die Kinder nur sehr unvollkommen lesen, schreiben und rechnen, hauptsächlich weil Lehrer und Lehrerinnen viel zu hoch und für ganz andere Lebensverhältnisse, als eine Volksschule, ausgebildet werden.

§ 43. Die obrigkeitlichen Befugnisse nehmen im Ganzen der Rechtsidee eine hochwichtige Stelle ein, werden sie aber nur dann genügend ausfüllen, wenn in ihnen die Strenge des Eigenthums neben dem vollen Bewusstsein einer corporativen Vertrauensstellung sich unumwunden ausspricht. Es steht schlimm um das Gesetz, wo man das Attribut unbedingter Verfügbarkeit aus dem Herrscherrecht nimmt und das Amtiren als eine, zumal besoldeten Beamten, zu Theil gewordene Gunsterweisung von Seiten derer ansieht, die den Beamten in sein Amt eingesetzt haben. Beim dinglichen Eigenthum wird auch nicht gefragt, woher es stammt, ob es erarbeitet, ererbt oder geschenkt ist, wenn es nur die Merkmale wahrhaften Eigenthums an sich trägt: so sind auch die mit dem Amte verknüpften Befugnisse hinsichtlich der Person, die damit bekleidet ist, nicht nach ihrem Ursprung zu beurtheilen, sondern nach ihrem rechtlichen Zwecke. Weil der Aneignungsprozess der zur Constituirung der freien Persönlichkeit erforderlichen äussern Bedingungen nur erfolgen kann unter obrigkeitlichem Machtgebot, darum kommt diesem durch sich selbst schon Unbedingtheit zu. Das Recht als solches hat nicht zu untersuchen, wer das Amt ertheilt, ob die Gnade eines unumschränkten Monarchen, oder die Wahl des souveränen Volkes, oder die Machtvollkommenheit einer constitutionellen Regierungsgewalt: in allen diesen Fällen sollte wenigstens der Träger des Amtes, je nach dem Umfang seiner Befugnisse, erzwingbare Befehle geben können, nach dem Vorgang der römischen Magistratur.[1]) Um aber der Gefahr zu begegnen, die in jedem Absolutismus liegt und durch das eingelegte Veto eines Gleichberechtigten nur äusserlich aufgehalten wird, bedarf es einer innern Schranke für das persönliche Eigenthumsrecht, die sich nicht besser aufrichten lässt, als durch das Bewusstsein von der corporativen Natur der Amtsbefugnisse. Wer obrigkeitlich zu befehlen hat, der übernimmt mit dem Rechte die Verpflichtung des Vorstandes einer Körperschaft und die Sorge um deren Erhaltung. Stosse man sich nicht daran, dass in dem verwickelten Mechanismus des bureaukratischen Beamtenthums die Glieder einer solchen Corporation manchmal gar nicht aufzufinden sind: wenn sie auch hinter Mauern von Aktenstössen, die zwischen ihnen und ihrem rechtmässigen Vorstande aufgethürmt liegen, unsichtbar werden — da sind sie, und der Gedanke an sie sollte das Amtsgewissen mehr schärfen, als die Erinnerung an die Hand, welche die Bestallung unterzeichnete.[2])

[1]) Die Selbständigkeit und das übergreifende Ansehen der englischen Gerichte, die zu entscheiden haben, wo immer in einer streitigen Rechtssache ihre Entscheidung angerufen wird, erkennt man am Sprechendsten daran, dass die meisten, und darunter die wichtigsten, Gerichte nur mit einem einzigen Richter besetzt sind. Lordkanzler, Vicekanzler, Assisen-Richter, Admiralitäts-Richter u. s. w. sind Einzelrichter, als solche aber nach Rang, Ansehen, Einkommen so gestellt, dass sie von Seiten ihrer Kenntnisse wie ihres Charakters für vollkommen zuverlässig gehalten werden können.

[2]) Zumal die büreaukratisch eingerichtete Kleinstaaterei, aber nicht sie allein, hat ein Beamtenthum gross gezogen, über dessen Mangel an Gesinnung man erschrickt und selbst die übertriebenen Ansprüche einer gebildeten und unabhängigen Aristokratie gern vergisst. Wie wahr bemerkt Platon im Theätet: „Mir scheint, dass diejenigen, welche sich von Jugend auf an den Gerichtsstätten oder dergleichen aufhalten, im Vergleich mit denen, welche bei den Wissenschaften und in solchen Beschäftigungen herangewachsen sind, sich wie Knechte zu freien Männern

verhalten . . . Sie mögen wohl scharfsinnig und gewitzigt sein, sich trefflich darauf verstehen, ihren Vorgesetzten mit Worten zu schmeicheln und augenfällig zu dienen, aber kleinlich und ungerade sind sie im Herzen, denn Knechtsinn von Jugend auf hat sie eines gedeihlichen, freimüthigen Wesens unfähig gemacht, genöthigt, krumme Wege einzuschlagen, und gerade während der Zeit, wo die Seele noch zart ist, Gefahren ausgesetzt, welchen sie nur durch Verletzung von Recht und Wahrheit entgehen können, gewöhnen sie sich an Lüge und wechselseitiges Unrechtthun. Verbogen und verkrüppelt, so dass schon nichts Gesundes mehr in ihrer Seele ist, wenn sie aus Knaben Männer werden, bilden sie sich gar noch ein, gewaltig und weise geworden zu sein."

§ 44. Vergebens hat sich die Kunst der Gesetzgebung bemüht, das obrigkeitliche Recht der Familie den allgemeinen Forderungen der Rechtsidee anzupassen. Man hat durchschnittlich nicht mehr erreicht, als eine selten genügende Abwendung derjenigen Gefahren, die aus grobem Missbrauch dieser Gewalt zunächst für das einzelne Familienglied, dann für die Gesammtheit der Familienangehörigen und, wegen der nahen Beziehung dieser zur Rechtsgenossenschaft, für den Staat selbst erwachsen. Die Fürsorge erstreckt sich eben nur auf das, was schlechterdings nicht entbehrt werden kann. Liesse es sich bewerkstelligen, dass jegliches Privateigenthum an einem Familieneigenthum einen festen Anhalt gewänne, ohne von ihm aufgezehrt zu werden, so bedürfte es gar keiner besondern Anregung, zur Erhaltung des Familieneigenthums einen Familienrath einzusetzen, der zu gleicher Zeit über das jedem Begründer einer Eigenfamilie zustehende persönliche Eigenthumsrecht und über eine gesunde Familienzucht zu wachen hätte. Bei der Einrichtung fände jeder Theil seine Rechnung, da der Fall häufig genug vorkommt, dass der Berechtigte sich ausser Stande sieht, von seinem persönlichen Eigenthumsrechte einen für die Familie wohlthätigen Gebrauch zu machen, zu geschweigen aller der Ausschreitungen und Fahrlässigkeiten, die sich das Familienoberhaupt bei der Ausübung seiner Befugnisse zu Schulden kommen lassen kann. Gerade darin, dass den Behörden die Verbindlichkeit obläge, vorkommenden Falles eine Entscheidung des Familienraths zu veranlassen, läge eine wünschenswerthe Bürgschaft gesicherten Rechtsgenusses. Einmal aber in's Dasein gerufen, liesse sich die Einrichtung ohne grosse Beschwerlichkeit auf das eigentliche Beamtenthum dadurch übertragen, dass der Staat, die Beamtenhierarchie durchbrechend, jedem obrigkeitlichen Kreise eine corporative Existenz und damit eine angemessene Ueberwachung seiner Mitglieder einräumte. Geniessen die Gerichte diejenige Unabhängigkeit, die ihnen gebührt, so kann man ruhig über das Bedenken hinwegsehen, dass obrigkeitliche Körperschaften ihre Selbständigkeit dem eigenen Vortheil zuliebe missbrauchen könnten. Der vorhandene Grundschaden beruht in dem Wechselspiel, dass der Untergebene durch den Vorgesetzten, der Vorgesetzte durch den Untergebenen sich decken kann, und die Verantwortlichkeit ihren Mann erst zu suchen hat.

c. Ehren-Rechte.

§ 45. Die höchste Stufe, zu welcher das Eigenthumsrecht sich erhebt, ist die Forderung auf Anerkennung der Rechtsperson in ihrem Verhältniss zur bestehenden Rechtsordnung. [1]) Das Gesetz, das der Gefährdung des Eigenthums und des obrigkeitlichen Rechts wehrt, kann nicht zugeben, dass das gesetzmässige Verhalten eines von ihm anerkannten Rechtswillens durch einen andern indirect angetastet werde. Bis zum Beweise des Gegentheils muss Jeder für gesetzlich vorwurfsfrei gelten, und diese Voraussetzung kommt auch dem zu Statten, der ein begangenes Unrecht auf gesetzlichem Wege abgebüsst oder ausgeglichen hat. Das Recht kennt keine andere Art von Ehre, als die im gesetzmässigen Handeln begriffen ist: jede weitere Verallgemeinerung bringt das Gesetz in Widerspruch mit sich selbst. Das sittliche Urtheil steht nicht unter der Controle des Gesetzes, oder doch nur so lang, als der Inhalt des Rechts unmittelbar davon berührt wird. Je höher der Gesetzgeber zur Vertheidigung der Ehre greifen zu müssen glaubt, desto unfassbarer wird ihr Begriff und sinkt, sobald es sich um feste Bestimmungen handelt, oft bis zur niedrigsten Trivialität und empörendsten Willkürlichkeit herab. Gegen die öffentliche Meinung giebt es doch keinen irgend wirksamen Schutz, und bedarf es eines solchen auch nicht, weil wahre Ehrenhaftigkeit wohl augenblicklich verkannt werden, in einer freien Gesellschaft aber niemals unter böswilliger Lästerung auf die Dauer erliegen kann. Sorge die Gesetzgebung nur dafür, dass der wirklichen Verletzung der Rechtsehre, dass der Ehrenrührigkeit, für die es ohne den positiven Vorwurf gesetzwidriger Absichten und Handlungen[2]) gar keinen Boden giebt, die Strafe auf dem Fusse folge, alles Andere mag sie getrost dem sittlichen Urtheil der Menschen überlassen.[3])

[1]) Ahrens (Rechtsphilosophie. 4. Aufl. 437) nimmt ausser einem intellectuellen auch ein moralisches Eigenthum an, und rechnet dazu Achtung, Ehre, selbst Liebe. Wäre die Ehre ausschliesslich moralischer Natur, so hätte das Recht nichts mit ihr zu schaffen.

[2]) Röder, Grundzüge des Naturrechts. 137.

[3]) Wie gefährlich ein falscher Ehrbegriff werden kann, hat Röderer unübertrefflich in die Antithese zusammengefasst: *En Angleterre on pèse l'injure; en France il faut la sentir. En Angleterre l'injure intéresse quelquefois en faveur de celui qui la reçoit; en France elle avilit toujours celui qui la souffre. En Angleterre les invectives n'ont point renversé le trône; en France elles ont renversé une royauté de quatorze siècles.*

§ 46. Das edelste Eigenthum bildet die Ehre darum, weil sie, richtig verstanden, weder der Verwerthbarkeit noch dem Machtgebote unterliegt, sondern zur thatsächlichen Erscheinung erst kommt, wenn sie verletzt wird. Was ihr etwa äusserlich anhängt, hat einen symbolisch-conventionellen und keinen aus der Rechtsidee stammenden Werth. Die Uniform enthält nicht die Befugnisse des Amtes und des dem Amte zukommenden Masses von Ehre; sie soll vielmehr den damit Bekleideten durch augenfällige Kennzeichen von den Andern unterscheiden und seine obrigkeitliche Macht schon auf den ersten Blick zu erkennen geben. Wer eine Uniform trägt, oder einen Titel führt, die ihm nicht gebühren, begeht keine Entwendung, noch eine Beeinträchtigung der Ehre Solcher, denen die Auszeichnung rechtmässig zu Theil ward, wohl aber eine strafbare Anmassung, weil dadurch in Andern die absichtliche Täuschung hervorgebracht wird, als ob ihm das Recht beiwohnte, das durch Uniform und Titel äusserlich angezeigt wird. Die Ehre umgiebt das Rechtssubject gleich einer übersinnlichen Atmosphäre und unterscheidet sich von dem geistigen Eigenthum grundwesentlich dadurch, dass sie nicht dinglich nutzbar gemacht werden kann; denn die Vorrechte, die sich an die Standesehre knüpfen, sollten von Rechtswegen keinen derartigen Nutzen abwerfen, und die Ehre, die an der gesetzlich anerkannten Befähigung zu gewinnbringenden Thätigkeiten haftet, hat mit dem Gelderwerb selbst nicht das Mindeste zu schaffen. Sie besteht ganz unabhängig von der erwerbenden Thätigkeit fort, auch wenn diese aufgehört hat, oder gar nicht ausgeübt wird. Verkaufen, gleich einer Handschrift, lässt sich der Adel nicht, und wenn der Bürgerliche vom Adligen für baare Münze adoptirt werden kann, weil die Obrigkeit, welche über Auszeichnungen und Standeserhöhungen entscheidet, um den Handel nicht weiss, oder nicht wissen will, so ist das kein ordnungsmässiges Rechtsgeschäft, sondern schnöder Missbrauch, jedoch kaum schlimmer als die Unsitte, Orden und Standeserhöhungen käuflich zu machen. Ihrem rechtlichen Werthe nach hat die Ehre keinen Preis, und kann keinen haben, weil der Rechtswille in seiner Ehre nichts besitzt, als die Anerkennung seines adäquaten Verhaltens zum Gesetze, die unveräusserlich mit seiner Person verbunden und überhaupt das Persönlichste ist, was der Mensch haben und erwerben kann. Darum ist die Ehre so oft Scheinehre, weil sie einen idealen Grund hat und, für die Lockung der Eitelkeit mit einem conventionellen Flitter behängt, zu Zwecken missbraucht wird, die dem Recht an sich zuwider laufen.

§ 47. Ohne ihr Rechtsprincip aufzugeben, konnten die Römer die bürgerliche Ehre *(existimatio)* anders nicht, denn gleich Habe und Amt als integrirenden Bestandtheil des Rechtssubjects auffassen, der allein mit dem freien Willen selbst, in Folge der *magna capitis deminutio*, verloren ging.[1]) In geringerem Grade infam, durch blosse Minderung seiner Ehre, machte sich schon der Freie, der ein schändliches Gewerbe betrieb, oder wegen *dolus* und *injuria suo nomine* verurtheilt wurde, wozu sich mehr und mehr sittliche Rücksichten in der Entziehung bürgerlicher Rechte wegen schlechten Lebenswandels oder einzelner Anstössigkeiten (*turpitudo, vilitas, levis notae macula*) gesellten. Das Gesetz schützte die Ehre gegen Kränkung in Kraft derselben Veranstaltung, die dem Eingriff in das sonstige Eigenthum wehrte, durch Ersatz oder Schadloshaltung, und zwar in jeder Hinsicht, die eine Schmälerung dessen, was Einer in der Rechtsgenossenschaft ist und hat, zulässt. Schon den Bürgen zu mahnen, während der Schuldner zur Zahlung bereit ist, galt als ehrenrührig, und wurde Anfangs nach einer stehenden Taxe, später nach der Schätzung des Klägers, unter Controle der Obrigkeit, gesühnt. — Weder die absolute Bedeutung der Ehre, noch die Art ihrer Minderung und die Strafe für ihre Kränkung haben die Germanen mit den Römern gemein.[2]) Nicht genug, dass überhaupt Jedermann seine Eigenehre hat: auch ohne sie zu verwirken oder durch eigene Schuld zu mindern, kommt dem Einzelnen eine Sonderehre zu, je nach der Stellung, die er zum Ganzen einnimmt. Wie er in und ausserhalb der Gewere steht, so beschaffen ist seine Ehre: je inhaltschwerer die Gewere, desto reicher an Ehren, und umgekehrt je leerer, desto ärmer. Der unter Vormundschaft Stehende ist von der Wohlthat dieses idealen Besitzes nicht ausgeschlossen; strömt freies Blut in seinen Adern, so hat er Anspruch auf Ehre, auch wenn er ihn nicht selbst geltend machen kann. Es schlägt einmal in allen Eigenthumsverhältnissen die Familie vor, und die Familienehre bildet darum den Grundstock aller andern Ehren. Wer keiner Familie angehört, gilt *eo ipso* für bescholten: die uneheliche Geburt stört die rechtsgesellschaftliche Ordnung, und der auf unrechtem Platze zur Welt Gekommene, auch wenn er die Segnungen der Freiheit nicht völlig entbehren muss, erleidet, obschon unverschuldet, eine Rechtsschmälerung. Die Ehre der Unehelichen kam der Ehre von gedungenen Kämpfern und Spielleuten, von Dieben und Räubern gleich.[3]) Durch eigene Verschuldung geht Derjenige, der den Rechtsfrieden an seinem innersten Lebensquell bricht, seines Rechts überhaupt verlustig, tritt in den Zustand der Echtlosigkeit, ist als geächtet ausgeschlossen von aller Rechtsgemeinschaft. Der Andere, der sich eines geringeren Friedensbruchs innerhalb eines bestimmten Lebenskreises schuldig macht, büsst gerade nur die Ehre ein, die in jenem Kreise wurzelt, indem er das eine Mal den Anspruch auf öffentliche Aemter, die Theilnahme an ehrsamer Genossenschaft und die volle Glaubwürdigkeit vor Gericht, das andre Mal die freien Standes-, die politischen und gerichtlichen Ehrenrechte verwirkt. Die Strafe, die den Verletzer fremder Ehre trifft, wird nicht als Ersatz für materielle Benachtheiligung angesehen, sondern als Busse für den begangenen Friedensbruch, für die Störung der Rechtsordnung im Einzelnen und im Ganzen.

[1]) Die Ehre und damit die Möglichkeit ihrer Verletzung (Injurie) begann für den Römer mit der leiblichen Einkleidung des Rechtswillens, daher bis zur Tödtung alle Verletzungen des Körpers als Ehrenkränkungen um Geld gebüsst wurden.

[2]) Jeden principiellen Unterschied in der römischen und germanischen Auffassung der Ehre bestreiten und höchstens formelle Abweichungen zugeben (Fr. v. Hahn, die materielle Uebereinstimmung der römischen und germanischen Rechtsprincipien), heisst äussere Aehnlichkeiten für die Sache selbst nehmen.

[3]) In einigen Theilen Deutschlands galten auch Zöllner, Leineweber, Schäfer, Müller, Bader, Barbiere für anrüchig oder verächtlich. Anderswo zählte man Feldhüter, Gerichtsdiener, Nachtwächter zu den unehrlichen Gewerben — offenbar weil bei der Entstehung der Zünfte die unzünftigen, häufig von Unfreien getriebenen Beschäftigungen verachtet wurden. (Rau, über das Zunftwesen und die Folgen seiner Aufhebung. 35.)

§ 48. So vielmal die Kraft des Willens auf die harte Wirklichkeit stösst, mit der Absicht sie sich anzueignen, so vielmal strahlt die freie Selbstbestimmung in dem Recht der

Ehre wider. Was in der Rechtssprache bürgerliche Ehre heisst, ist die Anerkennung des Rechtswillens mit seinen Ansprüchen auf die Wohlthat des Gesetzes und seiner durch sie bedingten Uebereinstimmung mit dem Gesetze. Erst wenn die Uebereinstimmung fehlt, kann jene Anerkennung verweigert werden. Der Mann der Gesetzlichkeit ist der Mann der Ehre, das Mass der Ehre der Umfang der Befähigung, das Gesetz als sein Recht zu wollen. In soweit fordert das Gesetz die Unverletzlichkeit der Ehre, daher in allen Stücken, wo die Rechtsperson von einer gesetzlichen Bestimmung nicht berührt wird, eine darauf bezügliche Verletzung ihrer Ehre unmöglich ist. Die Ehre an sich ist nicht dem Wechsel unterworfen, weil die Substanz des Gesetzes für Jedermann bindende Kraft hat, und der Vorwurf, sie verletzt zu haben, auch alle gleichmässig trifft; allein die Fäden, wodurch der Einzelne als Mitglied der bürgerlichen Gesellschaft und Theilhaber ihrer mancherlei und veränderlichen Zustände in specielle Beziehung zu solchen Gesetzen tritt, welche nicht das Rechtsleben überhaupt, sondern besondere Lebensstellungen innerhalb der gemeinsamen Rechtsordnung betreffen, bilden sozusagen einen mehr oder weniger bunten Einschlag in dem gleichfarbigen Gewebe der bürgerlichen Ehre. Dem Lichte gleich, das seiner natürlichen Beschaffenheit nach, wo es erscheint, dieselbe Kraftwirkung ausdrückt, durch die eigenthümlichen Stoffe aber, aus denen es entspringt, die verschiedensten Abstufungen erleidet, beruht jede Ehre in der Lauterkeit des Rechtswillens, und eine Steigerung ist möglich allein nach Massgabe der grösseren Verantwortlichkeit, welche die Erweiterung seiner Rechtssphäre dem Einzelnen auferlegt.

§ 49. Die Sonderehre hebt mit dem Erwerb des dinglichen Eigenthums an, nach dessen Umfang und Inhalt sie sich spezificirt; nur hüte man sich, die daraus entspringenden Ehrenrechte von nutzbaren Vorrechten zu verstehen, was dem Begriff der Ehre schnurstracks entgegenläuft. Die

Sonderehre ist so wenig als die bürgerliche ein erworbenes Rēcht, noch überhaupt eine Eigenschaft des verwerthbaren Eigenthums, vielmehr ein von diesem erst abzuleitendes Nähertreten an den lebendigen Mittelpunkt des Gesetzes, sowohl was dessen Erhaltung als auch Fortbildung anbelangt. Und eben nur diese Stellung findet gesetzlichen Schutz, ganz abgesehen davon, ob Vortheil oder Mühewaltung damit verknüpft ist. Als die Grundlage aller Gesellschaftsordnung verleiht das Eigenthum, nach Erwerb und Vertheilung, der Ehre eine besondere Färbung, aber doch nur in Folge der Anerkennung derjenigen Verpflichtungen, welche das Gesetz dem Eigenthümer auferlegt. Keine Steuern an Staat und Gemeinde zu entrichten, ist kein Ehrenrecht, sonst wäre auch der Bettler solcher Ehre theilhaftig; es kann ein erworbenes Recht sein, aber als solches steht es in keinerlei Beziehung zu dem Rechtsbegriff der Ehre. Mit der geschichtlichen Entstehung des Eigenthums hängt es zusammen, dass in der Urzeit der Grundbesitz einen Abglanz höherer Ehre auf den unabhängig und reichlich damit Ausgestatteten fallen liess, und der Ehre des Bluts (der Abstammung) und des Waffendienstes zur festen Unterlage diente. Mit der Macht der Freiheit wächst auch die Ehre, und mit ihr die Verpflichtung zum Dienste für das Ganze. Die Standesehre ist so fliessend wie der Begriff des Standes an sich, denn sobald die Rechtsidee die Leibeigenschaft verurtheilt, darf sie die ständischen Unterschiede nicht zu Kasten erstarren lassen. Arbeit und Erwerb sind uneingeschränkt, gleich dem Rechte selbst, die Ehre aber ist nichts Anderes, als der Widerschein der unausgesetzt wechselnden Erwerbsarten. Ist es Sache der im Fortschreiten begriffenen Rechtsordnung, damit die Vernunft wach bleibe, die Eigenthumsverhältnisse in beständigem Flusse zu erhalten, ohne die granitenen Säulen, auf denen sie ruhen, umzustürzen, so stehen die gesellschaftlichen Stände und ihre Sonderehren unter demselben Gesetze. Der Adel stützt sich auf einen geschichtlichen Namen, und dieser auf einen geschichtlichen, folglich belangreichen, Grundbesitz, und auch für die dem Stande neu Hinzutretenden sucht die oberste Staatsgewalt, als Spenderin der Ehren, auf die eine oder die andere Weise Anknüpfungspunkte an die beiden Voraussetzungen. Der Bürgerstand hat zu seinen Stützen die beweglichen Geldwerthe und die ihnen nahe verwandte nutzbare Geistesarbeit. Endlich der Bauernstand, der mit dem Adel die Natur des Eigenthums gemein und zu ihm grössere Anziehungskraft hat als zum Bürgerstande, entbehrt die dem Grundeigenthum inwohnende geschichtliche Macht: er trägt mit sich das geschichtliche Bewusstsein, aus der Dienstbarkeit der grossen Grundbesitzer erst nach und nach sich herausgearbeitet zu haben, und selbst dann, wenn die bäuerliche Freihufe sich in die graue Vorzeit zurückverfolgen lässt, fehlt das lebendige Bewusstsein der Geltung für das Ganze, einer Machtstellung, wie ein geschichtliches Gut und ein geschichtlicher Name sie gewährt. Der zunehmenden Theilung der Arbeit hat man es zuzuschreiben, dass die Standesehre sich in eine Anzahl Berufsehren spaltet, die, je nach der Eigenthümlichkeit der berufsmässigen Beschäftigung und je nach der Anerkennung, welche das Gesetz derselben angedeihen lässt, am Einzelnen auf's Mannigfaltigste sich abspiegeln. Der Zweck der Beschäftigung bedingt zugleich die Verletzbarkeit der Berufsehre, die beim Soldaten eine andere ist, als beim Handwerker und Gelehrten.

§ 50. Wie sich die von bestimmten Attributionen abhängige Standesehre zu der allgemeinen bürgerlichen Ehre verhält, so verhält sich die Amtsehre *(honos, dignitas)* zu der Standesehre, durch schärfere Abgrenzung der den obrigkeitlichen Stellungen zukommenden Eigenschaften. Die Berufsarten zumal, die der freien Wahl eines Jeden überlassen bleiben, nehmen eine schwer definirbare Sonderstellung zur Substanz des Gesetzes ein, und was ihnen an Ehre von Rechts wegen gebürt, unterliegt weniger der Schwere gesetzlicher Bestimmungen, als der Biegsamkeit des richterlichen Urtheils. Weit sicherer bewegt sich die Amtsehre innerhalb der von der Rechtsgesellschaft im Grossen oder Kleinen übertragenen Befugnisse und Verrichtungen, deren Gesetzmässigkeit und Lauterkeit ohne Kränkung der Amtsehre nicht in Zweifel gezogen werden kann. Im Genusse einer vollständig genügenden Gewährleistung, hat die Amtsehre alle und jede Bevorzugung abzulehnen, die aus ihren Attributionen nicht mit logischer Nothwendigkeit sich ergiebt; kommt der obrigkeitliche Wille gar nicht mit in's Spiel, so bedarf das Amt keiner Ausnahmestellung, und bei etwaigen Kränkungen wird allein zu Gunsten der dem allgemeinen civilen Willen beizulegenden bürgerlichen Ehre entschieden.[1]) Was dem Rechtssubject zueigen gehört, das soll ihm auch nicht vorenthalten werden: übertriebene Empfindlichkeiten hat der Gesetzgeber nicht zu berücksichtigen, und die übeln Folgen einer einseitigen Beamtengesetzgebung machen sich kaum bei einer Rechtsmaterie so fühlbar als bei dieser.[2])

[1]) Es haben sich die Beamten mit einer chinesischen Mauer umgeben, um durch die Klage auf „Amtsehrenbeleidigung" jeden scharfen Luftzug der öffentlichen Meinung von sich abzuhalten, ein schlagender Beweis, wie die Büreaukratie ihre Aufgabe vollständig misskennt. Jemand z. B. dafür zu verurtheilen, dass er einen Beamten beschuldigte, er sei in einer gar nicht zu seinen Amtspflichten gehörenden Sache seiner Ueberzeugung untreu geworden, verräth ein wunderbares Gesetz und eine noch wunderbarere Auslegung desselben.

[2]) Röder, Grundzüge des Naturrechts. 137. In England ist die Pressfreiheit erst da zur Wahrheit geworden, als Erskine in dem Prozess gegen den Buchhändler Stockdale den Geschworenen bewies, dass sie ihren Spruch nicht allein über die Thatsache der Verbreitung der angeklagten Schrift, sondern vorerst darüber abzugeben hätten, ob die Schrift überhaupt ein Libell sei. Dagegen hatte in Nord-America der greise Rechtsanwalt Hamilton schon i. J. 1735, aus Anlass eines gegen den Verleger Zenger anhängigen Prozesses, den Satz durchgefochten, dass nur wer „Falsches, Scandalöses und Aufrührerisches" behauptet, als Libellist verfolgt werden könne, und dass die Geschworenen über beide zu entscheiden haben, wenn die Rechtsfrage mit der Thatfrage complicirt sei.

§ 51. Schon ihrem allgemeinen Begriffe nach schwer zu fassen, hat die Ehre nach ihren Abzweigungen die Ungunst einer unklaren und widersprechenden Gesetzgebung um so häufiger zu erfahren gehabt, als die ungehörige Vermischung römischen und germanischen Rechts den subjectiven Eigenthumsbegriff der ästimatorischen Injurienklage mit dem objectiven Friedensbruche zusammenwarf. Das gereizte Ehrgefühl und der trockene Paragraph eines Gesetzbuchs sind übel bestellte Wächter eines Rechts, das allein in der lebendigen und wechselvollen Vermittlung zwischen Rechtssubject und Rechtsgenossenschaft Bestand hat. Der Wunsch nach Befestigung der natürlichen Bande, welche die Menschen vereinigen, durch den allgemeiner werdenden Gebrauch eines unveräusserlichen Familieneigenthums, sowie nach corporativer Organisation der spezifischen Amtsbefugnisse wird um Vieles dringender Angesichts der Ehre, die in die sinnliche Erscheinung erst mit dem Augenblick tritt, da ihr Eigenthumsrecht positiv verletzt wird. Die Ehre will ihr eigenes Gericht haben: ein bürgerliches, wenn es sich um die bürgerliche Ehre handelt, ein ständisches und obrigkeitliches für den selteneren Fall, dass der Rechtswille in solchen besondern Attributionen sich gekränkt findet. Nicht so, dass der Ehrenrath ein Schuldig oder Nichtschuldig auszusprechen hätte, vielmehr um über den Thatbestand der Ehrenkränkung zu entscheiden und nach Befund der Umstände eine Ausgleichung zwischen dem Beleidigten und dem Beleidiger zu vermitteln. Erst nachdem die Versöhnung nicht hat gelingen wollen, wird das ordentliche Gericht in Anspruch genommeu. Es setzt geradezu eine unmündige Rechtsgenossenschaft voraus, wenn das Gesetz bei einer die Ehre verletzenden Beschuldigung den Beweis der Wahrheit für unzulässig erklärt, sobald es sich um eine wirkliche, d. h. solche Kränkung handelt, die den Vorwurf einer eigens vorgesehenen Gesetzwidrigkeit enthält, und die als Denunciation zu beurtheilen, aber auch um so strenger zu bestrafen ist, falls sie sich als unwahr erweist. Hat die Kränkung eine nachweisbare Beschädigung des dinglichen Eigenthums oder den Ausfall eines Gewinns zur Folge, so ist die Anklage wegen dieser zu erheben.[1])

[1]) In dem angegebenen Sinne schränkt der vieldeutige Begriff der Injurie sich von selbst ein. Die s. g. Realinjurien haben mit der Ehre gar nichts zu schaffen; die Verbalinjurien, so lange sie in der Beilegung verletzender Eigenschaften bestehen, können als beleidigende Ordnungswidrigkeiten (Beschimpfungen) je nach Umständen strafbar sein: eine wirkliche Ehrenkränkung enthält allein die Verleumdung und diese, im Unterschiede von beleidigenden Eigenschaften, setzt nothwendig die Behauptung bestimmter Thatsachen voraus, die eine absichtliche Verletzung des Gesetzes von Seiten des Verleumdeten in sich begreifen. Das englische Gesetz verfolgt allein den Libellisten, im Französischen und Deutschen dagegen giebt es eine ganze Reihenfolge von Ehrverletzungen, die sich gar nicht definiren lassen.

§ 52. Ob auch der Verstorbene Anspruch auf Ehre habe? ist eine Frage, die, so gestellt, verneint werden muss, weil das Gesetz zwar über den erst im Werden begriffenen, oder augenblicklich ausser Sicht gekommenen Rechtswillen seine schützende Hand halten kann, nicht mehr aber über einen solchen, der aus der Zeitlichkeit, somit aus den Bedingungen, ohne die das Recht gar nicht bestehen kann, geschieden ist. Dem römischen Recht widerstrebte im Grunde jedes Rechtsverhältniss, das über das Grab hinausreichte: Ersatz für Eigenthumsverletzung ohne einen Eigenthümer war etwas Unfassbares, und wenn doch zuletzt auf Beschimpfung und Verleumdung Verstorbener Strafe gesetzt ward, [1]) so lag es an der durchgängigen Ermässigung des starren Subjectivitätsprincips und an sittlichen Erwägungen, aus welchen auch Neuere die Ehre und den guten Ruf der Todten in Schutz genommen haben. Es leuchtet jedoch ein, dass schon aus Rücksichten des Rechts der Verstorbene nicht beliebiger Verunglimpfung preisgegeben werden kann, sobald das Gesetz bestimmt, dass Verbindlichkeiten und ordnungsmässige Willensbestimmungen einer Rechtsperson auch nach deren Tod ihre Geltung behalten. [2]) Kann der Gläubiger von den Erben eines Verblichenen die Bezahlung der durch diesen contrahirten Schulden aus seinem Nachlass fordern, so folgt daraus, dass die Erben ihrerseits, wie sie die ausstehenden Darlehn des Erblassers eintreiben, so auch das Vermächtniss seines guten Namens zu wahren berechtigt sein müssen.

Dem Germanen, der sein Recht innerhalb einer unendlichen Lebensgemeinschaft und im Hinblick auf ewige Zwecke suchte, lebte der Todte in seiner Gewere fort, und wegen ihrer idealen Natur beging einen Friedensbruch, wer dem Leumund (*ahd. hliuma*, das Gehörte) des verblichenen Trägers zu nahe trat. Je schattenhafter der Todte in das Dunkel der Vergangenheit zurücktritt, desto machtloser werden die Hände, die ihn von Seiten seiner Ehre zu halten suchen, bis das Gesetz der Geschichte den Platz ganz räumen muss. Auch hier behauptet die Verjährung ihr Recht, so lang sie aber die Klage nicht abschneidet, genügt schon der Beweis der Wahrscheinlichkeit.

[1]) 1, § 4 D. 47, 10, und damit übereinstimmend Schilling, Lehrbuch des Naturrechts. § 81. „Wenn der Römer stirbt, so geht seine Person mit dem persönlichen Recht in das heilige Recht über, wird *Dii manes*.“ (Huschke im Rhein. Museum. VI. No. 8.)

[2]) Solon verbot die üble Nachrede über Verstorbene; auch von Lebenden sollte Niemand öffentlich Schlechtes sprechen, bei Strafe von 3 Drachmen an die beleidigte Person und von 2 Drachmen an den öffentlichen Schatz.

Vierter Abschnitt.

Die Schenkung.

a. Eigentliche Schenkung.

§ 53. Dem psychologischen Ursprung des Rechts gemäss und in Uebereinstimmung mit den im Rechte sich verwirklichenden Modalitäten freier Willensbestimmung, kann die Kategorie der Schenkung nur die entgegengesetzte Richtung von der, die der Rechtswille im Eigenthum nimmt, ausdrücken. Der freiwilligen Aneignung entspricht die freiwillige Enteignung: was der civile Wille als das Seinige behauptet, dessen kann er sich in der Absicht entäussern, es in die Macht eines Andern übergehen zu lassen. Die in der Rechtswissenschaft herrschende Ungewissheit, bei welcher Rechtsmaterie die Schenkung unterzubringen sei, ob sie ein Vertragsverhältniss darstelle oder nicht, und im Bejahungsfalle, ob sie den *pacta legitima* beigezählt werden müsse, rührt von der Enge des rechtsphilophischen Standpunktes her. Was sich eigenthümlich erwerben lässt, das kann unter Umständen auch verschenkt werden, und insofern darf man weder die Schenkung als einen Act definiren, wodurch der Schenker freiwillig, unentgeltlich und mit eigener Aufopferung einem Andern einen pecuniären Vortheil verschafft, noch auch ihren juristischen Begriff von der Wohlthat, Gefälligkeit und letztwilligen Zuwendung ohne Weiteres abscheiden.[1]) Man muss sich erst des Generellen vergewissert haben, will man das Specielle richtig verstehen. Ein Act, ein Geschäft, sollen sie rechtlichen Werth haben, müssen aus einer allgemeinen Willensbestimmung hervorgehen, und durch sie ihre Richtung auf das Besondere erhalten, wie ja auch der aneignende Rechtswille, an sich identisch, je nach den Objecten, die er zueigen haben will, sehr verschieden gerichtet ist.

[1]) v. Meyerfeld, die Lehre von den Schenkungen.

§ 54. Die Wechselseitigkeit von Eigenthum und Schenkung wäre vollständig, wofern nicht dem berechtigten Willen gegenüber bei der Schenkung das Persönliche zu grösserer Bedeutung und Selbständigkeit gelangte, als beim Eigenthum. Mag es sich um Dinge, oder obrigkeitliche Gerechtsame, oder Ansprüche auf Ehre handeln — der Eigenthümer steht mitten unter andern Rechtssubjecten, an die sein aneignender Wille auf jedem räumlichen und zeitlichen Punkte seiner Existenz grenzt; so lang sie aber das Gesetz nicht verletzen, verhält ihr Wille zu dem seinigen sich ruhend, denn auch das obrigkeitliche Recht verlangt für seine Befehle ein passives Verhalten, unbedingten Gehorsam. Der Schenkende bedarf dagegen eines Empfangenden, und dieser kann zum Annehmen nicht gezwungen werden. Mehr aber auch nicht. Weder übernimmt der Schenkende, noch der Beschenkte eine Verbindlichkeit: es verknüpft kein nothwendiges Band die Beiden, sondern der gute Wille des Schenkers kommt allein als massgebend in Betracht, der durch Ablehnen ebenso wenig als durch Annehmen berührt wird. Dass die Beziehung zwischen Donator und Donatar die Gestalt eines wohlthätigen Veräusserungsvertrags annehmen kann, gehört nicht zum Wesen der Schenkung; hält ja auch den Eigenthümer nichts ab, das Seinige vertragsmässig zu verpachten oder zu verkaufen. Anders verhält es sich mit den Schenkungsobjecten, denn sie fallen ausschliesslich in den Wirkungskreis des sich entäussernden Rechtswillens, und von der Anziehungskraft, die er auf jene ausübt, hängt die Berechtigung zum Verschenken ab. Es muss Etwas im Willen ungetheilt aufgegangen, von ihm vollständig angeeignet sein, soll es derjenigen Enteignung unterliegen, welche wirkliche Schenkung heisst. Das blos Besessene ist nicht verschenkbar, weil der Besitzer keine unbedingte Verfügung darüber hat, weshalb unter einer Rechtsgenossenschaft, welche die subjective Machtfülle in das Eigenthum hineinlegt, das Schenkungsrecht sehr ausgedehnt und erst nach und nach durch künstliche Schranken ermässigt auftritt.[1]) Umgekehrt, wenn Besitz und Eigenthum keine festen Grenzen haben und in der Vorstellung des Empfangenen und Anvertrauten zusammentreffen, verbleibt dem Eigenwillen nur Weniges schenkweise zu entäussern, so lange Gewalt nicht vor Recht geht. Die Angehörigkeit von obrigkeitlichen und Ehren-Rechten ist ohnedies etwas Relatives, das sich mit unbedingter Verschenkbarkeit nicht verträgt; denn die Amtsauctorität, obwohl so ganz in sich selbst ruhend wie das dingliche Eigenthum, setzt nicht nur überhaupt einen civilen Willen voraus, sondern ausserdem eine besondere Befähigung, die der Einzelne sich verschaffen und besitzen, aber nicht nach Belieben veräussern kann, und die Ehre ist mit dem bürgerlichen Willen so ganz und gar Eins, dass sie sich nur zugleich mit diesem verschenken liesse, während die Sonderehre der Natur der erworbenen Rechte folgt, deren Abglanz sie ist. In den ersten Stadien der Rechtsbildung hängen Eigenthum, Amt und Ehre so eng aneinander, dass in einer Güterschenkung auch gewisse obrigkeitliche und Ehren-Rechte mitenthalten sind; kommen zu den richterlichen und militärischen Würden weitere und wichtige Aemter hinzu, so löst sich das obrigkeitliche Eigenthum mehr und mehr von dem dinglichen ab, womit zugleich die Stellung der Ehrenrechte eine andere wird. Ein der gesellschaftlichen Ordnung förderliches Gleichgewicht ist bei völliger Trennung der drei Factoren nicht wohl erreichbar, und lässt sich am Ehesten dann erwarten, wenn das Amt als Besitz dem Grundeigenthum nicht ganz und gar entfremdet wird, und in Folge dessen die Ehre gleichfalls mit ihren Prämissen verbunden bleibt.[2])

[1]) Dem Missbrauch, der mit dem Rechte der Schenkung getrieben werden konnte, suchte man in Rom durch die für höhere Summen geforderte gerichtliche Insinuation, durch den Pflichttheil, durch die Revocation in gewissen Fällen vorzubeugen. Die Möglichkeit, sein ganzes künftiges Vermögen zu verschenken, blieb zweifelhaft. (v. Savigny, Syst. des R. R. IV. § 159.)

[2]) Einen solchen innern Zusammenhang hat sich das englische Verfassungsleben bewahrt. „Selfgovernment" heisst in England die Verwaltung der Kreise und Ortsgemeinden nach den Gesetzen des Landes durch Ehrenämter der höheren und der Mittelstände mittelst Communalsteuern (Gneist). Im Ganzen zahlt der grosse Grundbesitz 35 % als Staats- und Communal-Grundsteuer, und so geschieht es, dass Parlament, Adel, Provincial- und Kreisverwaltung, Vermögen, Amt, Ehre für das Ganze wohlthätig in einander greifen. Nur der Bauernstand fehlt, weil der Adel ihn ausgekauft hat. Unter den Umständen würde nicht der zwanzigste Theil der gebildeten Classen Staatsämter annehmen, nicht der Hundertste strebt danach, und von denen, welche sie erhalten, fühlt nicht der Tausendste, dass die blosse Thatsache seiner Anstellung ihm einen höheren gesellschaftlichen Rang verschaffte.

§ 55. Ihre wahre Bedeutnng gewinnt die Schenkung innerhalb der Familie. Vom Eigenthum gilt, dass es den Organismus der Familie schafft und begründet: die Schenkung bezweckt ihre Erhaltung und bezieht sich auf alle Functionen, die den Fortbestand des Hauses bedingen. Der Hausvater schenkt an sinnlichen und übersinnlichen Gütern den Familienangehörigen so viel, als sie zu ihrer Nothdurft, namentlich zum Schutz und zur Erstarkung ihres durch die eheliche und väterliche Gewalt gebundenen Rechtswillens, bedürfen. So wird die Familie erhalten durch freiwillige Selbstentäusserung ihres Oberhauptes; die Möglichkeit dazu aber enthält nicht nur das Erbeigenthum und die Arbeitskraft des Mannes, sondern ausserdem das von der Frau Eingebrachte, nebst ihrer und der Kinder Arbeitskraft. Ein zweispaltiges Eigenthum innerhalb der Familie kann es nach römischem Recht nicht geben, und auch die deutschen Spiegel kennen kein „gezweites" Gut zwischen Mann und Frau bei ihrem Leben, verstehen aber darunter nicht die römische Gütereinheit, vielmehr Gütergemeinschaft,[1]) als Folge der Ehe (*êwa*, *êa*, urspr. jedes Rechtsband), welche die Gatten zu einem Leibe und einem Leben einigt. Die römische Dos sollte ursprünglich nichts weiter sein, als freiwillige Schenkung *(donatio)*,[2]) die unwiderruflich durch das legitime Matrimonium in das Verfügungsrecht des Mannes überging, auch dann, wenn nach dem Tode des Vaters der Braut der Bruder *matrimonii causa* ihren Erbantheil herausgab. Verbunden damit war Ausschliessung der Dotalklage bei Trennung der Ehe, rechtliche Unmöglichkeit irgend einer Disposition der Ehefrau über die Dos während der Ehe, Retention für die Kinder, Nichtübergang der nicht angestellten Dotalklage auf die Erben, Unwirksamkeit der Restitution der Dos während der Ehe und der Schenkungen unter Ehegatten. Dabei hatte es freilich sein Bewenden nicht: die strengere Form der Ehe, mehr und mehr durch die laxere verdrängt, führte zu einer schroffen Zweiheit der beiderseitigen Vermögen, womit sich nach der Emancipation des weiblichen Rechtswillens der Geist des römischen Rechts weit eher befreunden konnte, als mit wirklicher Gütergemeinschaft. Bei den Germanen war es umgekehrt: der Bräutigam kaufte den Verwandten ihre Mundschaft über die Braut ab, gewöhnlich vor Gericht *(mallum)*, daher das Wort Gemahl. Bei einigen Stämmen verwandelte sich der Kaufschilling zur Hälfte in eine Schenkung an die Frau (Mundschatz); war sie Wittwe, so erhielt sie das Ganze, musste sich aber bei den Franken durch einen Scheinpreis von der Familie ihres ersten Mannes loskaufen (Wittwe von *witemon*, Widmung, Gabe). Nach und nach wurde der Kauf zum blossen Scheingeschäft, der Kaufpreis zum Heirathsgut der Frau und verschmolz mit der Morgengabe, die der Mann nach vollzogener Ehe der Neuvermählten aus Grossmuth, zugleich aber auch als Wittwenversorgung, schenkte.[3]) Aus solchen Vorbedingungen entstand die Gütergemeinschaft, als innerlich unterschiedenes, äusserlich ungezweites Gut, richtiger als eine von der Dauer der Lebensgemeinschaft abhängige Vermögensverbindung. Die Vorstellung, dass der Mann zu verwalten, die Frau zu wirthschaften habe, entschwand dem Rechtsbewusstsein schon darum nicht leicht, weil das eigentliche Vermögen in Landeigenthum bestand, wozu die Weiber nur eine untergeordnete Stellung einnahmen.[4]) Vernunftgemäss ist der Begriff der durch gegenseitige Schenkung zu Stande gekommenen Gütergemeinschaft, wobei jedem, namentlich aber dem schwächeren Theil, nicht etwa besondere Stipulationen und gesetzliche Veranstaltungen, sondern ein Familienareopag gegen grobe Beeinträchtigung hilfreich zur Seite stehen sollte.

[1]) In Island fand schon in der älteren Zeit wirkliche Gütergemeinschaft statt, zum Theil gewiss in Anbetracht der grossen Wirksamkeit, welche auf dieser armen Insel die Frau für das wirthschaftliche Leben hat. (Winkler, Island, seine Bewohner, Landesbildung und vulkanische Natur.) Untrennbar wurde die Gemeinschaft in einigen niederländischen Provinzen, wo die Rechtsgewohnheit herrschte, dass bei der Trennung einer Ehe durch den Tod der überlebende Gatte selbst diejenigen Güter, die von ihm herrührten, nur noch als Nutzniesser besass, das wahre Eigenthum aber den Kindern dieser Ehe zufiel. (Commentar zu den Rechtsgewohnheiten von Mecheln.) Der Gedanke, dass die Wittwe, wenn sie überhaupt einen Antheil von dem Nachlasse des Mannes erhielt, diesen *jure usufructuario* besitze, dürfte dabei zu Grunde liegen.

[2]) Darum weil die Dos eine eigenthümliche Schenkung war, als Beitrag zur Wirthschaft und nicht als *lucrum* zum Vortheil des Mannes bestellt wurde, und zwar mit der anhängenden Verpflichtung eines Nutzniessers, hörte sie nicht auf, geschenktes Eigenthum zu sein. Justinian bestimmte ausdrücklich, dass was von der *dos* gilt, auch von der *donatio propter nuptias* gelten sollte.

[3]) Schroeder, *de dote secundum leges gentium germanicarum antiquissimas.* Friedberg, die Geschichte der Eheschliessung, in Dove's Zeitschrift für Kirchenrecht. I, 3. 362. Die Homerischen Gedichte lassen den Freier den Eltern der Jungfrau oder dieser selbst reiche Gaben darbringen, bis später in Athen der Vater die Tochter ausstatten musste, der Mann aber von der Mitgift nur den Niessbrauch erhielt.

[4]) Den Römern wurde erst in späterer Zeit jede freiwillige Veräusserung des *fundus dotalis* untersagt, was das canonische Recht dahin beschränkte, dass die Frau die Veräusserung für den Fall, dass sie dieselbe eidlich bekräftigt hatte, nicht sollte anfechten können.

§ 56. Das wirthschaftliche Leben der Familie gedeiht nur durch das die Ehegatten beseelende Gefühl schenkweise erhaltener Dienste, ohne dass dem Eigenwillen des Mannes darum die Spitze abgebrochen zu werden braucht. Seine Ueberlegenheit findet die höchste Befriedigung in der freudigen Anerkennung, dass das ihm zustehende Eigenthumsrecht über den Gesammtinhalt der Familie durch die gewissenhafte Pflichterfüllung der Gattin in eine fortlaufende Schenkung sich umsetzt, so wahr ist es, dass die meisten Rechtsverhältnisse *in concreto* durch eine einzige Betrachtungsweise sich nicht erschöpfen lassen. Besteht bei der Eingehung der Ehe die Gütergemeinschaft zu Recht, so ist auch das Erworbene und Errungene dem ungezweiten Gut einzuverleiben, dessen Verwaltung nach dem Masse seiner bessern Einsicht dem Manne vorbehalten bleibt. Beide Theile behalten die Möglichkeit, Sondereigenthum zu erwerben, aber nicht als Regel, sondern als Ausnahme. Die gesegnetste Gabe des Ehebundes, das Kind, empfängt mit dem Leben selbst auch seine Erhaltung und Erziehung als Geschenk der elterlichen Gutthätigkeit, und bleibt mit seinem Willen dem Eigenthumswillen des Vaters einverleibt. Bis zu seiner Volljährigkeit oder Verheirathung kann das Hauskind kein wirkliches Eigenthum erwerben, wohl aber gesetzlich gesicherte Ansprüche auf solches, sei es, dass durch besondere Fürsorge dies ruhende Eigenthum ausserhalb der elterlichen Gütergemeinschaft, oder vom Vater besitzweise verwaltet wird. Der altrömische *filius familias* vermochte unabhängig vom väterlichen Willen nichts eigenthümlich zu haben, und wenn der *pater familias* von seinem Eigenen dem Sohne einen Theil zu gewinnbringenden Geschäften überliess *(peculium)*, so that er es in precärer Weise und unter dem Vorbehalt, das Hergegebene in jedem Augenblick wieder an sich nehmen zu können. Dasselbe gilt von dem Vermögen, das dem Sohne anderswoher zufiel *(peculium adventitium)*: das Eigenthumsrecht darüber gehörte dem Vater, und nur das, was Jener im Kriegsdienste *(pec. castrense)* oder in amtlicher Thätigkeit *(pec. quasi castrense)* erwarb, wurde sein Eigenthum durch die Fiction, der Staat, dem er seine Kräfte widmete, trete an die Stelle des natürlichen Vaters und überlasse ihm das in seinem Dienste Erworbene zu freier Verfügung. Aus den Ausnahmen wurde erst ganz zuletzt eine stehende Regel, indem Alles *quod extrinsecus advenit* wahres Vermögen des Kindes sein sollte, mit Verwaltung und Niessbrauch des Vaters und ohne Testirfreiheit des Kindes, und nur das, was *e substantia patris profectum est*, durch das Kind für den Vater erworben wurde.[1]) Unfähig, Träger einer Eigengewere zu sein, ist auch das germanische Hauskind niemals wirklicher Eigenthümer: was dasselbe durch Schenkung zugewendet erhält, oder durch Erbgang erwirbt, fällt an die Gewere des Familienvaters, jedoch so, dass das ruhende Eigenthum des Kindes nur in den Besitz des väterlichen Willens übergeht. Die Oeffentlichkeit der Rechtsgeschäfte und die sich überall durchkreuzenden und verschlingenden verwandtschaftlichen Interessen beugten der Verschleuderung vor, ohne ihr jeden Weg abzuschneiden.[2])

[1]) Kein Rechtsinstitut stellt die systematische Ermässigung des römischen Subjectivitätsprincips gleich anschaulich dar, wie das *peculium:* vom *p. concessum* an durch das *castrense*, über das seit August der Sohn testiren konnte, mit Ausschluss der Intestat-Vererbung, zum *quasi-castrense* und der Verordnung Constantins, dass das Muttergut dem Kinde eigenthümlich gehöre, was bald nachher auf Alles ausgedehnt wurde, was dem Kinde von einem mütterlichen Ascendenten von Todeswegen oder durch Schenkung unter Lebenden zufiel. Indem auch noch das als Eigenthum des Kindes erklärt wurde, was dasselbe erheirathete *(lucrum nuptiale)*, war die Ausnahme nahezu Regel, wofür sie Justinian wirklich erklärte.

[2]) Erst seit Heinrich I. kam die letztwillige Verfügung über Landeigenthum ausser dem Seelgeräthe auch im Laienstande in Aufnahme, während bewegliches Vermögen von Freien und Unfreien testamentarisch vermacht werden konnte.

§ 57. So ist es die Schenkung, welche die Familie rechtlich verknüpft und ihre Lebensäusserungen im Gange erhält; es kann aus dem Grunde auch nichts im Wege stehen, dass die Familienangehörigen sich unter sich in reichlicherem Masse beschenken, natürlich soweit sie die Macht und das Recht dazu haben. Den Unmündigen fehlt der civile Wille, die Ehegatten selbst aber sind befähigt, schenkweise von ihrem Sondervermögen zu vergeben. Die Gütergemeinschaft soll ja kein starrer Einheitsbegriff sein, vielmehr eine Verbindung, die in sich selbst die Möglichkeit einer Ausscheidung bewahrt und accessorisch in ihren bis zur erfolgten Abtheilung blos idealen Bestandtheilen gar verschiedene Umgestaltungen erfahren kann, wenn nur der Grundstock unangetastet bestehen bleibt. So lang die warme Hand von der warmen Hand empfängt, und jene nicht mehr schenkt als sie schenken darf, erledigt sich die Schenkung durch sich selbst; wie aber dann, wenn die kalte Hand an die warme zu schenken, der Rechtswille sein Schenkungsrecht über die Grenze des Lebens auszudehnen beabsichtigt? Stellt man sich die rechtlich gegliederte Familie als eine Lebensgemeinschaft vor, in der jedes Glied für das Ganze diejenigen Erfordernisse zu beschaffen verpflichtet ist, die einen freien Rechtswillen ermöglichen, und zwar in der Form gegenseitigen Gebens und Empfanges, so bedarf es keines weitern Beweises, dass mit der Individualität des Eigenthümers sein Recht auf das Eigenthum nicht stirbt, weil er es für die Seinigen und zum Theil gemeinschaftlich mit ihnen erworben hat. Sein Rechtswille geht auf die Seinigen über, setzt sich in ihnen fort, und kein Gesetz würde dieses natürliche Band auf die Dauer zu zerreissen vermögen. Hinterlassenes Gut fällt dahin, wohin es gehört: andernfalls könnte keine bei Lebzeiten eingegangene Verbindlichkeit über den Tod des einen oder des andern Theiles hinaus aufrecht erhalten werden, während das Gesetz gerade dafür Sorge zu tragen hat, dass die Rechtsordnung an keiner Stelle und in keinem Augenblick unterbrochen wird. Die Nachkommen occupiren, weil sie von der sterbenden Hand festgehalten werden und im Sinne des Gesetzes nach erfolgtem Tode des Erblassers bereits die Occupation vollzogen haben. Damit ist nicht gesagt, dass der aus der Zeitlichkeit scheidende Rechtswille nicht nur als Ganzes gedacht sein Vermögen auf die Seinigen vererbe, sondern gleicher Massen in Kraft einzelner Willensbetimmungen Todes halber darüber zu verfügen befugt sei. Wird die Geschichte um ihr Urtheil befragt, so antwortet sie, dass unter der Herrschaft des Gewohnheitsrechts, das über die Willkür des Herkommens bereits den Sieg davon getragen hat, das Testament gar nicht, oder doch nur in den seltensten Fällen, zur Anwendung kommt, dass aber die Testirfreiheit aus ihrer Gebundenheit um so mehr heraustritt, je entschiedener die Gewohnheit die Form des positiven Rechts, der *lex scripta*, annimmt. So weit es dem mit Eigenthum ausgestatteten Subjecte bei Lebzeiten nicht verwehrt werden kann, von dem Seinen zu verschenken, ist kein Grund vorhanden, durch eine an sich unwesentliche Formveränderung das Schenkungsrecht *(donatio inter vivos mortis causa)* in ein testamentarisches Verfügungsrecht zu verwandeln,[1]) unter denselben Einschränkungen, denen die Schenkung an sich unterliegt — Annahme von Seiten des Beschenkten und Inhaltung der Grenzen, bis zu welchen Eigengut überhaupt verschenkbar ist.

[1]) Das deutsche Wort „erben" kommt ursprünglich nur in der Bedeutung von vererben, erblich hinterlassen vor, wurde somit als actives Geben oder Zuwenden gedacht, wovon erst hinterher das Empfangen oder Beerben abgeleitet wurde.

§ 58. Der Orient kennt nur Intestaterbrecht. Nach attischem Gesetze gingen nicht blos die dem Erblasser ertheilten Ehren auf den Erben über, der seinerseits die Anklagen gegen den Erblasser aufzunehmen hatte — es wurde zugleich auch streng darauf gehalten, dass, wo Kinder waren, das Testament unterbleiben und der Kinderlose den von ihm ausersehenen Testamentserben erst adoptiren musste. Justinian nannte es barbarisch, dass die Armenier nur die Söhne und nicht auch die Töchter zur elterlichen Intestaterbfolge für berufen erklärten. Principiell widerstrebte den Altrömern die testamentarische Schenkung, weil sie überhaupt Mühe hatten, das Rechtssubject der sinnlichen Bedingungen zu entkleiden, durch die das Recht unmittelbar zur Erscheinung kommt. Vor dem Gesetze war der Todte eben todt und darum ausser Stande, seinen Willen in rechtlicher

Beziehung geltend zu machen, sei es in eigener Person, sei es durch einen Bevollmächtigten. Der Todte hat so wenig seinen Willen, als der unter der *manus* Stehende, abgesehen davon, dass es bei Lebzeiten in seiner Gewalt steht, von der natürlichen Ordnung, welche die nächsten Erben, ohne Unterschied des Geschlechts, zu gleichen Erbantheilen beruft, dadurch abzuweichen, dass er einem Vertrauensmann sein Gesammtvermögen überträgt, mit der Weisung, es nach dem Tode des Uebertragenden dessen Willen gemäss zu vertheilen. Wer unter der *manus* des Erblassers gestanden, der ist der wirkliche (*suus*) und insofern zugleich nothwendige (*necessarius*) Erbe, als er nicht ausschlagen darf, den erloschenen Rechtswillen fortsetzen muss, auch wenn er allen Grund hat, der Zumuthung sich zu entziehen. Alles spricht indess dafür, dass der religiöse Cult, der die Familie, auch nachdem mehrere freie Rechtssubjecte aus ihr hervorgegangen, und in noch umfassenderer Weise die in der *gens* vereinigten Familien unter sich verband, es dem vollwichtigen Rechtswillen möglich machte, die natürliche Vererbung zu durchbrechen und unter dem Beistand der Götter über die Zeitlichkeit hinaus seine Machtvollkommenheit fortzusetzen. Es bildete sich so ein religiöses Vermächtniss, dem die Scheu vor dem Göttlichen rechtlichen Bestand verlieh.[1]) Das bürgerliche Gesetz hatte nichts damit zu schaffen, und es fielen deshalb auch alle die Formalitäten weg, von denen die Gültigkeit der Rechtsgeschäfte abhing. Aus einer religiösen Familienangelegenheit wurde das Testament zu einem bürgerlichen Rechtsgeschäft,[2]) seitdem die Volksgemeinde jedesmal durch eine besondere *lex* letztwillige Bestimmungen gutheissen musste, um den civilen Willen der natürlichen Erben für den Fall zu binden, dass sie der Religion den Gehorsam versagten. Der Hauptsache nach Cultushandlung blieb das Testiren auch dann noch, denn nur auf den zweimal im Jahre zu religiösen Zwecken zusammenberufenen Calatcomitien (*qua pro collegio pontificum habentur*) konnte der legislatorische Act vor sich gehen, zuverlässig so, dass die Priester gegen unbillige Testamente Einrede erheben durften. Das gesetzlich genehmigte Testament wurde im Vesta-Tempel aufbewahrt, in Uebereinstimmung mit der *confarreatio*, die wegen Anwesenheit des *Pontifex Maximus* und des *Flamen Dialis* gleichfalls in einem Tempel stattfand. (Van Heusde.) Daran schloss sich, dass die Gemeinde stillschweigend den letzten Willen derer von ihren Bürgern bestätigte, die im Angesicht des Feindes (*in procinctu*) testirten; in allen Fällen aber hielt die römische Rechtsanschauung an dem Grundsatz fest, dass die Entschliessungen eines bürgerlichen Willens zu ihrer Vollstreckung eine wirkliche Rechtsperson haben müssen, in welcher der Wille des Erblassers sich fortpflanzt. Die Erbeinsetzung war ein Act idealer Zeugung,[3]) möglich dadurch, dass die gesetzgebende Gewalt ihr das Recht einer natürlichen Zeugung beilegte. Die Scheu vor den Göttern liess den Rechtswillen auch jetzt nicht los, und der künstlich Gezeugte wagte so wenig als der natürliche *suus* seinen Ursprung zu verleugnen, wenn ihm die blosse Last des Zutheilens, wo nicht gar des Schuldenbezahlens, zugefallen war. Testamentsrepudiationen fingen erst mit dem Erlahmen des altrömischen Gemeinsinns an häufiger zu werden, und es gehörte der Verfall der Republik dazu, um den Erben, der nicht zugleich Vermögensnehmer ist, für ein Unding, die Erbschaft ohne nützliche Zuwendung für unstatthaft zu erklären. Geboten war die durch die Zwölf-Tafeln bewilligte Gestattung uneingeschränkter Testirbefugniss wegen der von der *patria potestas* bedingten Ausschliesslichkeit der natürlichen Erbfolge, wie denn der Geist des römischen Rechts in nichts erfinderischer war, als in dem Schutze, den er vor sich selbst suchte. Hinterher freilich hatte die Gesetzgebung alle erdenkliche Mühe, die entgegengesetzten Wirkungen willkürlicher Erbzuwendung abzuwehren: einmal um die Herausgabe der fideicommissarischen Erbschaften erzwingbar, den Fiduciar verantwortlich zu machen, und dann um die natürlichen Erben unter der Willkür des Erblassers nicht allzu schwer leiden zu lassen. Sie setzte einen Pflichtheil fest und bestrafte den

Legatar, der über eine bestimmte Summe nahm, wegen *furtum manifestum.* Noch unter der Republik besass das Centumviral-Gericht, offenbar an Stelle der Priesterschaft, sehr weit gehende Befugnisse, ein Testament wegen Inofficiosität umzustossen; in der Form aber ward die Veränderung getroffen, dass die zur Herstellung einer solennisirten Urkunde erforderlichen sieben Zeugen[4]) genügten, um *in tabulis* Erben einzusetzen. In der nachclassischen Kaiserzeit kam noch das *testamentum publicum* hinzu, dessen formeller Charakter darin bestand, dass der Testator seinen letzten Willen vor einer öffentlichen Behörde oder dem Kaiser zu Protokoll eröffnete; das aber blieb unverändert stehen, dass es neben dem natürlichen nicht zugleich einen künstlichen Erben geben könne, und umgekehrt (*testato et intestato decedere non potest*), weil der Erblasser nur einen ungespaltenen Willen und identisches (quiritarisches) Eigenthum hat. Der *suus* musste erst enterbt sein, sollte der *hæres scriptus* erben können: war kein *suus* da, so fiel das Erbe an die Agnaten und Gentilen, später an die Cognaten, und zwar nach der Zahl der Geburten oder dem mathematischen Abstand der Köpfe von dem Erblasser (*successio graduum*), indem es sich von selbst verstand, dass die Annahme seines Antheils und vor der Antretung die *in jure cessio* jedem Einzelnen freistand, und der Tod des berufenen Erben vor erklärter Antretung die Wirkung einer Ablehnung hatte. War schon durch das prätorische Erbrecht (*unde liberi*, *unde legitimi*, *unde cognati*, *unde vir et uxor*) der civilrechtliche Begriff der römischen *familia* gründlich erschüttert, so brachte das neuere Kaiserrecht das Princip der Blutsverwandtschaft noch entschiedener zur Geltung: nicht blos das alte *jus civile*, das die *successio ordinum et graduum* ganz ausschloss, auch das prätorische Recht, das die *successio ordinum* begründete, aber nur in der Classe der *cognatio* die *successio graduum* einführte, war fortan ein überwundener Standpunkt — es gab nur noch einen einzigen *ordo legitimorum* mit der *successio graduum.* Durch die Veräusserlichung der Geburtsarithmetik[5]) verstummte die Rechtsvernunft, die in den gleichen Erbtheilen der Familienkinder als Naturgesetz zur Geltung kam. In Ermanglung jedes Erben entschied die prätorische *bonorum possessio:* sie kam auch dem *postumus alienus* zu Statten, obschon nach älterem Rechte eine *incerta persona* nicht bedacht werden konnte.

[1]) Als Schutzgeister gehörten die Penaten und Laren im Dienste der Vesta dem Haushalte an; die Manes waren die Verklärten, die seligen Angehörigen der Familie, deren Unsterblichkeit sie vorstellten. Die Genien, dieses schöpferische, an sich schon der *testificatio* oder zeugenden Erbeinsetzung verwandte Princip der Gemeinschaft, dürften in älterer Zeit der *gens* (*genus*, Genitalien) nahe gestanden, später dann die Dienste von jeglicher Art Schutzgeister übernommen haben.

[2]) War das Zwölftafelgesetz darauf berechnet, der Rechtsunsicherheit, in der sich die Plebs ohne ein eigenes, festgeschlossenes Priesterrecht befand, ein Ende zu machen und zu dem Behufe das bürgerliche Recht aus den Banden des religiösen zu lösen, so ist man geradezu zu der Annahme genöthigt, dass die gesetzliche Regelung der Ehe- und der Erbschaftsangelegenheiten zumeist mit Rücksicht auf die Plebejer getroffen war, und für das Patriciat nur eine subsidiäre Bedeutung hatte. Für den Vollbürger blieben Ehe (*confarreatio*) und Testament, beide gleichsam als priesterliche Einsegnungsmomente, religiöse Acte; der Plebejer dagegen konnte willkürliche Angriffe auf seine Hinterlassenschaft dadurch abwehren, dass er, unter Wahrung der gesetzlichen Formen, nach Belieben den *suus* enterbte und einen Andern an seine Stelle setzte. Ist die Entstehung der Plebs oben (§ 34) richtig angegeben, so verlor sich die precäre Lage, in welcher der Client zu dem Herrn stand, nicht eher, als bis der Plebejer für den Fall seines Todes unbedingt über sein Vermögen verfügen und damit etwaige Ansprüche des Patrons zurückweisen konnte.

[3]) Schon Heraklit erklärte den Menschen mit 14 Jahren ausgezeugt und darum zeugungsfähig, im realen wie im idealen Sinne. (Lassalle, die Philosophie Herakleitos des Dunklen. II. 123. 429.) Wer nicht zeugungsfähig ist, der kann auch nicht testiren, seinen Willen bezeugen, weil ihm das physische Vermögen dazu abgeht. Wenn nun aber Lassalle (Das System der erworbenen Rechte. II. 60) die „spezifisch-römische Ader, das innerste Herzensgeheimniss, in welches der römische Volksgeist sich vertieft“ (80), in dem von Hause aus schrankenlosen Testirrecht, für welches die Intestaterbschaft nur ein subsidäres Surrogat war, entdeckt haben will, so ist dies, wenigstens vom Standpunkte des bürgerlichen Rechts aus, nicht zu billigen, schon weil es in zu schroffem Widerspruch steht mit der allgemeinen Rechtsgeschichte. Ganz und gar gegen den Geist des römischen Erbrechts aber ist es, die *hereditas jacens*, d. h. die Hinterlassenschaft bis zur Ausmittlung des Erben, als juristische Person zu denken: vielmehr lebt für die Vorstellung der Wille des Erblassers in dem Seinigen bis zu dem Zeitpunkt fort, da der *hæres* im Stande

ist, unmittelbar den Rechtswillen des Andern fortzusetzen. Ist er aber einmal wirklicher Erbe, so ist er es für immer — *semel hæres semper hæres.* Da jedoch die Fortsetzung des Rechtswillens eines Verstorbenen eben nur Fiction ist, so stehen die einzelnen Erbschaftssachen, so lang als der Erbe nicht Besitz davon ergriffen, der Occupation offen, sie können objectiv nicht gestohlen werden. Ja, ursprünglich war die Usucapion des ganzen Erbverhältnisses möglich, und deshalb wurde darauf gesehen, dass der Erbe baldmöglichst wirklich Besitz ergriff; um ihm Gelegenheit dazu zu verschaffen, überhaupt um die vorhandene Lücke auszufüllen, konnte der Prätor provisorisch die Erlaubniss zur *bonorum possessio* ertheilen.

[4]) Es scheint, dass die Römer den der iranischen Völkerfamilie eigenthümlichen fünf Verwandtschaftsgraden ihre fünf Zeugen nachgebildet haben. Die sieben Testamentszeugen rührten davon her, dass der *familiæ emptor* und der *libripens* sich in zwei weitere Zeugen verwandelten.

[5]) Den Act des Gebärens hatten die halbcivilisirten Irokesen zum Grund- und Eckstein ihres Erbrechts gemacht, und alle Rechtsansprüche an Grund und Boden, alles bewegliche Eigenthum, alle Titel und Würden erbten immer nur im Stamme des Weibes fort. Ein Kind war nur mit seiner Mutter verwandt, mit seinem Vater blos verschwägert, die Kinder zweier Schwestern galten für Geschwister, Neffen und Nichten für Enkel ihrer sämmtlichen im Geschwisterverhältniss zu einander stehenden Grosseltern. Auch Rahel meint: „Kinder sollten nur Mütter haben, und die Mutter das Vermögen und die Macht der Familien." — Wie misslich es im römischen Recht um die Ausgleichung der Gradualfolge und des Pflichttheils stand, ersieht man aus Nov. 18. c. 1, bei deren Interpretation kein Scharfsinn ausreichte, um mathematische Widersprüche aus dem Wege zu räumen.

§ 59. Die abhängige Stellung, in der das Erbrecht zum Eigenthumsbegriffe steht, haben die Germanen mit den Römern gemein. Es lässt sich das Eigenthum so wenig von dem römischen Rechtswillen ablösen, dass es mit dem Tode des Eigenthümers entweder in so viele Theile auseinander fällt, als der Verstorbene natürliche Erben hinterlässt, oder testamentarisch ein lebender Wille dem todten substituirt sein muss, um die Schenkungen im Sinne des Erblassers zu vollziehen. Nach germanischem Recht bedingt das sich selbst gliedernde Eigenthum auch die Art der Vererbung, nicht nach der subjectiven Willensmeinung des Eigenthümers, sondern nach den besondern Zwecken der Familie. Der Familiengeist selbst wacht über der Erbtheilung, ohne dass der Erblasser aufhört, sich schenkend zu verhalten: er „giebt,"

„lässt“ das Erbe, der Berufene „nimmt“ es. Bei den Römern einem Jahresgewächse vergleichbar, das in einer abgemessenen Zeit den Kreislauf seiner Entwicklung vollendet, entfaltet die Familie der Germanen sich zu einem Baumgewächs, einem ächten Stammbaum, der sich vermöge derselben Wurzelfasern in zahllosen Knospen verjüngt. Die römische Familie ist ein eiserner Kreis, der sich wohl zerbrechen, aber nicht erweitern und erneuern lässt; die germanische der reale Ausschnitt eines idealen Kreises, der mit diesem selbst fortwächst und sich verjüngt. Hiernach bestimmte sich die Erbfolge (Succession) von selbst, und zwar nach dem natürlichen Lauf des Blutes, daher die Verwandtschaftsgrade an den Gliedern oder Gelenken des menschlichen Leibes, die in den Nagel auslaufen, anschaulich gemacht wurden. [1]) Das Blut, seinem Zug oder Trieb folgend, fliesst zu den unmittelbaren Nachkommen; findet es die Stelle eines Kindes leer, so fällt es tiefer zu den Enkeln und überhaupt so lang, als es in seinem Laufe nicht durch den lebendigen Rechtswillen eines Nachkommen aufgehalten wird. Hinterlässt der verstorbene Descendent keine Nachkommen, so kehrt der auf ihn fallende Erbtheil zu der Stelle zurück, von der er ausgegangen, um sich mit den Antheilen zu verbinden, die auf Andere fallen. Wie sich von selbst versteht, theilen sich die Enkel in den Antheil, der ihrem Vater zugefallen wäre, wenn er am Leben geblieben. [2]) Sind keine erbberechtigten Nachkommen vorhanden, so wird das Blut und mit ihm das Vermögen durch die Anziehungskraft der Familie aufwärts zu den Vorfahren getrieben: der Vater (die Eltern) beerbt den Sohn, ist er nicht mehr am Leben, so fliesst die Erbschaft abwärts zu den Geschwistern, beziehungsweise deren Kindern und Kindeskindern. [3]) Findet das Vermögen bei den Vorfahren keinen Willen, der es festhält, so wird es abermals um eine Stufe höher getrieben, mit denselben Ansprüchen der Seitenverwandten wie auf der vorangehenden Stufe. Ein natürlicheres und einfacheres Erbsystem kann es nicht geben, und schwerlich ein gerechteres, zumal wenn das Gesetz die Erbberechtigung der Seitenverwandten nach einer bestimmten Anzahl von Gliedern abbricht, und die Erbmasse, sofern nicht testamentarisch darüber verfügt ist, dem Gemeindeverbande des Erblassers zuerkennt. Ob diese Intestaterbfolge unter den germanischen Völkerschaften jemals streng durchgeführt wurde, ist schwer zu sagen, aber auch unwesentlich[1]): örtliches Herkommen und in noch höherem Masse das Bekanntwerden römischer Rechtsbestimmungen änderten schon frühzeitig die Grundanschauung, verwirrten aber mehr als sie besserten. Die Natur der Gewere brachte es mit sich, dass die Erbansprüche ungleich ausfielen: das weibliche Geschlecht war von der Nachfolge in ächtes Eigenthum zum Theil ganz ausgeschlossen, der Hauptsache nach auf Morgengabe und Ausstattung (weibliche Gerade, Niftel, Heergewäte) angewiesen, nach und nach aber erbte es Antheile, die geringer sein mussten, als die der männlichen Erben.[5]) Unter den männlichen Erben selbst kam es zu einer Bevorzugung der Erst- oder Jüngstgebornen, und gewisse Güter waren dem Seitenerbrecht ganz entzogen. Die Gütergemeinschaft zwischen Mann und Frau ist späteren Ursprungs und entstanden aus einer christlichen Auffassung der Ehe; der Gebrauch der Testamente (Geschäft, Gemächde) aber, Enterbung und Erbeinsetzung, obschon dem germanischen Eigenthumsbegriff nicht geradezu entgegen, bildete vor dem Siege des römischen Rechts die seltene Ausnahme von der Regel und war rechtsverbindlich bei gesundem Leibe des Testamentificators und in wichtigen Fällen durch die Zustimmung der Sippe, wohl auch unter der Bürgschaft der Volksgemeinde. Eines Erbantritts bedurfte es nicht; war der Erbe inzwischen gestorben, so ging die Erbschaft auf seine Erben über. Vergebungen von Todeswegen waren zulässig nur durch Auflassung und Vertrag zu Lebzeiten des Erblassers.

[1]) Bei den Iraniern findet sich solidarische Verantwortlichkeit von neun Verwandtschaftsgliedern bis zu den Anverwandten fünften Grades. (Burnouf, *Yaçna*. 566. Spiegel in Weber's „Indischen Studien." VI.

243.) In Uebereinstimmung damit zählten mehrere germanische Volksrechte fünf Stufen, andere sechs oder sieben, aber das Westgothen-Recht allein führt die sieben Gradus genau auf, in der Reihenfolge, in welcher die *Lex Romana Visigothorum* unter *Pauli Sentent.* IV. 10. *(De gradibus)* dieselben beschreibt. Auch der Sachsenspiegel nimmt sieben Stufen der Sippe an.

[2]) Otto der Grosse liess durch ein Gottesurtheil entscheiden, dass die Enkel an die Stelle ihrer verstorbenen Väter treten und mit ihren Oheimen das Erbe theilen sollten — gewiss im Geiste des altgermanischen Erbrechts. Die Anordnung, mit Ueberspringung des natürlichen Mittelgliedes die Enkel nach Köpfen zu gleichen Theilen erben zu lassen, war verfehlt, findet sich übrigens schon bei den Westgothen. (L. W. IV. 2. 8.)

[3]) Man könnte sich daran stossen, dass unter diesen Umständen der Grossneffe den Grossoheim beerbt, während Oheim und Grossvater des Erblassers leer ausgehen; allein es ist nicht der geringste Grund vorhanden, Ausnahmefällen zuliebe von der natürlichen Regel abzuweichen, um so weniger, als die Ascendenten entweder dem Grundstock des Familienvermögens näher stehen, oder freiwillig darauf verzichtet haben.

[4]) Wasserschleben's (das Princip der Successionsordnung nach deutschem Recht) Scheidung aller *in abstracto* Erbberechtigten in drei Ordnungen oder Linien: Nachkommen, Vorfahren, Seitenverwandte, die successiv zur Erbschaft gelangten, beruht auf einer Abstraction, deren Ungehörigkeiten Homeyer (die Stellung des Sachsenspiegel zur Parentelen-Ordnung) unwiderleglich nachwies.

[5]) Bei den Westgothen (L. W. IV, 2. 1) und Sachsen bestand das Erbrecht der Tochter schon in ältester Zeit, und erhielt sich unter den letzteren zugleich mit dem freien Bauernstande und dem günstigen Meierrecht noch später, dem Drucke des Feudalismus zum Trotz. (Schaumann, Geschichte des niedersächsischen Volkes. 484. 491.)

§ 60. Kommt der germanischen Parentelenordnung der Vorzug vor allen andern Erbweisen zu, so kann nur sie den natürlichen Massstab abgeben für den Umfang des letztwilligen Verfügungsrechts, und für die Lösung der nach dem Tode des einen oder der beiden Ehegatten erfolgenden Gütergemeinschaft. Angenommen, die eheliche Gütergemeinschaft sei die Regel und neben ihr die Ausnahme gestattet, dass jeder Ehegatte ein Sonderrecht, wir wollen sagen auf die Hälfte des Vermögens, das er vor der Verheirathung rechtmässig besass, so wie auf die Hälfte von Allem, was ihm während des Ehestandes zufällt oder zugewendet wird, gesetzlich an sich behalten kann, unter der Bedingung, den Ertrag daraus der Wirthschaft und dem gemeinsamen Gattengute für die Dauer der Ehe zufliessen zu lassen, so würde daraus folgen, dass jeder Theil über dieses sein Sondervermögen testamentarisch verfügen darf. Stirbt ein Ehegatte, so fällt dem überlebenden die Hälfte des Gattengutes zu: die andere Hälfte vererbt an die Nachkommen zu gleichen Theilen, jedoch unter billiger Verrechnung des bei jedem Einzelnen für Erziehung und Ausstattung (Abfindung, Ausrichtung) Aufgewendeten. Sind keine Nachkommen da, so steigt die halbe Hälfte aufwärts zu den Eltern, beziehungsweise Voreltern und deren Descendenten, die andere halbe unterliegt der testamentarischen Verfügung des Erblassers; der überlebende Gatte aber hat für den Fall seiner Wiederverheirathung die Verpflichtung, die Hälfte seiner Halben den Kindern aus erster Ehe bei seinem Tode zu hinterlassen, alles das unter Vorwegnahme derjenigen Quoten, die nach freier Uebereinkunft dem Familienvermögen zufallen. Eine absolute Norm für die Pflichttheile in absteigender und aufsteigender Linie soll damit nicht aufgestellt sein; nimmt man hinzu, dass der grosse Grundbesitz in vielen Fällen der Erbtheilung enthoben ist und fortwährend enthoben werden kann, so wird eine Minderung der Vermächtnisse zu wohlthätigen und gemeinnützigen Zwecken um so weniger zu befürchten sein, als die Ehegatten bei Lebzeiten die belangreichsten Schenkungen zu machen berechtigt sind, und der freiwilligen Vereinbarung innerhalb der Familie der weiteste Spielraum bleibt. Ist es schon schlimm, dass der unsinnigen Verschwendung eines Lebenden ohne das Bestehen eines Familienraths niemals in wirksamer Weise Einhalt gethan werden kann, so ist es geradezu rechtswidrig, dem Eigenthümer über seinen Tod hinaus Vergeudungen zu gestatten, welche die Rechtsbasis des Familienlebens freventlich antasten. [1]) Ein wirksames Gegenmittel dürfte in der gesetzlichen Forderung gefunden werden, dass Vermächtnisse über einen gewissen Vermögenstheil hinaus nur nach erfolgter Adoption Rechtsbeständigkeit erlangen. Die Zulässigkeit der Annahme an Kindes Statt findet ihren Bedingungsgrund in der gesetzlichen Anerkennung und dem Umfang des Rechts zu testiren, und zwar im engsten Anschluss desselben an den herrschenden Eigenthumsbegriff. In der römischen Adoption sind nicht die wohlthätigen Wirkungen für das Kind das Ursprüngliche und Massgebende, sondern die Erlangung der väterlichen Gewalt oder des Eigenthumsrechts von Seiten des Adoptirenden. Demgemäss kann nur ein Solcher adoptirt werden, der unter einer *manus* steht, und mit Genehmigung dieser *manus*, wenn das Adoptivkind das natürliche Kind des Adoptivvaters sein könnte und kein wirkliches Hauskind verdrängt. Der unter keiner väterlichen Gewalt Stehende wird arrogirt, aber auch nicht ohne Zustimmung des Vormunds oder der Obrigkeit.[2]) In Deutschland gelangte man zur Anerkennung der Adoption erst in Folge der Auctorität des römischen Rechts, jedoch ohne den Unterschied der *arrogatio* und *adoptio*. Den nahen Blutsverwandten des Adoptivvaters und der Adoptivmutter sollte die Anwartschaft auf einen Pflichttheil vorbehalten bleiben, weil es nicht anders als vom Uebel sein kann, wenn das Erbrecht gänzlich von seinem natürlichen Boden abgetrennt und in das Belieben des Eigenthumswillens hineingelegt wird. Die wenigen obrigkeitlichen und Ehren-Rechte, die dem dinglichen Eigenthum anhaften, vererben zugleich mit diesem, kommen übrigens im Vergleich zu der freigebigen Hand der Gewalthaber kaum noch in Betracht.

[1]) Indem das englische Recht das Vermögen der Frau gewaltsam dem Rechtswillen des Mannes unterordnet, beschränkt es letzteren in der Verschwendung blos bei dem gesetzlichen Nachweis der Geistesstörung. Der Trost, der Staat könne sich nur freuen, wenn schlecht verwaltetes Eigenthum aus verschwenderischen Händen in sparsame übergehe, hält nicht vor und erschöpft die Frage keineswegs.

[2]) Es scheint, dass nach älterem Recht nicht nur der Freigelassene Adoptivsohn des Freigeborenen, sondern selbst der Sklave eines Herrn Adoptivsohn eines Andern werden konnte; um wie viel mehr musste der geborene Plebejer durch Adoption Patricier werden können! Allein wegen des nahen Zusammenhangs der Adoption mit der Erbeinsetzung ist es gar nicht anders denkbar, als dass die priesterliche Genehmigung dazu erforderlich war. Der Arrogation musste eine Untersuchung durch die Pontifices voraufgehen (Cicero, *de domo.* XIII, 34): bei der Adoption kann es schwerlich anders gewesen sein. (Mommsen, die römischen

Patriciergeschlechter. Rheinisches Museum. 1861. 325.) Die *transitio ad plebem* erfolgte durch eine eidlich abgegebene Erklärung (ἐξομνυναι), wahrscheinlich durch die *sacrorum detestatio*, die auf den nämlichen Calatcomitien stattfand, auf welchen die Testamente gemacht wurden. (Gellius, XV. 27.)

b. Pflegschaft.

§ 61. Wie das obrigkeitliche Recht zum Begriff des Eigenthums, so verhält sich die Pflegschaft zum Begriff der Schenkung: die Pflegschaft ist eine höhere Art wohlthätiger Zuwendung und, obschon mitten in der Familie fussend und aus ihr die Kräfte zu einer gesegneten Wirksamkeit ziehend, stimmt sie mit den obrigkeitlichen Befugnissen darin überein, dass sie ihren idealen Schwerpunkt ausserhalb der Familienverbindung hat. Das um die Familienhäupter sich crystallisirende Eigenthum verlangt nach einer Gewährleistung, die allein der lebendige Odem des Gesetzes zu schaffen vermag; gleicher Massen würde in vielen Fällen die wohlthätige Zuwendung dinglichen Eigens ihren Zweck verfehlen ohne Beihilfe eines Rechtswillens, der sich schenkweise der Sorge um das Geschenkte in seiner Beziehung zum Beschenkten unterzieht. Für das hier nur in seinen allgemeinsten Zügen angedeutete Verhältniss hat man den Ausdruck „Pflegschaft", die einen bedürftigen, wenn auch nicht nothwendig unfreien, Willen voraussetzt. Die natürliche Seite derselben bekundet sich in der gegenseitigen Pflege der Ehegatten und in der Sorge der Eltern um die Kinder, somit in der gewöhnlichen häuslichen Schenkung; die rechtliche Auffassung erhebt sich indess zu allgemeineren Gesichtspunkten schon durch die Pflege, die der Mann dem Sondervermögen der Frau angedeihen lässt. Löst sich der Ehebund, so tritt das eigentliche Wesen der Pflege noch deutlicher hervor: ist der Mann der überlebende Theil, so spaltet sich den unmündigen Kindern gegenüber die ursprüngliche Schenkung in zwei verschiedene Functionen, einmal die wohlthätige Zuwendung des Vaters, und dann des Pflegers im Namen der verstorbenen Mutter.[1]) Ueberlebt die Gattin den Gatten, so übernimmt sie da, wo die Gütergemeinschaft ihren civilen Willen zur Anerkennung bringt, zu den mütterlichen Pflichten hin noch die Pflegschaft für den Vater, des schwächeren Geschlechts wegen unter Zuziehung eines männlichen Beistands. Erkennt das Gesetz überhaupt keinen vollen Rechtswillen der Frau an, so geht die Pflegschaft über Mutter und Schwester auf den volljährigen Sohn und Bruder über, in Ermanglung eines solchen auf denjenigen männlichen Verwandten, der nach dem Erbrecht dem verstorbenen Gatten und Vater am Nächsten steht. Wem aber auch die Pflegschaft zufallen mag — innerhalb der natürlichen Bande der Familie lässt sie sich nicht festhalten, sondern verlangt nach einem obrigkeitlichen Willen, nach amtlicher Anordnung, indem der durch obrigkeitlichen Befehl bestellte, wenigstens anerkannte Pfleger theils anstatt der Eltern deren Schenkungen den Waisen zuzuwenden, theils und namentlich die den Waisen thatsächlich zugefallenen Schenkungen zu verwalten hat.

[1]) Nach spätrömischem Recht ging der Vater in die Stellung eines Vormunds seiner eigenen Kinder über, wenn er nach dem Tode der Mutter zu einer zweiten Ehe schritt.

§ 62. Als die in der Pflegschaft wirksamen Willensbestimmungen sind die römische *manus* und die germanische Mundschaft nicht mehr unmittelbarer Ausfluss der Familiengewalt, sondern durch die Obrigkeit verordnet. Dass sie sprachlich Dasselbe ausdrücken, ist zwar zweifelhaft, aber möglich[1]): die *manus* legt sich gebieterisch auf den Pflegbaren, theils Dienste fordernd, theils Beistand gewährend, wogegen der Vormund den lebendigen Mund bedeutet, auf den der Vogtbare zu horchen, von dem er aber zugleich Vertretung zu gewärtigen hat.[2]) Die natürliche Hand und der natürliche Mund der ehelichen und väterlichen Machtvollkommenheit verwandeln sich in künstliche Werkzeuge des obrigkeitlichen Willens. Zwar wird in der frühesten Periode der Rechtsentwicklung die Pflegschaft ausschliesslich als Familienangelegenheit behandelt und mit allen den

Attributen ausgestattet, welche dem Ehemann und Vater zukommen; so im alten Rom, wo der nächste Erbanspruch zugleich die Berechtigung zur Uebernahme der Vormundschaft verlieh,[3]) übrigens von Alters her der Prätor einen Special-Tutor und später einen Curator neben dem ordentlichen Tutor bestellte.[4]) Auch nach altgermanischem Recht hatte, wer dem Todten am Nächsten stand, die Anwartschaft auf seine Stellvertretung, somit auf diejenigen Theile seiner Gewere, denen es an einem eigenen Träger gebrach. Die Wittwe kam nach dem Tode des Mannes bei gleichem Geburtsstande unter die Vormundschaft seines nächsten ebenbürtigen Schwertmagen, bei ungleichem Geburtsstande unter die Vormundschaft ihres eigenen nächsten ebenbürtigen Schwertmagen; die unmündigen Waisen aber gehorsamten dem väterlichen Schwertmagen nach der Parentelenordnung. Zwar wird auch der römische Tutor von den Erträgnissen des ihm anvertrauten Sondervermögens zur Bestreitung seines eigenen Haushalts, dem der Pflegbefohlene angehörte, Einiges in seinen Nutzen zu verwenden gehabt und die Bestellung eines besondern Vermögensverwalters dem etwaigen Missbrauch vorgebeugt haben; im Ganzen aber trat die nutzbare Seite der Vormundschaft bei den Römern weit mehr in den Hintergrund,[5]) als unter den Germanen. Indem der germanische Pfleger sich des Mündels und seines Vermögens „unterwand“, durfte er für sich verbrauchen, so viel das Mündelgut mehr eintrug, als Erhaltung und Erziehung des Pflegbaren kosteten. Für die Vergebung des weiblichen Mündels kam ihm noch besonders die auf den Abkauf der Mundschaft kommende Summe zu; in einzelnen Fällen war er sogar befugt, den Mündel in die Unfreiheit zu verkaufen und einen Theil der an ihm verwirkten Busse zu verlangen. Unter der Herrschaft des Lehnrechts entstanden daraus arge Missbräuche, denen ohne das Dazwischentreten der Obrigkeit nicht gewehrt werden konnte.[6]) Wirkliche Bezahlung des Pflegers aus dem Vermögen des Pfleglings steht im Widerspruch mit dem unter die Kategorie der Schenkung fallenden

Wesen der Pflegschaft, und nur ein beliebiger Ehrensold bleibt zulässig.

[1]) Bei der Commendation legte der Vassall die Hände in die des Schutzherrn.

[2]) Würde die Mundschaft auf „*man*," schützen, zurückzuführen sein, so läge darin ein erwünschter Anknüpfungspunkt für die zwischen der Gewere und der Mundschaft obwaltende Verwandtschaft.

[3]) Dirksen a. a. O. 289. Die *patria potestas* konnte vor dem Tode dessen, der sie besass, nur in Folge ausserordentlicher Veranstaltung ihr Ende erreichen. Die Emancipation wurde als freiwilliges Geschenk betrachtet, und zum Lohne dafür erhielt der Vater den Niessbrauch an der Hälfte des *adventitium* und an einem Kopftheil der den Kindern von den mütterlichen Ascendenten zufallenden Erbschaft. Der Emancipirte erlitt umgekehrt eine Art Strafe durch die *capitis deminutio minima*, d. h. den Untergang der Agnation. Eine Enteignung der väterlichen Gewalt nahm der Staat dann vor, wenn der Vater sich gewisse Vergehen gegen das Kind hatte zu Schulden kommen lassen.

[4]) Noch in späterer Zeit kam den Verwandten (Cognaten und Affinen) bei der Vorsorge für die Person des Pupillen und bei den dahin einschlagenden Verfügungen des Prätors eine bedeutende Stimme zu; überhaupt aber darf man bei der römischen Tutel nicht übersehen, dass gemeinschaftliche Bewirthschaftung der Familienhufe allgemein üblich war. Hatte der Hausvater für den Fall seines Todes selbst einen Vormund eingesetzt, so bedurfte es keiner weitern Anordnung; derjenige aber, dem die Tutel angetragen wurde, konnte nicht ablehnen, weil die vormundschaftliche Zuwendung als ein vom Volke übertragenes Ehren- und Vertrauensamt angesehen wurde.

[5]) Ausnahmsweise mochte dem Vormund eine Vergütung für Mühewaltung nicht nur testamentarisch durch den Vater seines Pupillen, sondern in gewissen Fällen auch durch die Obrigkeit oder die Mitvormünder ausgesetzt werden. (Rudorff, Recht der Vormundschaft. III. 131.)

[6]) Nach dem englischen Lehnrecht durfte der Lehnsherr nicht nur das Gut des minderjährigen Lehnserben bis zu dessen Volljährigkeit zu seinem eigenen Vortheil verwalten, sondern auch den mündig Gewordenen verheirathen und sich dabei Geldvortheile ausbedingen. (Gneist, das englische Verfassungsrecht. I. 6.) Als Heinrich VIII. einen eigenen Vormundshof eingesetzt hatte, kam es so weit, dass das Parlament die Abschaffung desselben beantragte, weil unendlich oft die Besitzungen der Pupillen durch die, an welche die Rechte des Staats übergingen, zu Grunde gerichtet, niemals die auf denselben haftenden Schulden bezahlt würden. (Ranke, Englische Geschichte. I. 573.) Das Angefälle des deutschen Lehnrechts erklärt Kraut (III. 24) daher, dass der Lehnsherr, da er während der Unmündigkeit des Vassallen die Lehndienste entbehrte, so lange, bis dieser zu seinen Jahren kam, sich in den Besitz des Lehns setzte und alle Vortheile davon genoss, ohne dass die Lehnsubstanz aufhörte, dem unmündigen Vassallen zu gehören. Bis er zu seinen Tagen

gekommen war, konnte der Knabe sich des Lehns wegen einen Vormund wählen, jedoch nur aus den Vassallen des Lehnsherrn, weil im Lehngericht in eigenem Namen nur ein solcher auftreten konnte. Der junge Lehnsmann musste versprechen, die Handlungen, welche jener in seinem Namen vornahm, anzuerkennen (die Gewere geloben auf Gewinn und Verlust), was in der Form einer gerichtlichen Auflassung gleich kam.

§ 63. Aus dem an sich einartigen Begriff der Pflegschaft haben sich geschichtlich mehrere verwandte Schenkungsweisen entwickelt, die sich dadurch von einander unterscheiden, dass sich die nützliche Zuwendung Schritt um Schritt von der Person des Beschenkten ablöst und zuletzt kaum noch etwas Anderes zurückbleibt, als die Pflege eines fremden Eigenthums. Zuerst kommt in Betracht die eigentliche Vormundschaft (Tutel), wobei der pflegende Rechtswille an die Stelle des sich erst zu rechtlicher Anerkennung hindurcharbeitenden pflegbefohlenen Willens tritt, und ihm die Wohlthat der Erziehung, der Vermögensverwaltung und der Vertretung bei allen Rechtshandlungen angedeihen lässt. Bevormundet kann nur der wirklich Unmündige werden, d. h. ein solcher, dem die natürlichen Bedingungen zur Geltendmachung des civilen Rechtswillens abgehen, der noch nicht zu zeugen und darum auch nicht zu testiren, noch überhaupt ein Recht geltend zu machen im Stande ist (*impubes*). Ohne, zumal bei der nur allzu sehr in Lockerung gerathenen Familienordnung, in vormundschaftlichen Angelegenheiten die Mitwirkung der Familie abzuweisen, wird die Obrigkeit doch immer das letzte Wort haben müssen, namentlich gegenüber der so zahlreichen Classe von Unbemittelten, die von der Hand in den Mund leben und nicht in der Lage sind, ihre Dienste zu verschenken. Sie hat zu entscheiden, ob der natürliche, oder von der Familie bezeichnete Vormund dazu geeignet und nicht durch einen andern, sei es innerhalb, sei es ausserhalb der Verwandtschaft, zu ersetzen ist. — Mit der Erstarkung des bevormundeten Willens tritt die von Obrigkeitswegen dem Vormund übertragene väterliche Gewalt mehr zurück: die Vormundschaft wird zur Vogtschaft im engern Sinne (Curatel), weil der Minderjährige *(minor)* nicht, gleich dem Unmündigen, eines Ersatzmannes, sondern eines blossen Beistands *(curator)* bedarf. Mit der allgemeinen Geschäftsführung *(gestio)* seines Pflegbefohlenen betraut, hatte der römische Tutor zu gewissen Rechtsgeschäften des Mündels mit seinem Vollwort *(auctoritas)* persönlich gegenwärtig zu sein und ohne Hinzufügung von Zeit oder Bedingung mitzuwirken, d. h. das Gesetz erblickte in ihm den wirklichen Stellvertreter des Pupillen; nach Zurücklegung des 14ten Lebensjahres bis zum 25sten bedurfte der Minderjährige nur noch für bestimmte Fälle eines Beistands, dessen Zustimmung *(consensus)*, und zwar in jeder beliebigen Form, genügte. Eine derartige Scheidung kennt das deutsche Recht nicht in der den römischen Juristen eigenen logischen Schärfe. War der Knabe des Germanen „zu Jahren gekommen", d. h. zeugungsfähig geworden, so konnte er die Gewere tragen und die Mundschaft übernehmen; allein thatsächlich war sein freier Wille gebunden durch die Obhut des Vaters oder der Anverwandten, und erst einundzwanzigjährig trat der zu seinen „Tagen" Gekommene, frei von aller Bevogtung, in den Vollbesitz seiner Rechte. [1]) So nahe physische Mannbarkeit und Vollwüchsigkeit des civilen Rechtswillens an einander grenzen, so fallen sie ihrer zeitlichen Entwicklung nach doch nicht zusammen: in den gemässigten Himmelsstrichen spricht eine gleichmässige Abwägung aller in Frage kommenden Rücksichten für die Dauer der Unmündigkeit bis zum 16ten Jahre, mit eingeschränkter Handlungsfähigkeit vom 14ten Jahre an, der Minderjährigkeit bis zum 21sten Jahre, immer aber unter der Voraussetzung, dass die Familie, in sich selbst organisirt, keinen ihrer Angehörigen gänzlich aus den Augen verliert.

[1]) Zu der vollen Reife des Rechtswillens gehörten 3 × 7 Jahre. Die ersten sieben Jahre verbrachte der Knabe, gemeinschaftlich mit dem Mädchen, in der mütterlichen Kemenate; siebenjährig hörte er auf Mutterkind zu sein, und trat in Dienst und Erziehung, in selteneren Fällen mit dem Recht mannbaren Handelns, wie bei den Friesen, die hinwiederum der verwittweten Mutter gestatteten, des unmündigen Kindes Erbe zu versetzen und zu verkaufen, „wenn dieses stocknackend und hauslos

ist." (v. Richthofen, Altfriesische Rechtsgeschichte. 46.) Die Langobarden hatten aus ihrer nordischen Heimath dieselbe Rechtsanschauung mitgebracht, denn Bluhme führt aus einer ungedruckten Formel der Pinellischen Handschrift den Beweis, dass jeder langobardische Sohn, auch der unmündige, mit der väterlichen Erbschaft zugleich das Mundium über des Vaters Wittwe, seine Mutter oder Stiefmutter erwarb, mithin als Vormund derselben handeln musste, wenn sie eine zweite Ehe eingehen wollte. (Merkel, die Geschichte des Langobardenrechts. 36.) Mit vierzehn Jahren begann der Knappendienst, oder die Schule des Mannes, der einundzwanzigjährig aller männlichen Ehren theilhaftig wurde. Schlechthin geboten war es nicht, dass mit der Wehrhaftigkeit die Vormundschaft ihr Ende erreichte. (Rive, Geschichte der deutschen Vormundschaft. I. 50.) „Sieben Jahr Kind, sieben Jahr Page, sieben Jahr Knappe." Die volle ritterliche Rüstung wurde dem Knappen feierlich, in England mit steifem Ceremoniell, angelegt. Der Ritterschlag war davon unabhängig und verlieh, ohne schlechthin geboten zu sein, nur höhere Ehre unter den Mündigen. Berechtigte in alter Zeit die höhere Waffenehre durch sich selbst zum Richteramte, so brachte es der natürliche Entwicklungsgang mit sich, dass zwischen Waffenrittern und Rechtsrittern früher oder später eine Spaltung eintrat. Kaiser Sigismund lieh den Rittern des Gesetzes den Vortritt.

§ 64. Die Bevogtung des weiblichen Geschlechts (Geschlechtscuratel), mit möglichster Schonung des Frauenwillens innerhalb und ausserhalb der Ehe, wird durch den Ruf nach Emancipation nicht überflüssig gemacht. Gestattet man der volljährigen Frauensperson, ihren Vogt selbst zu bezeichnen, wobei das Augenmerk der beaufsichtigenden Obrigkeit dahin zu richten ist, diese freie Wahl mit den natürlichen Forderungen des Familienlebens so weit als immer thunlich in Einklang zu setzen, so bringt das dem bevogteten Geschlecht keinen Nachtheil, sondern Gewinn, keine Beschränkung, vielmehr Stärkung. Das Gesetz hat mit wohlthätigen Zuwendungen einzutreten, wo der civile Wille einer Ergänzung bedarf, und dies ist bei der Frau jedesmal der Fall, wenn kein väterlicher oder eheherrlicher Wille ihr hilfreich zur Seite steht. Es ist eine irrige Ansicht: weil in volkswirthschaftlicher Beziehung das grösste Mass individueller Freiheit der Gütererzeugung den meisten Vorschub leiste, so sei sie das einzige Förderungsmittel des allgemeinen Wohlstandes; aber noch irriger ist der Glaube, es liege im Interesse der Rechtsgenossenschaft, das Individuum, ohne Rücksicht auf das Geschlecht, möglichst früh und möglichst vollständig sich selbst zu überlassen, weil auf die Weise der Einzelne zwar verlieren könne, das Ganze aber nothwendig gewinnen müsse. Aecht germanisch ist die Vogtschaft über Gesinde und Dienstboten, die der allgemein herrschenden Sklaverei wegen dem römischen Leben fremd blieb. In dem Verhältniss zwischen Herrschaft und Gesinde einen blossen Vertrag zu erkennen, streitet mit der natürlich-sittlichen Ordnung, der zufolge die Dienstboten eine Aussenlinie, aber immer noch einen integrirenden Bestandtheil der Familie ausmachen. Zumal bei Unmündigen fällt die Anforderung, die das Gesetz überhaupt an jeden Auftragempfänger und Vertrauensmann stellt, das fremde Interesse so zu wahren, wie ein „guter Familienvater“ das eigene wahrt, doppelt in's Gewicht. Zwar kann und soll in Fällen der Art das Mass der gegenseitigen Leistungen vertragsmässig bestimmt werden; ist aber das Verhältniss einmal eingegangen, so übernimmt die Herrschaft mit den Rechten zugleich die Pflichten der Bevogtung. Der Bote soll an der Wohlthat des Familienlebens Theil nehmen, an der Herrschaft einen Helfer und Berather haben, dafür aber auch die Verpflichtung anerkennen, unaufgefordert nach bestem Wissen und Gewissen das Wohl der Familie zu fördern. Indem der Germane den der Ehe zu Grunde liegenden Vertragsbegriff durch die Bezeichnung „Ehehalte“ auch auf das Gesinde [1]) in Anwendung brachte, lieh er damit dem Verhältniss den Charakter ehelicher Gegenseitigkeit. Es trat der Dienstbote in die Mundschaft des Dienstherrn und durfte für seine Willigkeit und Treue auf entsprechende Pflege rechnen. Je inniger er mit der Familiensubstanz zusammenwuchs, desto unverfänglicher musste es erscheinen, die Vogtschaft über das Gesinde auf die Erben übergehen zu lassen, wennschon die Bestimmung des Sachsenspiegels (I. 22), der Dienstbote müsse gehen oder bleiben, wie der Erbe es verlange, nach unsern Begriffen gegen die Pflicht der Gegenseitigkeit verstösst. Dass das

„gebrotete"[2]) Gesinde für Haus und Feld immer mehr in Abnahme kommt, und die bequeme Abfindung durch Geld an seine Stelle tritt, läuft gegen den Sinn der Schenkung, daher denn auch die Stellung des Gesindes sich in den rechtlichen Gliederungen mehr und mehr verrückt, weder der Familie, noch denjenigen Arbeiterkreisen angehört, die durch Dienstmiethe regelmässig ihr Brod verdienen.[3])

[1]) Gasindus war wesentlich gleichbedeutend mit dem wahrscheinlich aus dem Celtischen stammenden *vassus*.

[2]) Mone, Beiträge zur Geschichte der Volkswirthschaft. 77.

[3]) Bis zum Jahre 1776 waren die Salz- und Kohlenbergleute in England leibeigen; als damals zufällig das Parlament sie frei machte, empörten sie sich gegen die ihnen aufgedrungene Freiheit, weil sie auf die Wohlthat ihres früheren Verhältnisses nicht verzichten, namentlich das Geschenk nicht missen wollten, das ihre Leibherren ihnen bei Begründung eines eigenen Hausstandes verabreichen mussten.

§ 65. Ausserordentliche Fälle einer von Obrigkeitswegen ausgeübten Pflegschaft über Grossjährige treten jedesmal ein, wenn ein bestimmter Rechtswille, aus leiblicher oder geistiger Unfähigkeit, sich selbst zu vertreten ausser Stande ist. Dahin sind in erster Reihe Geisteskranke zu rechnen *(cura furiosi)*, aber auch andere Schwache und Gebrechliche für den Fall, dass ihnen die Familie nicht mit ihrer Zustimmung die Sorge für die Integrität ihrer Rechtsperson abnimmt. Dem Gesuch der präsumtiven Erben, einen Curator zu bestellen, sollte nur ausnahmsweise und nicht ohne die Entschliessung eines ordentlichen Familienraths Folge gegeben werden; da aber, wo das Familienrecht als solches gewissenlose Vergeudung des Eigenvermögens nicht abschneidet, wird die Obrigkeit, darum angerufen, eine Güterpflege für den Verschwender *(cura prodigi)* niemals anzuordnen haben, ohne dass ein gerichtsärztliches, in jeder Beziehung unverdächtiges Zeugniss über eine vorhandene Geistesstörung vorliegt. Es hiesse, ein Uebel durch ein noch grösseres heilen, wollte man auf einen blossen, vielleicht durch Eigennutz eingegebenen, Verdacht hin das freie Verfügungsrecht über Eigenthum ausser Kraft setzen. Die Bedenken fallen von selbst weg, wenn es sich um einen Verschollenen, oder um die pflegschaftliche Verwaltung einer Erb- oder Gantmasse handelt. In den Fällen tritt das Eigenthümliche der wohlthätigen Zuwendung zurück vor der obrigkeitlichen Anordnung, welche zur Sicherung der allgemeinen Rechtszustände dergleichen Vorkehrungen trifft, damit es dem bezüglichen Eigenthum und den auf dasselbe begründeten Ansprüchen nicht an einem Rechtswillen fehlt, von dem jenes getragen wird, und an den diese sich halten können. Hierbei verliert Bezahlung des Pflegers für gehabte Mühewaltung alles Gehässige, obschon die wohlthätige Zuwendung der Kern der Sache bleibt, und der entrichtete Lohn nicht aufhört Ehrensold zu heissen.

§ 66. Man ist gewohnt, in der Bürgschaft weiter nichts zu erblicken, als „eine Vervielfältigung der subjectiven Beziehung der Obligation auf ihrer passiven Seite“, oder eine accessorische Obligation, was kaum den Kern der Sache berührt, vielmehr einer romanistischen Abstraction gleicht, die folgerichtig dahin führen musste, dass man Schuldner und Bürgen in ihrem Verhältniss zu einander als Mandans und Mandatar behandelte, oder eine zweifelhafte *negotiorum gestio* annahm. Zwar hat die Intercession, der man den Namen Bürgschaft giebt, zum Zweck die Sicherstellung des Gläubigers; dass aber der Bürge sich dazu versteht, das ist für die Rechtsidee der springende Punkt. Auch die Bürgschaft ist eine Art Pflegschaft und darum wohlthätige Zuwendung; sie hat, ähnlich der Vormundschaft, ihren Ursprung in der Familie und deren Bedürfnissen, indem die Solidarität des Bluts jeden Anverwandten zum geborenen Bürgen des Andern macht. Ihrer Voraussetzung nach auf Gegenseitigkeit beruhend, muss sie in jedem einzelnen Falle als einseitige Wohlthat angesehen werden; um aber nicht blosse (eventuelle) Schenkung zu sein, bedarf es der förmlichen Annahme und Anerkennung des Bürgen von Seiten des Gläubigers nach gesetzlicher Vorschrift. Dabei genügt es nicht, dass der Bürge auf Ansuchen des Schuldners die Verpflichtung übernimmt, für diesen nöthigen Falles einzustehen, und dass der Gläubiger solche Verpflichtung einfach gut heisst; vielmehr hat man sich den Vorgang so zu denken, dass der Gläubiger anstatt der Obrigkeit, jedoch in ihrem Namen und Auftrag, den ihm vom Schuldner bezeichneten und angebotenen Bürgen förmlich bestellt, um dem Schuldner die von ihm erbetene Wohlthat zuzuwenden. Wenn nach römischem Rechte auf die Frage *spondes?* ein vernehmliches *spondeo!* erfolgen musste so enthielt die Frage nicht blos eine Aufforderung, sondern einen wirklichen Auftrag; eben darum aber ist, wenn zwei Personen sich solidarisch für eine Darlehnsobligation verpflichten, welche nur dem einen von Beiden zugute kommt, weil nur er das Darlehn wirklich empfängt, der Andere keineswegs als blosser Bürge zu betrachten, sondern Mitschuldner. Wäre jenes der Fall, so müsste der Gläubiger ihn als Bürgen in dor Form Rechtens angenommen, beziehungsweise bestellt haben.

§ 67. Der beschränkte Nationalstaat fordert Bürgschaft für Jeden, der nicht zur Rechtsgenossenschaft gehört. Hinwiederum erkannten die Germanen in den Pflichten der Verwandtschaft den natürlichsten Ausdruck der Verbürgung, daher die Wörter „Sippschaft“, „Vetterschaft“ (verwandt mit Wette, *sponsio*), „Schwägerschaft“, „Eidam“ mit der Bürgschaft zusammenhängen, die aber nicht eidlich bekräftigt zu sein brauchte. [1]) Der Fremdling, weil ohne einen solchen Rückhalt, hat durch den Schutz, in welchen er sich beim König, oder überhaupt einem freien Volksgenossen, begiebt, Bürgschaft zu leisten. Bei der wirklichen Schuldbürgschaft gestaltete sich das Verhältniss so, dass der Gläubiger den ihm vom Schuldner angebotenen Bürgen, nachdem er ihn der Volksgemeinde zu gerichtlicher Anerkennung vorgestellt, zu sich in Verwahrsam nahm und bis zur Abtragung der Schuld unter eigener Verantwortlichkeit bei sich behielt. War die Schuld zurückbezahlt, so musste selbiger von Neuem vor das Ding gestellt und Angesichts des Volkes seiner Verbindlichkeit los und ledig erklärt werden.[2]) So wurde der Bürge zum Geisel, der sich verpflichtete, in eine bestimmte Stadt, Burg, Wohnung, Herberge einzureiten oder einzufahren, also Leibbürgschaft zu leisten, deren Spuren sich bis zum heutigen Tage erhalten haben.[3]) Unter diesen Umständen verstand es sich von selbst, dass der Bürge dem Gläubiger gegenüber nicht Vorausklage geltend machen konnte: er war ein persönliches Unterpfand[4]) und als solches unmittelbar haftbar so gut als das Faustpfand, das der Schuldner dem Gläubiger in die Hand gab. In Rom genoss der Fremde, für den Bürgschaft geleistet war, volle Freiheit, jedes beliebige Rechtsgeschäft zu unternehmen; im Einzelnen aber konnte die *verborum obligatio* des *sponsor* nur auf ein Geben (*dare*) gerichtet sein, wovon der Bürge dadurch nicht befreit wurde, dass die Hauptschuld von einem Pupillen ohne Genehmigung des Vormunds eingegangen, oder die Hauptverbindlichkeit auf eine Leistung nach dem Tode des *promissor* gerichtet war. Auf die Erben konnte die Verpflichtung des Sponsor so wenig als die Klage des Adstipulator übergehen. Eine freiere Form der Bürgschaft war die *fidepromissio*, die nicht blos Geben zum Inhalt haben und von dem Peregrin und für ihn geleistet werden konnte.[5])

[1]) Der Ansicht ist Zöpfl, Deutsche Staats- und Rechtsgeschichte. II, 2. § 80. Bei den Friesen werden jetzt noch die in's Land heirathenden Fremden nach ihren Frauen benannt, um damit ihre Abhängigkeit von der Bürgschaft leistenden Sippe auszudrücken.

[2]) Den Sinn der germanischen Bürgschaft drückt das englische *pledge*, von Pflege, Obhut abzuleiten, sprechend aus.

[3]) So in Holstein.

[4]) Carl der Grosse verbot den Juden, Christen als Bürgen zu bestellen (*mittere*), weil der Vollfreie an seiner persönlichen Ehre Schaden litt, wenn er in die persönliche Haft und unter die Botmässigkeit eines *homo vilis* gerieth.

[5]) Nach jüdischem Recht mussten sowohl Bürge als Schuldner ein Pfand setzen, und Beide kamen mit ihrer ganzen Habe, mit Weib und Kind in die Gewalt des Gläubigers, wenn das Darlehn zum verheissenen Termin nicht wiedererstattet wurde.

§ 68. Weil sie pflegschaftliche Zuwendung ist, muss der Bürgschaft die Eigenschaft einer vorübergehenden Zufälligkeit abgestreift und ihr ursprünglicher Charakter einer allgemeinen und dauernden Bevogtung zurückgegeben werden. Wenigstens bei den Germanen trat erst mit der Lockerung der rechtsgenossenschaftlichen Verbände und mit der steigenden Ungleichheit der Eigenthumsverhältnisse der Begriff dauernder Gesammtbürgschaft, als einer verwandtschaftlichen Verpflichtung von Allen und für Alle, immer mehr in den Hintergrund. Wer für die Verbindlichkeiten eines Andern einstand, hiess nicht nur Bürge, sondern häufig auch „Sicherbote", eine Benennung, die im schwäbischen Landrecht geradezu für Pfleger, Vormund gebraucht wird. Die Beziehung des Bürgen zum Gläubiger bleibt jeder Zeit eine einzelne und eventuelle; das Band aber, das den Bürgen mit dem Schuldner verknüpft, sollte wenigstens ein dauerndes und thätiges sein, indem es Demjenigen, der sich verbürgt, die Verpflichtung auferlegt, als getreuer Vogt die Wirthschaft des Verbürgten zu überwachen und zu berathen, damit ihm nicht blos aus der augenblicklichen Verlegenheit geholfen und im Unvermögensfalle für ihn aufgekommen werde, vielmehr mit der ausgesprochenen Absicht, seinen Besitzstand nach Kräften zu unterstützen. Begriffliche Verallgemeinerung des Eigenthums zieht nothwendig eine idealere Auffassung der Vogtschaft und insbesondere der Bürgschaft nach sich, bestimmt aber zugleich auch die Schranken, die dem nicht ganz mündigen Rechtswillen, namentlich der Frauen, hinsichtlich ihrer Zulassung zur Bürgschaftsleistung gesteckt werden müssen.

c. Zeugenschaft.

§ 69. Man nennt Zeugen Leute, welche dazu gebraucht werden, entweder durch ihre Gegenwart eine Formalität bei einem Rechtsgeschäft zu erfüllen (Solemnitäts-Zeuge), oder ihre Kenntniss von einer Thatsache mitzutheilen (Beweis-Zeuge): — damit ist wohl gesagt, was der Zeuge thut, nicht aber, wie sich sein Thun zur Idee des Rechts verhält. Hat die Rechtsbildung ihr persönliches Gepräge und die ihr Nachdruck verleihende Mündlichkeit und Oeffentlichkeit bewahrt, so bleibt Demjenigen der Zeuge zu bestellen, der seiner bedarf, gleichwie es Sache des Schuldners ist, sich nach einem tüchtigen Bürgen umzusehen, den der Gläubiger gutheisst. Das Zeugniss aber, das der bestellte Zeuge auf irgend eine Weise für oder gegen ablegt, hat unter allen Umständen den Werth einer freiwilligen Zuwendung, zwar nicht an Hab und Gut, oder gewöhnlicher Dienstleistung, wohl aber an derjenigen Vernunftthätigkeit, die zu einem gültigen Zeugniss erfordert wird. Der Zeuge schenkt, was er weiss, seine Zuwendung ist sein Wissen und dieses ein Ausfluss seines freien Vernunftlebens. Ob durch das Zeugniss Auskunft über etwas schon Vergangenes ertheilt, oder erst künftig der Hergang einer Handlung beurkundet werden soll, begründet mehr nicht, als einen Unterschied in der Zeit. In beiden Fällen wird das Zeugen, hier für die Gegenwart, dort für die Zukunft, in Anspruch genommen, und zwar zum Besten eines Andern. Der Zeuge hat das zu bestätigen, was er als wirklich geschehen erkannt hat, und die Frage kann nur die sein, ob er die Wahrheit zu sagen gezwungen werden kann, und welches die persönlichen Erfordernisse sind, um rechtsgiltiges Zeugniss ablegen zu können?

§ 70. Ein Zwangsrecht auf Wahrheit als solches giebt es ebensowenig, als angeborene Rechte, weil innerhalb der Rechtssphäre überhaupt nichts absolut ist, ausser dem Anspruch auf das Recht selbst, wie es durch das Gesetz bestimmt und gewährleistet wird. In der Ethik ist dies anders. Nicht nur die Idee des Guten an sich bindet den freien Willen unbedingt: auch die einzelnen Pflichten sollen die einzige und unverrückbare Richtschnur der Gesinnung sein. Und dennoch hat selbst die christliche Moral den Grundsatz nicht in vollster Strenge durchgeführt, sondern eine Collision der Pflichten hin und wieder als thatsächlich vorhanden angenommen. Luther z. B. nennt die Nothlüge „eine Tugend und Klugheit,“ was gewiss ernste Bedenken erweckt, jedenfalls aber durch den Rigorismus der Kantischen Moral, welche eine Lüge auch dann für verwerflich erklärt, wenn ein Menschenleben dadurch gerettet werden könnte, so wenig umgestossen wird, als durch das Spartanerwort Fichte's: „Wenn meine Frau in einer Gemüthslage ist, wo sie keine Wahrheit verträgt, so verdient sie zu sterben, und also soll sie sterben!“ Ein Recht auf Wahrheit, oder eine juridische Pflicht der Wahrhaftigkeit kann gar nicht aufgestellt werden, weil das Gesetz ausser Stande ist, den Begriff zu definiren; wohl aber schützt das Gesetz den Rechtswillen gegen Lug und Trug, die eine bestimmte Beeinträchtigung desselben enthalten und gesetzlich definirbar sind. Wer auf gesetzlichem Wege als Zeuge vernommen wird, wozu er unter Umständen gezwungen werden kann, so lange sein Zeugniss die Natur einer wohlthätigen Zuwendung bewahrt, der macht sich als Betrüger strafbar, wenn er auf Befragen in der betreffenden Angelegenheit wahrheitswidrige Aussagen macht. Darauf kommt es nicht an, ob der Schaden, den er anrichtet, materieller Art ist, wenn er nur die wissentliche und absichtliche Beeinträchtigung eines gesetzlichen Rechtsinhalts enthält. Lüge, Vorspiegelungen, Täuschungen sind in sittlicher Beziehung gerade darum so verwerflich, weil sie für das Strafrecht unerreichbar, nur diejenigen Wahrheitsverletzungen widerrechtlich sind, die bestimmte Gestalten annehmen, unter welchen die Rechte Anderer verletzt werden. [1])

[1]) L. Freund, über das Recht auf Wahrheit. 71. H. Ortloff, Lüge, Fälschung, Betrug. 41.

§ 71. In der Ehre erreicht das Eigenthum seinen ideellsten und universellsten Ausdruck: die in der Zeugenschaft sich kund gebende Zuwendung durchbricht die natürlichen Grenzen der Familie und der Genossenschaft, indem die Person des Zeugen nicht einmal an das Staatsbürgerrecht gebunden ist. Fremde, Kinder,[1]) Frauen können ausnahmsweise Zeugniss ablegen, weil dazu mehr nicht erforderlich ist, als ein soweit entwickeltes Vernunftleben, dass das Individuum im gegebenen Falle ein Wissen haben und zuwenden kann. Das allgemein Menschliche schlägt vor dem Bürgerlichen vor, indem der zum Zeugniss Aufrufende des Zeugen als einer Stütze und Bekräftigung seines Rechtswillens bei Ausübung der ihm zustehenden Befugnisse bedarf. Mehr aber auch nicht. Handelte es sich dabei ausser der theoretischen Erkenntniss zugleich um die Erfordernisse eines in rechtlicher Beziehung vollwichtigen Willensvermögens, so müsste der Zeitpunkt für die Befähigung zur Zeugenschaft zusammenfallen mit der beim Rechtswillen angenommenen Reife, was nicht unbedingt der Fall ist, obwohl auch in letzterer Beziehung hin und wieder der Grundsatz gilt, dass Verschlagenheit die Jahre ersetzt. Der Schwache findet in dem ihm zugewendeten Wissen des Zeugen eine Brustwehr gegen Willkür und Vergewaltigung, uud selbst der Todte lebt mit seinem Willen, der zugleich sein Recht ist, im Zeugen fort, gewinnt eine ideale Unsterblichkeit zu der realen, die ihm seine leiblichen Nachkommen sichern. Selbst wenn Jemand im Namen des Gesetzes durch die richterliche Gewalt die Aufforderung erhält, seine Kenntniss von einer Thatsache mitzutheilen, enthält sein Zeugniss eine Wohlthat, zunächst zum Besten Dessen, dem die ermittelte Wahrheit in irgend einer Art zugute kommt, und dann jedesmal zu Gunsten der allgemeinen Rechtsordnung, die damit steht und fällt, dass der Rechtswille in seinem gesetzlichen Thun geschützt und wegen begangener Gesetzwidrigkeit zur Verantwortung und Strafe gezogen werde. Der höchte und gewichtigste Zeuge ist darum die Volksgemeinde selbst mit ihren gesetzlichen Organen, und insofern stellt der Einzelzeuge in seiner Person das Volk und die Substanz des Gesetzes vor. Weil Jedem *sein* Recht werden soll, müssen die darauf bezüglichen Thatsachen bezeugt und durch den Zeugenbeweis gerichtlich festgestellt werden. So lange die auf begangene

Gesetzwidrigkeiten gesetzten Strafen als Busse angesehen werden, bringt selbst das gegen einen Verbrecher abgelegte Zeugniss der Partei, die durch das Verbrechen gelitten hat, materiellen Gewinn, entweder durch die ihr zuerkannte Person des für schuldig Befundenen, oder statt dessen durch die in Geld oder Geldeswerth bestehende Sühne.

[1]) In England lässt man Kinder als Zeugen zu, wenn man gute Fassungskraft und richtige Vorstellungen von der Bedeutung des Eides bei ihnen findet.

§ 72. Die Strafe der Unfähigkeit zum Zeugnissablegen galt den alten Römern als eine der schwersten, die das Gesetz verhängen konnte, wie denn auch der falsche Zeuge dem Hochverräther gleich geachtet und wie der ärgste Störer des öffentlichen Friedens bestraft wurde. Der „Intestabilis" durfte für sich selbst kein Geschäft vornehmen, wozu die Bekräftigung durch Zeugen erforderlich war, und darunter gehörten so ziemlich alle wichtigen Rechtsgeschäfte.[1]) In allen Fällen bedurfte es einer feierlichen Aufrufung *(rogatio)* der Zeugen: Testamentserrichtung und Litiscontestation erhielten vom Acte des Zeugenaufrufens den Namen, und wenn es auch fraglich ist, ob die fünf classischen Zeugen den fünf Centurienclassen nachgebildet wurden, so kann doch darüber kein Zweifel obwalten, dass die Solemnitäts-Zeugen als Abzweigung und Stellvertreter der Volksgemeinde angesehen wurden.[2]) Zu der gerichtlichen Verhandlung hatte jede Partei ihre Zeugen mitzubringen, und erst wenn die „gebetenen" sich weigerten, zu erscheinen, kam es zu einer gerichtlichen Vorladung *(evocatio)*. Ein Solcher, der wegen eines vor Zeugen erworbenen Rechts zur Selbsthilfe schreiten musste, wird gewiss seine Zeugen um thätige Mitwirkung angegangen haben, womit es zusammenhängen dürfte, dass beim Scheinkampf der Revindication von beiden Seiten Gefährten oder Kampfhelfer, unter dem Namen *superstites*, mitgingen. Insofern war es ganz in der Ordnung, dass unter den Zeugen weder die handelnden Personen, noch Diejenigen, welche privatrechtlich mit ihnen eine Person ausmachten, mitzählen konnten.

[1]) Zeugen gab es bei *confarreatio, nexum, mancipatio, coëmptio, testamentum per æs et libram, in jus vocatio, litis contestatio, ex jure manum consertam vocare.*

[2]) Einer solchen Vertretung bedurfte die gesetzgebende Gewalt schon darum, weil es zu den wesentlichsten Stücken des ordentlichen Prozesses gehörte, dass die Parteien unter Autorisation der Justizbehörde einen Privatrichter *(judex)* wählten und wegen der ihm zu ertheilenden Instruction *(formula)* eine feierliche Uebereinkunft *(litis contestatio)* eingingen.

§ 73. Im altgermanischen Rechte war der *testis* der „Wissende,"[1]) Gewissmachende: ob aber zeugen mit „zeigen", oder „ziehen" zusammenhängt, ist nicht so ausgemacht, als dass schon frühzeitig nach Massgabe von *testis* Zeugen mit Erzeugen in Verbindung gebracht wurde.[2]) Zeugen kann nur, wer vollkommen in seinem Rechte ist; alle unächten, recht- und ehrlosen Personen, auch solche, die verfestet, mit Erlaubniss des Richters als Friedensbrecher beschrien waren, galten für zeugnissunfähig.[3]) Dem Beistand in der Fehde entsprach der Beistand vor Gericht, daher Verwandte und Nachbarn die nächsten waren, welche dem in seinem Rechte gekränkten Kläger statt der gewaltsamen Selbsthilfe zu einer friedlichen Genugthuung verhalfen. Der Beklagte seinerseits erschien vor Gericht mit einem ähnlichen Geleite von Freunden, die ihm als Eideshelfer zur Seite standen, um die Gefahr einer gerichtlichen Verurtheilung von ihm abzuwenden. Zu beschwören hatten die Zeugen nicht ihre Kenntniss von dem Thatbestand, also als Augen- und Ohrenzeugen, vielmehr ihre Ueberzeugung, dass sie ihren Mann keiner Unwahrheit für fähig hielten, wodurch die Zeugenschaft die Bedeutung einer moralischen Bürgschaft erlangte, deren Werth oder Unwerth das Gericht nach Zahl und Glaubwürdigkeit der angebotenen Zeugen zu beurtheilen hatte. Solemnitäts-Zeugen machte die Oeffentlichkeit der Volksgerichte meist überflüssig. Hinsichtlich der Beweis-Zeugen hat sich die altgermanische Anschauung im englischen Prozess noch am Unversehrtesten erhalten, wo der die Voruntersuchung leitende Beamte eine geeignete Person durch Zwangscaution verbindlich machen kann, die Anklage an die grosse Jury zu bringen, sodann im Hauptverfahren zu vertreten und zu verfolgen. Die Anwaltskosten werden ihm ersetzt, er unterliegt aber auch einer Civil- und Strafklage wegen grober Fahrlässigkeit. Innerhalb der Grafschaft kann jeder erhebliche Zeuge durch Zwangscaution [4]) zum Erscheinen genöthigt werden, dagegen sind die Parteien verpflichtet, die Citation der ausser dem Bezirke der Grafschaft wohnenden Zeugen in dem Bureau des Reichsgerichts gegen Gebühr auszuwirken. [5]) Wer sich als Zeugen hinzudrängt, einen Angeklagten zu verderben, hat die öffentliche Meinung gegen sich. Seinem Begriffe entsprechend soll das Recht zum Zeugnissablegen an keinerlei Schranke, weder des Bluts noch des Orts, gebunden, von weiter nichts als der Möglichkeit eines untadelhaften Wissens abhängig gemacht werden.

[1]) *Ahd. gewizo, kiwizida, giwiznessi, gewizscaf.* Schon das *goth. veitvôds* soll mit *vitan* (wissen) zusammenhängen. Dem Zeugen wurde das Ohr als Sitz des Erinnerungsvermögens zur Schärfung seines Gedächtnisses gezupft, daher man einen „Ohrgezogenen," wo nicht lieber „Zugezogenen," in ihm erblicken mag.

[2]) Franz v. Baader (W. W. V. 640): „Zeugen als Zeugschaftgeben ist zugleich *generare (testis, testiculus)*, und schon Paracelsus unterscheidet die männlichen Hoden nicht nur von den weiblichen, sondern beide auch von der *matrix*, welche der Geist incubirt, als der *operator* beider." Auch der Theosoph Oetinger (Auberlen, die Theosophie Oetingers. 373) nennt das Zeugniss aus dem Geiste eine geistliche Zeugung.

[3]) Göschen, die Goslarischen Statuten. 472.

[4]) Erzwingbar muss das Zeugniss sein, es fragt sich nur: bis zu welchem Grade? Indem das Gesetz Niemand zwingt, gegen sich selbst und seine nächsten Anverwandten zu zeugen, wäre noch zu untersuchen, ob nicht auch der gegen sich selbst zeugt, dessen Zeugniss seiner Ehre in der öffentlichen Meinung schadet. Dehnt der Gesetzgeber die Ehrenkränkung weit über die eigentliche Rechtssphäre aus, so legt er sich damit die Verpflichtung auf, die öffentliche Meinung und den Leumund auch im Zeugen zu achten, kein Zeugniss zu fordern, das von jenen verurtheilt wird. Ohne eines schreienden Missverhältnisses sich schuldig zu machen, wird die die Zeugnissverweigerung bedrohende Zwangsstrafe die ordentliche Strafe, die den Missethäter nach erbrachtem Zeugenbeweis trifft, nicht übersteigen dürfen.

[5]) Bei der Verpflichtung eines Jeden zur Anklage und zum Theil auch wegen des mangelhaften, dem *selfgovernment* eigenen Polizeiwesens haben sich in England Hunderte von grossen und kleinen Versicherungsgesellschaften gebildet, welche in einem kirchlichen, sittlichen, politischen oder privaten Interesse Strafverfolgungen übernehmen, ein Anwaltsbüreau dafür besolden und den beitragenden Mitgliedern Mühe und Kosten abnehmen.

Fünfter Abschnitt.

Der Vertrag.

a. Geschichtliche Umschau.

§ 74. Rechtliche Verbindlichkeiten zu schaffen, bei denen Leistung und Gegenleistung nicht Zug um Zug, also im Momente der sich gegenseitig bindenden Willensbestimmungen, in Erfüllung gehen, ist die schwierigste, weil idealste That der Rechtsbildung. Ob dergleichen Verbindlichkeiten auch dauernd verpflichten, d. h. ob geschlossene Verträge gehalten werden müssen, ist vom rechtlichen Standpunkt aus eine müssige Frage: die Idee des Vertrags ist, gleich der Idee jedes andern Rechts, in dem vernünftigen Wesen des Willens, von dem der Rechtswille eine bestimmte Aeusserungsweise bildet, begründet; dass aber die vertragsmässig eingegangene Verpflichtung auch gehalten wird, dafür sorgt das Gesetz gerade so, wie für den Bestand jedes Einzelrechts. Wer mit Spinoza die rechtliche Verpflichtung zur Erfüllung vertragsmässiger Verbindlichkeit bestreitet, der leugnet damit die Unverletzlichkeit des Rechts überhaupt, vergisst aber, dass das Gesetz gar keinen andern Zweck hat, als der willkürlichen Missachtung des jedem Einzelnen zukommenden Masses bestimmter Rechte zu steuern. Die Macht der Rechtsvernunft liegt allein im Gesetz, und selbst wenn man annehmen wollte, die vernunftmässige Freiheit könnte in den Menschen so erstarken, dass sie der gesetzlichen Schranken nicht mehr länger bedürften, wäre damit im Grunde nichts gesagt, weil die Rechtsvernunft in den Individuen niemals auf demselben Niveau stehen kann und, so lang dies nicht der Fall, der Rechtsstreit unvermeidlich bleibt, selbst unter Solchen, die ihre bösen Neigungen vollständig in ihrer Gewalt haben. Das Gesetz nimmt die Menschen, wie sie sind, nicht wie sie sein sollten, und erreicht zudem nach Inhalt und Form niemals die Höhe absoluter Vernunft, theilt vielmehr die Unvollkommenheit aller menschlichen Einrichtungen.

§ 75. Eine allseitig befriedigende Geschichte des Vertragsrechts wäre der höchste Triumph der Rechtswissenschaft, weil die gesammte Rechtsgeschichte sich darin deutlich und verständlich abspiegelte. Wie es scheint, hat sich im römischen Nexum [1]) der ursprüngliche Vertrag der indogermanischen Rechtsanschauung am Reinsten erhalten. Dasselbe constituirte eine Geldschuld, dem heutigen Wechsel entsprechend, mit dem Vortheil der Execution ohne Klage, indem der Gläubiger dem Schuldner Etwas *(res)* anvertraut *(credit)*, [2]) der Schuldner vom Gläubiger die Sache in Empfang nimmt (*debet* = *de-habet*). In dem ganz allgemeinen Sinne gebrauchen die Digesten die Ausdrücke *creditor* und *debitor:* die überreichte Sache wird anvertraut; indem der Gläubiger sich der Sicherheit, welche ihm das Eigenthum der Sache gewährt, begiebt, ist er ausschliesslich auf die Person des Schuldners angewiesen, und es entsteht so die *obligatio stricti juris.* Dieses strenge Band fing an nachzulassen, als statt des *dare* ein blosses *tradere* genügte — Ueberlassung von Besitz als Detention, um die Rückgabe der gegebenen Sache zu begründen (*Depositum*, *Commodatum*, *Pignus*); einmal aber so weit, konnte man sich ohne Bedenken entschliessen, die Gegenleistung auf ein anderes Object gehen zu lassen, als die Leistung (unbenannte Realcontracte), [3]) durch Hingabe der einen Sache den Empfänger zur Herausgabe einer andern, ja sogar statt des *dare* zu einem *facere* zu verpflichten.

In formeller Beziehung genügte das mündliche Empfangsbekenntniss (Stipulation), oder die Eintragung der Schuldforderung in das Hausbuch (älteste Form der *litterarum obligatio*); unabhängig davon entstand die selbständige Urkunde, der Schuld- und Empfangschein, den der Schuldner dem Gläubiger ausstellte. Mit Ausnahme der erst später klagbar gewordenen Verträge durch blosses *tradere*, waren alle diese Geschäfte *stricti juris*, die andern klaglos, und der Gläubiger konnte sich nur an die *bona fides* des Schuldners halten, nöthigen Falles die Herbeiziehung eines Schiedsrichters beantragen, zu dessen Annahme der Prätor den Schuldner zwang. Auch die römische Delictsobligation hat man so zu verstehen, als ob Derjenige, der das Eigenthum oder die Person eines Andern verletzte, für etwas unrechtmässig Genommenes aufzukommen, dasselbe zurückzuerstatten hätte. *Damnum* ist Ersatzgabe, Busse.[1])

[1]) Die Erklärungsversuche des *Nexum* liefern den schlagendsten Beweis, wie grundverschieden selbst Hauptbegriffe des römischen Rechts sich deuten lassen, je nach dem Gesichtspunkt, unter dem man sie betrachtet. Niebuhr (Römische Geschichte. I. 642. 3. Ausg.) ging mit der irrigen Ansicht voran, der *Nexus* habe sich dem Gläubiger zu knechtischen Diensten bis zur Zahlung der Schuld verpflichtet und also thatsächlich in den Zustand eines Sklaven versetzt. Savigny erblickte im *Nexum* ein symbolisches, *per æs et libram* geschlossenes Darlehn, mittelst dessen die blos für Gelddarlehn angeordnete Strenge der Personalexecution sich auch auf andere Obligationen anwenden liess. Puchta hielt es für gleichbedeutend mit der Obligirung durch Mancipation. Analogien allein helfen zu nichts: die Eigenthümlichkeit des Verhältnisses beruht auf der idealen, weil hypothetischen Gebundenheit, indem der Schuldner sich verpflichtete, gutwillig dem Gläubiger Knechtsdienste zu leisten, wenn er am Verfalltage nicht zahlte.

[2]) Mit *dare*, so nahe es auch zu liegen scheint, hat *credere* nichts gemein: nicht aus *skr. çrad* und *dadâmi* (διδωμι) ist es zusammengesetzt, sondern aus *çrad* und *dadhâmi* und bedeutet *nexum ponere*, denn *çrad* (κλωθω, *necto*) drückt „Vertrauen", „Glauben" aus, *dadhâmi* aber ist dasselbe was τιθημι, „hinthun". Dessenungeachtet wird man es als ausgemacht betrachten dürfen, dass der realistische Rechtssinn der Römer schon etymologisch in *credere* ein *dare* ausgedrückt fand, was um so leichter geschehen konnte, als die Composita von *dare*, $\sqrt{}$ *dâ*, und von *dadhâmi*, $\sqrt{}$ *dhâ*, im Lateinischen, das kein *dha* kennt, vollständig mit einander verschmolzen sind.

[3]) Der Vertragsgegenstände gab es vor Alters zu wenige, als dass die Ausgleichung irgend Schwierigkeit gehabt hätte. Wie bei den Indogermanen überhaupt, so war auch bei den Italikern das Herdenvieh, Rinder, Schafe und Schweine, das älteste Tauschmittel, an dessen Stelle in Kupferstücken zugewogenes Nutzmetall trat. Die in Griechenland frühzeitig durch das Aufkommen des Silbers unterdrückte Entwicklung des wichtigsten Metalls zum gesetzlichen Tauschmittel und zur Münze hatte in Italien ihren ungestörten Fortgang, und gehört nach Mommsen's treffender Bemerkung (Geschichte des Römischen Münzwesens. 169) in ihrer rationellen Anlage, ihrer praktischen Unhandlichkeit und ihrem zähen Fortleben zu den eigenthümlichsten Charakterzügen des italischen Stammes. König Servius soll das Kupfer zuerst mit dem Zeichen des Rindes und des Schafes gemarkt haben. Während der drei ersten Jahrhunderte Roms gab es, mit Ausnahme der griechischen Colonien, in Italien nur Naturalwirthschaft, in den XII Tafeln aber treten durchgehends feste Geldsätze auf.

[4]) *Damnum*, entstanden aus dem Particip *daminus* (wie *alumnus* von *alere*) = διδομενον, bedeutet Gabe in dem Sinn von Strafgabe, wie *donum*, *dos* Schenkgabe bedeutet. Daraus bildete sich die Vorstellung des durch Geldbusse und Geldeinbusse erlittenen Vermögensverlustes, so dass *damnare (daminare)* zum Geben verpflichten ausdrückt. (Ritschl im Rheinischen Museum für Philologie. N. F. XVI, 2. 304.) Mit Böhtlingk-Roth im Sanskrit-Wörterhuch *damnum* mit δαπτω und *debeo* zu vergleichen, und die Wurzel *dabh* (schädigen, verletzen) dem *debitor* zu Grunde zu legen, erweckt mancherlei Bedenken.

§ 76. Das römische Vertragsrecht hält sich überall möglichst nahe an die Scheidelinie der Unmittelbarkeit und Greifbarkeit, von der es sich nur so weit entfernt, als durch das Wesen des Vertrags unumgänglich geboten ist. Ein Versprechen oder blosse Uebereinkunft hatte keine bindende Kraft: der ältere Innominat-Contract gestattete unbedingtes Pönitiren, als ein ganz freies gesetzliches Reu- und Rückforderungsrecht, und erst das für den Fremdenverkehr geschaffene Mutuum, [1]) eine formlose Hingabe fungibler, d. h. nicht individuell, sondern ihrer allgemeinen Quantität nach bestimmbarer Sachen, executirbar nur mittelst Klage, begründete den eigentlichen Vertrag. Bei verwickelteren Vertragsverhältnissen suchte man sich durch Fictionen zu helfen. Beim Pfandgeben galt der Kauf als vollzogen, und das Pfand ging durch Uebertragung in das Eigenthum des Gläubigers über; vermöge eines zweiten Acts wurde nun aber das fingirte Kaufgeschäft durch ein Darlehnsgeschäft dahin modificirt, dass der Scheinkäufer die Verpflichtung eines Schuldners dem Scheinverkäufer gegenüber auf sich nahm, indem er bei Rückerstattung des Darlehns die Rückübertragung des in sein Eigenthum übergegangenen Pfandes dem Verpfänder gelobte. Der Hauptgrund, aus welchem der römische Vertrag in seiner rudimentären Unmittelbarkeit so lang verharrte, lag in der gesetzlich vorgeschriebenen Zahlungsweise. Bei der Mancipation[2]) wurde bis in die spätere Zeit hinab das Zahlungsmittel vorgestellt durch ein formloses Kupferstück (*raudus*). Es war ein feierlicher Zahlungsact und eine solenne Zahlungs- und Rückzahlungsform des Darlehns. Kam es zum Rechtsstreit, so gingen die Parteien eine gerichtliche Wette (*sponsio*) ein, eine Art Gottesgericht, indem jeder Theil für den Fall des Unterliegens einen Einsatz — *sacramentum*[3]) — machte, der den Priestern für den Gottesdienst zugute kam. Des Arbiter Sache war es, nach anerkannten Grundsätzen der Billigkeit und Redlichkeit das ihm von den Parteien vorgelegte Material zu prüfen und eine gütliche Ausgleichung zu versuchen. Misslang sein Bemühen, so wog er die Forderungen gegen einander ab und fasste sie in einen Ausspruch auf Geldeswerth zusammen, dem er durch die Condemnation eine solenne Form gab. Ganz zog das Gesetz seine Hand auch von der blossen Uebereinkunft auf Treu und Glauben nicht zurück: der Bräutigam hatte Ersatz zu fordern, wenn der Vater ihm die feierlich verlobte Tochter nicht herausgab, und ausser der *coëmptio* gehörte auch die *in jure cessio fiduciæ causa* dem strengen Recht an. Nach dem Buchstaben des Gesetzes wurde der Empfänger wirklicher Eigenthümer, aber es traf ihn Infamie, wenn er sein Wort brach und das Empfangene nicht zurückgab. Auch an andern Auskunftsmitteln fehlte es nicht. Die Nuncupation, nach Cicero gleichbedeutend mit *nomine capere*, folglich eine Mancipation mit der Zunge, durfte über die Form der gewöhnlichen Rechtsgeschäfte nicht hinausgehen; in die Stipulationsworte dagegen konnte man den Zweck des Versprechens aufnehmen und durch eine hinzugefügte Clausel sogar alle bei den Arbitria in Frage kommenden Momente in die rechtliche Beurtheilung hineinziehen. Endlich liess sich durch eine auf das Nichtvorhandensein oder Nichterreichtsein des beabsichtigten Zwecks gestützte *exceptio doli* die ganze Stipulation unwirksam machen.

[1]) Es ist nicht ohne Bedeutung, dass Varro (*De ling. lat.* 179) *mutuum* aus dem Siculischen in das Lateinische recipirt sein lässt.

[2]) Mancipirbar waren nur solche Gegenstände, die unter der Hand Dessen, der sie inne hatte, für das Culturleben brauchbar, auf einen gewissen Grad selbst cultivirt waren. Zu den *res mancipi* gehören der *fundus italicus*, Sklaven, Ochsen, Pferde, Mäuler und Esel, nicht aber das Herdenvieh seines halbwilden Zustandes wegen und dem Wildpret gleich geachtet.

[3]) Das Sacramentum bestand wahrscheinlich bei kleinen Prozessen aus 5 Schafen, bei grösseren aus 5 Rindern, was später in 50 und 500 Asse umgesetzt wurde.

§ 77. Die urgermanische Vertragstheorie blieb bei der *obligatio naturalis* der Römer stehen; während jedoch der Prätor die natürliche Verbindlichkeit zu bestätigen, in der Condemnation die fehlende Form zu ersetzen hatte, ist der germanische Vertrag von Hause aus formlos und erhält ein solennes Aussehen allein von der Oeffentlichkeit und dem gesammtbürgschaftlichen Urvertrag der Volksgemeinde. Wozu sich Zwei oder Mehrere durch Uebereinkunft verpflichtet haben, das begründet einen regelrechten Vertrag, für dessen Erfüllung der Richter einzutreten hat. Ist Friedehalten die oberste Pflicht des Einzelnen gegenüber der Rechtsgenossenschaft, so bindet Treue, gewissenhafte Erfüllung der eingegangenen Verbindlichkeiten, den Rechtswillen gegenüber dem Rechtswillen. Der spätrömische Consensual-Vertrag ist der ursprüngliche und eigentliche Vertrag (*gidinc, wetti*) des Germanenthums; entgegen dem römischen Recht, das in der Uebereinkunft eine vertragsmässige und klagbare Verpflichtung nur dann anerkannte, wenn eine besondere *causa obligationis* hinzu kam, liess das gemeine deutsche Recht die ganze Beschränkung der Klagbarkeit, *res*, *verba*, *litteræ* fallen und begnügte sich mit der kundgegebenen Willensäusserung als solcher. Das „Geding" vollendete sich mit dem „Gelof" (Gelöbniss), der gegenseitigen Einwilligung, so dass jedes besondere Gelof solidarische Verbindlichkeiten begründen konnte.[1]) Perfection des Vertrags, Ernstlichkeit und Unerzwungenheit der Willenserklärung, Irrthum, beigefügte Bedingungen, *exceptio doli*, Compensation, Nachlass hatten keine Stelle. Das römische Obligationenrecht als Ganzes, mit seiner künstlichen Systematik und seinen gewaltsamen Ableitungen, musste den Germanen fremd und unverständlich bleiben, so lange es keine gelehrten Juristen unter ihnen gab. „Ein Mann, ein Wort" — das war der Grund- und Eckstein aller Verträge. Wurde aus einem aussergerichtlichen Vertrage geklagt, so konnte der Beklagte durch einen Eid vor Gericht das Gelöbniss ableugnen, der Richter aber hatte die Ernstlichkeit des Vertrags und seine Zulässigkeit nach Gesetz und Sitte zu prüfen. Befriedigte der Eid nicht, so ward zum Zweikampf geschritten. Die ursprüngliche und innerliche, nicht blos abgeleitete und äusserliche, Einschränkung, welche in den germanischen Begriffen des Eigenthums und der Schenkung enthalten ist, gedieh in der Kategorie des Vertrags zum vollen Ausdruck. Die Treue konnte unbedingt gefordert und erstritten werden.

[1]) Sachsenspiegel. III. 85.

§ 78. Durch einen irrigen Gebrauch des *dare* und *facere* hat man sich verleiten lassen, in der Obligation stets ein Handeln, ein Recht an Handlungen vorauszusetzen, während sich der Wille ebenso zum Nichthandeln verpflichten lässt. Schon der Sprachgebrauch zeigt es unverkennbar an, dass der Römer unter *obligatio* sich ein rechtliches Band oder Bindemittel vorstellte, womit Einer den Andern festhält, mit oder gegen den Willen des Festgehaltenen. Dieses Band war anfänglich jedesmal die Folge eines Gebens, daher wohl die Vorstellung einer thatsächlichen Gegenseitigkeit entstand, aber keineswegs der rechtliche Begriff einer idealen Einigung zweier Willen zu einem Gemeinsamen, wie sie der Vertrag (*contractus*) voraussetzt und der Consensual-Vertrag am Angemessensten verwirklicht. Demgemäss bestimmt sich der Vertrag als die aus der Erklärung zweier Rechtswillen entstehende gegenseitige Verbindlichkeit, deren Gegenstand zwar stets ein Leisten, positives oder negatives, aber nichts weniger als ein Handeln zu sein braucht. Wer sich vertragsmässig verpflichtet, gegen seinen Schuldner nicht klagbar zu werden, der belastet seinen Willen mit einer Leistung und nicht mit einer Handlung. Jede gemeinsame Willenserklärung der Art bedarf sodann, um von dem Gesetze festgehalten und definirt werden zu können, einer bestimmten Form, die je nach Umständen fester oder loser gefordert werden, ja sogar ausnahmsweise auf ein Minimum zusammenschwinden kann, aber immer noch als vorhanden erkannt werden muss, um beim Rechtsstreit als fasslicher Anhaltspunkt für gerichtliche Entscheidung zu dienen. Um sich zu vertragen, müssen zwei Willen ein Gemeinsames wollen, das innerhalb der Grenzen des Rechts liegt; dieses gegenseitige Wollen aber hat in einer Form zum Ausdruck zu gelangen, die zu den Zwecken und Bedürfnissen des Gesetzes und damit zu der Sicherheit der Rechtsgenossenschaft stimmt. In seiner Formlosigkeit liegt das Mangelhafte des germanischen Vertragsrechts und die Nothwendigkeit seiner Ergänzung durch das römische. Nicht als ob das germanische Recht überhaupt formlos wäre: es hatte hie und da nur zu viele Formen, aber nicht die rechte, die gehörige Form, weshalb es, in Ermanglung einer vernünftigen Technik, oft genug in Willkür und leeren Formalismus ausartete.[1])

[1]) Vom isländischen Recht behauptet Weinhold (Altnordisches Leben. 402), es arte in ein Spiel des Witzes und zu einer Wette aus, wer die dunkelsten und seltensten der vielen Formeln und Gebräuche am Untadeligsten vortragen und anwenden könne, wobei oft genug Blut heilen musste, was die Sophisterei verrenkt hatte. Jetzt noch beruhen die englischen Anklageformulare auf Jahrhunderte alter Praxis, und richten sich nach genauen technischen Regeln.

§ 79. Der Vertrag ist die am Weitesten reichende Rechtskategorie — er umfasst alle Rechtsgeschäfte, ohne an die natürlichen Einschränkungen, welche dem Recht des Eigenthums und der Schenkung innewohnen, gebunden zu sein. Dadurch, dass vertragsmässig ohne Unterlass rechtliche Beziehungen unter den Menschen geknüpft und gelöst werden, kommt Bewegung und Leben in den an sich starren Begriff des Eigenthums, wie in das mehr oder weniger Zufällige und Willkürliche der Schenkung. Die Eintheilung der Verträge aber, deren Schwierigkeit mit dem Reichthum des Gegenstandes gleichen Schritt hält, kann, wenn sie wissenschaftlich sein soll, mehr nicht als eine innere Vermittlung derjenigen Kategorien bezwecken, die dem Vertragsrecht vorangehen und zu Grunde liegen. Ein schlechthin einseitiger Vertrag wäre ein Widerspruch, da Gemeinschaftlichkeit, die innere und äussere Beziehung zweier Willensvermögen zu einander das Wesen des Vertrags ausmacht; recht wohl aber kann die Gegenseitigkeit hinsichtlich der auferlegten Verbindlichkeiten eine ungleiche, relative, die Leistung eine ganz oder vorzugsweise reale, die Gegenleistung eine ganz oder theilweise ideale sein, indem entweder der aneignende, oder der sich entäussernde Wille belastet erscheint. Nach der Spezification des Gegenständlichen der Leistung, auf das sie gerichtet sind, gruppiren die Verträge sich bequem; allein solche Artunterschiede gewinnen einen logischen Werth doch nur durch den sich selbst spaltenden Vertragswillen, der im einseitigen Eigenthumsvertrag und im einseitigen Schenkungsvertrag sich überwiegend, dort als aneignend, hier als entäussernd, bindet, bevor er zur vollkommenen Gegenseitigkeit und in ihr zur Uebereinstimmung mit sich selbst gelangt.[1])

[1]) Es hiesse das Kind mit dem Bade ausschütten, wollte man aus Furcht vor dem missbrauchten Polaritäts- und Identitätsschema gar kein polares Verhalten in der Wissenschaft mehr gelten lassen. Gemeinhin werden die Verträge eingetheilt in Haupt- und Nebenverträge, in obligatorische und liberatorische, in Freundschafts- und Spe-

culationsverträge; es ist aber in der That nichts leichter, als die Vertragsgruppen in's Unendliche zu vervielfältigen, nach Inhalt, Form und Zweck, z. B. Verträge, die auf Veräusserung, Gebrauchsüberlassung, vermögensrechtliche Gemeinschaft, positive und negative Handlungen, Sicherstellung eines Forderungsrechts, Feststellung eines zweifelhaften oder bestrittenen Rechtsverhältnisses oder Thatbestandes, Aufhebung eines Obligationsverhältnisses, auf gehofften Gewinn, endlich Versicherung sich beziehen. Den Verfassern des *Code Napoléon* schwebte das Richtige vor, als sie einiges Gewicht auf die einseitig verpflichtenden *(unilatéraux)* und gegenseitig verpflichtenden *(synallagmatiques)* Verträge legten. V. d. Pfordten (Abhandlungen aus dem Pandecten-Rechte. 307), dem v. Keller beipflichtet, theilt die selbständigen Obligationen in vier Classen: einseitige, zufällig zweiseitige, wesentlich zweiseitige und solche, die in der Eingehung zweiseitig, in der Erfüllung aber einseitig sind. Stahl findet diesen Eintheilungsgrund mehr oder minder äusserlich und formell.

b. Einseitiger Eigenthumsvertrag.

§ 80. Nichts musste dem Römer mehr zuwider sein, als einseitige Belastung seines Eigenthums, und als sich solche doch nicht umgehen liess, schuf die Theorie künstliche Benennungen, die der Casuistik um so freieren Spielraum gewährten, je weniger der Name zu der Vernunft der Sache stimmte. Es sind dies vornämlich die *jura in re aliena* und die damit zusammenhängenden Servituten. Man kann streiten, ob *servitus* nichts als der alte Name sei für *jus in re*, wie *contractus* der alte Name für klagbaren Vertrag; aber darüber sollte man einig sein, dass ein Recht an eine Sache ohne einen vermittelnden Rechtswillen etwas Undenkbares ist. Was Niemand gehört, das kann der Wille sich aneignen, wie der Seefahrer für den Augenblick den Theil Meerwasser occupirt, den sein Kiel gerade durchfurcht: eine fremde Sache, eine solche, die bereits occupirt ist und einen rechtmässigen Eigenthümer hat, kann unmöglich irgend einem Rechtswillen anheimfallen, ohne die Znstimmung Dessen, der das Eigenthumsrecht erworben hat. Wie immer beschaffen das Verhältniss zwischen dem freien Willen und der unfreien

Sache sein mag, einen rechtlichen Sinn erlangt dasselbe nur, wenn es unmittelbar gehalten wird durch einen andern Willen, der nicht etwa als ein Accidentelles hinzukommt, sondern den Mittelpunkt des ganzeu Verhältnisses bildet. Vollends von einem dienenden und herrschenden Grundstück zu reden, ist das Uebermass römischen Sachensinns. Idee und Geschichte wissen nichts davon. Der Wille kann unmöglich hinter der Sache als ihr Anhängsel stehen: nur was den Willen des Eigenthümers belastet, belastet auch das Eigenthum. Gänzlich unstatthaft, weil durchaus unlogisch, ist die Zusammenstellung der Prädial-Servituten mit den Personal-Servituten, die innerlich auch nicht das Geringste mit einander gemein haben, wenn nicht etwa die ganz willkürlich herausgegriffene Eigenschaft des Dienens und wohl auch der Unveräusserlichkeit. Dass dort ein Grundstück ausnahmsweise einem andern Grundstück für ewige Zeiten, hier einem bestimmten Nichteigenthümer auf dessen Lebenszeit dient; dass in jenem Fall das belastete Grundstück zum Vortheil des begünstigten etwas zu dulden hat, während bei der Personalservitus ein Rechtswille die Nutzniessung oder den Gebrauch einer fremden Sache ganz ungetheilt erwirbt — das sind Rechte, die einen durchaus verschiedenen Ursprung und Werth haben.

§ 81. Privatrechtlich kann die römische Prädialservitus nicht entstanden sein, weil das römische Eigenthum sich damit schlechterdings nicht verträgt; wir werden sie daher uranfänglich zu denken haben als eine obrigkeitliche Veranstaltung, die im Verlauf der Zeit den Bürgern selbst überlassen blieb. So wahrscheinlich es ist, dass in Rom alles Grundeigenthum herrührte von Ausweisung einzelner Landloose an die Bürger aus der gemeinen Mark, wobei selbstverständlich auf die Bedürfnisse der Gemeinde im Ganzen die nöthige Rücksicht genommen werden musste, so liess es sich gleichwohl nicht vermeiden, dass theils die Erweiterung der Gemeindemark, theils die Steigerung des landwirthschaftlichen Betriebs und die Zunahme der städtischen Bevölkerung die Befriedigung eines vermehrten Wege- und Wasserbedarfs erheischte. In dem Falle musste der Prätor einschreiten, indem er den Eigenthümern der in Anspruch genommenen Grundstücke die Verpflichtung auferlegte, für sich und im Namen aller ihrer Nachfolger die Beschränkung ihres Eigenthumsrechts zu dulden. Die *servitus tuitione prætoris constituta* macht das Wesen aller Servituten aus. Die Servitut ist ein stillschweigendes Vertragsverhältniss, und zwar ein einseitiger lästiger Vertrag, geschlossen auf Befehl und unter Gewährleistung der Obrigkeit. Hatte der Prätor einmal dem ersten Eigenthümer den Vertrag dictirt, so wachte fortan die Obrigkeit darüber, dass sowohl bei der Occupation als bei der Succession die Obligation stehen blieb. Was die Volksgemeinde fordern konnte, durfte in ähnlicher Lage dem Einzelnen nicht versagt werden. Um aber einen lästigen Privatvertrag dictiren zu können, musste ein hinreichender Rechtsgrund zu Gunsten des durch Auflage einer Servitut mit Vortheil bedachten Eigenthümers nachgewiesen sein: blosse Gunst und blosse Willkür hätten unfehlbar die Grundlage der gesammten Rechtsordnung, die ja auf der Freiheit des Eigenthums ruhte, zerstört, während umgekehrt die Obrigkeit darauf Bedacht nehmen musste, Jedem, so weit immer thunlich, den Genuss seines freien Eigenthums zu ermöglichen. Die Vertheilung des Grundbesitzes innerhalb seiner unverrückbaren räumlichen Schranken, zumal da wo es sich um Errichtung von Häusern handelt, macht eine Wechselseitigkeit, eine Art gemeinsamer Bewirthschaftung nothwendig: ist der eine Grundbesitzer ausser Stande, sein Eigenthumsrecht ausüben zu können, ohne das Nachbargut mitbenutzen zu dürfen, so führt er Beschwerde beim Prätor, und dieser, nachdem er den Sachverhalt untersucht hat, entscheidet unter der Annahme, dass dem Kläger durch den Verklagten Gewalt geschehe. Diese habe aufzuhören, der Verklagte demnach zu dulden, dass der Kläger in dem Genuss seines Eigenthums nicht beschränkt werde, zu welchem Behuf der Prätor im Namen Beider einen Vertrag darüber schliesst, was der jedesmalige Eigenthümer des einen Grundstücks zum Besten des andern zu dulden habe. Nicht die dem dienenden Grundstück auferlegte Belastung ist das Ursprüngliche, vielmehr der dem herrschenden Grundstück zu Theil gewordene Schutz. Zwischen Belastung und Bevortheilung schrieb die Gerechtigkeit ein sachgemässes Gleichgewicht vor: es musste die Servitut dem Herrn des berechtigten Grundstücks einen wesentlichen und bleibenden Vortheil, nicht blos eine persönliche Annehmlichkeit, verschaffen, widrigenfalls die Belastung einfaches Unrecht gewesen wäre; und es begreift sich, wie, um zu dem immerhin lästigen Auskunftsmittel möglichst selten greifen zu müssen, das Gesetz, in Ermanglung von natürlichen Grenzen, Grenzraine vorschrieb, die als Wege benutzt werden konnten. Waren einmal die wesentlichsten Bedingungen für eine befriedigende Benutzung der den Bürgern gehörenden Grundstücke erfüllt, Wege- und Wasserrechte, Ein- und Ueberbau, Abfluss und Abzug, Licht und Aussicht von Obrigkeitswegen geordnet, so stand es im Belieben der Eigenthümer, vertragsmässige Servituten auch anderer Art zu errichten, die Mitbenutzung von Weide, Holzschlag, Steinbruch und dergleichen als Belastung auf das eine Grundstück in unmittelbarer Beziehung zum andern zu legen.

§ 82. Die Servitut gehört dem Obligationenrecht an, und da sich nur ein Rechtssubject, aber kein Rechtsobject obligiren lässt, so lastet die Servitut nicht auf dem Eigenthum, sondern auf dem Eigenthümer. Spezifisch daran ist nur das Eine, dass das Gesetz eine Continuität aller der Rechtswillen fordert, die das Eigenthumsrecht über das betreffende Object erwerben, eine Continuität, die rechtlich auch dann fortdauert, wenn ein Besitzer den Eigenthümer im Gebrauch der Sache ablöst, oder der Eigenthumstitel der Occupation preisgegeben wird. Ist die Succession unterbrochen, so tritt der lebendige Wille der Obrigkeit stellvertretend ein, bis die Servitut sich wieder einem rechten Träger auferlegt. Ueber das Mass des Nothwendigen sollte bei der Belastung nicht hinausgegangen werden; denn nicht allein aus volkswirthschaftlichen, sondern namentlich aus rechtlichen Beweggründen wird die Gesetzgebung, der es vor Allem um reine und vollständige Darstellung der Rechtskategorien zu thun ist, dafür Sorge zu tragen haben, dass das Eigenthum nicht allzu sehr durch Servituten verkümmert werde, weil mit der abnehmenden Ertragsfähigkeit des Eigenthums zugleich die Spannkraft des aneignenden Rechtswillens gelähmt wird. [1]) Das folgt von selbst aus dem Begriff der Servitut, dass sie weder zum Besten Dritter ausgeübt, noch auch ohne das Gut veräussert werden darf. Eine theilbare und übertragbare Dienstbarkeit würde das ganze Verhältniss, weil dessen Zweck, vernichten. Die Servituten folgen unveränderlich dem Eigenthum, es hiesse aber dem Eigenthumsrecht an das Leben greifen, wenn in Folge einseitiger Belastung der jedesmalige Eigenthümer zu positiven Leistungen zu Gunsten eines Andern gezwungen werden könnte; der Inhaber einer Servitut kann nur dazu befugt sein, den Eigenthümer an Etwas zu hindern, was dieser sonst kraft seines Eigenthums thun dürfte *(servitus in non faciendo consistit)*, oder selbst Etwas zu thun, was der Andere kraft seines Eigenthums zu hindern im Stande wäre *(servitus in patiendo consistit)*. Die wenigen positiven, zu einem Thun verpflichtenden Servituten, z. B. die Pflicht des Eigenthümers einer lasttragenden Mauer, diese in gutem Stande zu erhalten, oder unter Umständen höher zu bauen, sind, beim Lichte betrachtet, doch nur die unabweisliche Folge eines Duldenmüssens; denn um einen Balken auf die Mauer eines Nachbars legen zu dürfen, muss die Mauer den Balken tragen können. Ausserdem geht die Absicht des Gesetzes dahin, muthwilliger Beschädigung fremden Eigenthums zu wehren, wobei dem Träger der Servitut kein Opfer auferlegt wird, von dem er nicht selbst wieder den entsprechenden Vortheil zöge.

[1]) Es gilt dies namentlich von den Weideservituten, die, so lang die Dreifelderwirthschaft besteht, unschädlich sein können, sofort aber zu einer unerträglichen Fessel werden, wenn man die Brache aufgeben und eine beliebige Fruchtfolge wählen möchte. (Rau, Grundsätze der Volkswirthschaft. 1854. I, 1. 131.)

§ 83. Alles Dingliche, das seiner Natur nach im Raume nicht dauert oder in der Zeit sich fortwährend erneuert, entzieht sich der Servitutenbelastung. Schlechthin allgemein, folglich über Raum und Zeit erhaben, ist allein die Rechtsidee und deren Träger, der vernünftige Wille. Seiner intelligibeln Unsterblichkeit zulieb kann nun aber das Gesetz eine Rechtscontinuität auch bei solchen dinglichen Werthen schaffen, die trotz des Wechsels dauernden Bestand haben. Dieses Allgemeine begründet die Möglichkeit einseitiger Belastung auch bei den andern Arten des Eigenthums, in soweit sie eben keine vorübergehenden Besitztitel, sondern dauernde Verhältnisse zum Gegenstand haben. Wir nennen diejenigen obrigkeitlichen Befugnisse den Servituten unterworfen, die ihren Ausfluss nicht unmittelbar von der Staatsgewalt haben, unter ihrer alleinigen Auctorität stehen. Wenn z. B. Gemeindebeamte neben der Gemeinde auch dem Staate verantwortlich, von ihm determinirbar sind, so ist das in der That eine Amtsservitut, sei es, dass die Staatsgewalt aus eigener Machtvollkommenheit dieselbe auferlegte, sei es, dass die Corporation zu ihrem eigenen Besten darum bat. Ein einseitiger lästiger Vertrag ist es in dem einen wie in dem andern Falle, und theilt derselbe alle Merkmale einer gewöhnlichen Servitut. Man geht schwerlich zu weit, wenn man solche Verfassungen, durch deren Inhalt ein absoluter Herrscherwille sich selbst einschränkt, gleichfalls zu den Servituten rechnet. Mit seiner eigenen Zustimmung duldet der Regent vertragsmässig Beschränkungen seiner obrigkeitlichen Eigenthumsrechte; das Ursprüngliche und Massgebende ist also nicht, dass das Volk durch seine Vertreter gewisse positive Rechte ausübt, die früher dem Regenten allein zustanden, sondern dass dieser die Beschränkung sich gefallen lässt, freiwillig die Herrschergewalt damit belastend. „Octroyiren“ heisst nicht schenken, sondern durch Selbstbeschränkung an Andere überlassen. Dass nicht alle Verfassungen auf die Weise entstanden sind, lässt sich wohl nachweisen, andrerseits aber bringt es die Natur des Staats, seine geschichtliche Entwicklung auf Grundlage der Familieneinheit mit sich, dass im Familienstaat die dem Oberhaupt zukommende Rechtsfülle auf dem Wege übernommener Servituten sich ermässigt, bis ganz zuletzt im Staatsgrundgesetz der gleichseitige Vertragsstaat zur Erscheinung gelangt. So viel steht fest, dass wenn einmal die Herrscherkrone gesetzlich mit Servituten belastet ist, diese als Geschenke nicht zurückgenommen werden dürfen. Auch der einseitige Vertrag ist bindend.

§ 84. Dass die Servitut eine blosse Ausnahme von der unbeschränkten Verfügbarkeit über Eigenthum bildet, macht sich am Bemerklichsten an der dem Rechtswillen zu eigen gehörenden Ehre. Die bürgerliche Ehrenhaftigkeit als solche duldet keine Servitut, weil schon eine Schmälerung ihrer Aufhebung gleichkäme und als gesetzliche Strafe wirklich zeitwierig oder gar lebenslänglich verhängt wird. Dagegen ist die spezifische Berufs- und Standesehre einseitiger Belastung, obwohl in beschränktem Grade, fähig, so wünschenswerth es auch sein mag, dass der Willkür und dem Missbrauch, womit dergleichen Servituten ehedem auferlegt wurden, nach Kräften gesteuert werde. Man kann es doch nicht anders als eine servitutartige Belastung nennen, wenn uneheliche Geburt und gewisse Berufsthätigkeiten wegen der daran sich knüpfenden Vorstellung von einer Minderung der Ehre dem Vollgenuss der bürgerlichen Rechte Eintrag thun.[1]) Es giebt eine Menge solcher kleinen Lasten, die durch Herkommen und Gewohnheit fortbestehen und ohne eine gesetzliche Basis gleichwohl wie vertragsmässige Auflagen wirken. Eine dermassen vollkommene Durchsichtigkeit und Gleichartigkeit der Rechtspersonen, dass Keiner mehr zu tragen hat als der Andere, lässt sich wohl durch den Buchstaben des Gesetzes aussprechen, aber kaum in der Wirklichkeit durchführen. In der Regel setzt da, wo eine gesetzliche Servitut wegfällt, die Sitte eine andere an ihre Stelle, die dieselbe vertragsmässige Geltung zu behaupten weiss wie jene.

[1]) Die ganze Unnatur persönlicher Servituten gab sich kund in der Abhaltung unehelich Geborener von der Erlernung eines Handwerks, vollends gar in der Unehrlichkeit durch Tödtung eines Hundes oder einer Katze. Die gröbsten solcher in Deutschland üblichen Missbräuche hob das Reichsgesetz vom 16. August 1731 in Folge eines Gesellen-Aufstandes in Augsburg auf.

c. Einseitiger Schenkungsvertrag.

§ 85. Was die römischen Juristen Personal-Servituten nannten, das fällt zwar auch unter den Begriff des einseitigen Vertrags, nur nicht sofern er Belastung, sondern Entäusserung zum Zwecke hat. Die beiden einseitigen Vertragsweisen lassen sich in die regelmässige Vertragsform kleiden, und namentlich kommen förmliche Schenkungsverträge häufig genug vor. Es kann aber eben so leicht geschehen, dass das Contractsverhältniss nur den innern Grund der Sache ausmacht und als solcher stillschweigend vorausgesetzt wird. Seitdem, unter Zustimmung [1]) ansehnlicher Auctoritäten, Gerber [2]) die Real-Lasten in das Obligationenrecht aufgenommen, legte es sich von selbst nahe, dieselbe Deutung verwandten Rechtsbeziehungen angedeihen zu lassen. Alles in das Gebiet der einseitigen Schenkungsverträge Einschlagende ging in Rom vom Precarium aus: was Jemand einem Andern auf seine Bitte (*preces*) zu Besitz oder Gebrauch überliess, gehörte ihm nur widerruflich: der Geber konnte das Seinige jeden Augenblick wieder an sich nehmen. Es ward nicht als Obligation angesehen, wohl aber griff bei verweigerter Rückgabe das *Interdictum de precario* Platz, worauf die spätere Zeit einen Innominat-Contract im Precarium anerkannte und neben dem Interdictum auch die *civilis actio præscriptis verbis* zuliess. In der ältesten Zeit mochte der Client in einer solchen precären Beziehung zum Patron stehen: er war frei, so lang der Patron seine einseitige Willenserklärung, von seinem Herrenrecht keinen Gebrauch machen zu wollen, nicht widerrief. Die Gunstbezeigung war also rein persönlich, und dieses Persönliche macht denn auch das Wesen der Personal-Servitut aus, bei der zwar der willkürliche Widerruf ausgeschlossen ist, der Ertrag und Gebrauch der beweglichen oder unbeweglichen Sache aber dem Empfänger nur auf seine Lebenszeit bewilligt wird.

[1]) v. Savigny, Obligationenrecht. I. 134. Walter, System des deutschen Privatrechts. § 146 ff.

[2]) Gerber, Deutsches Privatrecht. § 167 ff.

§ 86. Der Niessbrauch (*ususfructus*) ist das höchstpersönliche Recht, das nicht veräussert, nicht vererbt und nicht über die Dauer eines Menschenlebens ausgedehnt werden kann. Der Fruchterwerb des römischen Fructuars wurde augenscheinlich der Clientel nachgebildet, durch die Willenserklärung des Eigenthümers, dass er auf sein Recht verzichte. Wie Puchta richtig gesehen hat, ist der *usus*, die Benutzung, gemeinsame Basis, worauf zwar nicht alle Servituten, wohl aber alle Personal-Servituten sich zurückführen lassen. Die Bezeichnung „Servitut" passt aber auf letztere überhaupt nicht, denn der Niessbrauch ist ein Act vertragsmässiger Schenkung, die dem Geber die Verpflichtung auferlegt, einen nutzbaren Theil seines Eigenthums dem Empfänger zum freien Gebrauch und unter der Bedingung zu überlassen, dass dieser oder seine Erben nach Ablauf des Nutzungstermins dem betreffenden Eigenthümer das Seine in dem ursprünglichen Zustand zurückerstatten. Das römische Recht hat es den Betheiligten überlassen, jedesmal durch Abschluss eigener Rechtsgeschäfte die Verpflichtung des Usufructuars künstlich herzustellen, namentlich eine zweiseitige Obligation durch den Anspruch auf Cautionsbestellung zu begründen. Unbenommen bleibt es dem Nutzniesser, sein Recht durch Vertretung oder Verpachtung auszuüben.[1]) Wer die volle Eigenschaft eines Rechtssubjects hat, ist auch eines *ususfructus* fähig, kann die Nutzbarkeit fremden Eigenthums beliebig ausbeuten, insofern Gebrauch und Genuss ohne den Untergang oder die Beschädigung der Sache möglich ist, oder bei verzehrlichen und fungibeln Sachen, deren Sachwerth und Gebrauchswerth sich unterscheiden lässt, das Gegenständliche zwar nicht *in specie*, aber in gleicher Art, Güte und Quantität zurückerstattet werden kann (*quasi-ususfructus*).[2]) Auch Obligationen sind davon nicht ausgeschlossen. Wenn die nutzniessbaren Gegenstände ihrer Natur nach keinen Fruchtgenuss gewähren, sondern sich blos gebrauchen lassen, erleidet das Gebrauchsrecht (*usus*) die Einschränkung, dass die Ausübung desselben allein dem Usuar unmittelbar zusteht, er also auch wirklich im Stande sein muss, den beabsichtigten Gebrauch zu machen. Mitgebrauch von Freunden und Hausgenossen ist auch in diesem Falle nicht verboten. Es gehört dahin der Gebrauch von Thieren und Wohnungen (*operæ servorum et animalium, habitatio*), bei denen *usus* und *fructus* sich nicht immer trennen lassen. Der unter dem Namen des „gesetzlichen" aufgeführte eheliche, elterliche, vormundschaftliche Niessbrauch würde, wie jeder andere, alles rechtlichen Halts entbehren, wenn er sich nicht auf einen stillschweigenden Vertrag zurückführen liesse, der entweder sich von selbst aus einem vorangehenden Rechtsgeschäft ergiebt, oder durch die Auctorität der Obrigkeit auferlegt wird.

[1]) Es kann zwar nicht unbedingt verboten sein, eine Sache auf eine bestimmte Anzahl Jahre Jemand und möglicher Weise seinen Erben zu überlassen, doch erscheint es zweckmässig, das persönliche Moment möglichst festzuhalten. Darum mag wohl dem lebenslänglichen Nutzniesser aus wirthschaftlichen Rücksichten gestattet werden, sein Recht auf eine bestimmte Anzahl Jahre zu verpachten, so dass dasselbe auch nach seinem Tode noch fortdauern kann; nur fordert eine gesunde Rechtsanschauung, dass diese Eventualität möglichst eingeschränkt und nicht nach der gewöhnlichen Zeitpacht beurtheilt werde.

[2]) Dass der *quasi-ususfructus* unmöglich den Servituten zugezählt werden könne, sieht Elvers (die römische Servitutenlehre. 578) ein, weiss ihn aber dessenungeachtet anderswo nicht unterzubringen.

§ 87. Trotz alles Widerstrebens, dem einseitigen Schenkungsvertrag seine persönliche Geltung abzustreifen, mussten die Römer sich zuletzt doch dazu entschliessen, da es ausserhalb des Privatverkehrs Eigenthumsverhältnisse gab, die die Erblichkeit des Niessbrauchs nothwendig machten. Den Gegensatz des *dominium directum* und *utile* (Obereigenthum und nutzbares Eigenthum) kennt das römische Recht nicht: er rührt von den Glossatoren her, die eines Anknüpfpunktes bedurften für die germanische Vassallität. Dagegen betrachtete sich der römische Staat als Eigenthümer eines Theils der eroberten Ländereien, und als man es für gut fand, nicht alles auf die Weise gewonnene Land in Ackerloose und Bürgerbezirke zu vertheilen, wählte man das Auskunftsmittel, einer bessern Bewirthschaftung und höherer Einnahmen wegen Staatsländereien an beliebige Personen zum Niessbrauch erblich, dafür aber gegen Entrichtung eines festen Bodenzinses, zu überlassen (*ager vectigalis*). Das Weideland, dessen ungetheilten Besitz sich die Gemeinde vorbehielt, wurde auf ähnliche Erbpacht ausgegeben. Im Grunde war es weder Nutzniessung, noch Verkauf, noch Pacht, vielmehr von allen dreien etwas, die Grundbestimmung aber bildete der einseitige Schenkungsvertrag, so zwar, dass die Erblichkeit durch einen bleibenden Pachtschilling vergütet wurde. Man kann daher Compensation für eine accidentelle Erweiterung des Nutzniessungsvertrags darin erblicken. Ein eigenes Rechtsgeschäft ward daraus erst in der Kaiserzeit auf griechichem Boden, wo die römische Rechtsanschauung Manches von ihrem italischen Subjectivitätsprincip ermässigte und ihrem indogermanischen Ursprung wieder näher trat. Man nannte Emphyteuse die Erbpacht der kaiserlichen Patrimonialgüter, indem der Emphyteuta vorgestellt wurde als baumartig eingepflanzt in den Boden des Pachtguts, mit diesem gleichsam verwachsen, ohne darum wirklicher Eigenthümer zu sein. Wie gross war der Abstand zwischen dem Emphyteuta des byzantinischen Kaisers und dem Pächter des altrömischen Grundherrn!

Der Eine konnte jeden Augenblick ausgewiesen werden, dem Andern standen Rechtsmittel zu Gebot, die ihm den Fortgenuss seines Grundstücks gewährleisteten, so lang er seine Schuldigkeit gegen den Grundherrn erfüllte. Fortan stand nichts im Wege, dass die Emphyteuse Anwendung auch auf das gewöhnliche Privateigenthum fand: sie liess sich vererben, verkaufen, verschenken, legiren, mit Servituten und Pfandrechten belasten; nur musste der Emphyteuta seinerseits das Gut im gehörigen Stand erhalten und ausser dem alljährlich zu erlegenden Canon im Veräusserungsfalle an den Eigenthümer eine bestimmte Quote *(Quinquagesima)* abführen für den Fall, dass dieser von dem ihm zustehenden Vorkaufsrecht keinen Gebrauch machte. Das Vertragsverhältniss löste sich mit der Wirkung, dass das Grundstück dem Eigenthümer heimfiel, wenn der Erbpächter unbeerbt verstarb, auf sein Recht verzichtete, mit dem Zins drei Jahre hintereinander im Rückstand blieb, oder bei der Veräusserung einen Unterschleif beging. Ganz unzweideutig giebt sich das Vertragsmoment bei der s. g. *superficies* zu erkennen, bei der es zu einer Trennung zwischen Bodengrund und dem, was darauf steht, kommt, die Zweiseitigkeit also schon in der Sache selbst liegt. Der Grundeigenthümer wendet dem Superficiar das Recht zu, auf seinem Boden ein Gebäude zu errichten oder doch zur Benutzung zu besitzen, macht ihn zum Inhaber eines ewigen Nutzungsrechts gegen eine Abgabe (*solarium*). [1])

[1]) So eigenthümliche Rechtsverhältnisse erheischen natürlich auch ein eigenes Klagerecht. Dem Emphyteuta steht gegen jeden Besitzer eine *in rem actio* zu, ganz abgesehen von sämmtlichen possessorischen Interdicten. Die *actio Publiciana* wurde ausdrücklich geschaffen, um den fingirten Eigenthümer zu schützen, gleich als ob er ächter Eigenthümer wäre.

§ 88. Einseitige und formlose Schenkungsverträge mit der Wirkung der Vererbbarkeit, ohne dass, wie in Rom, der Pächter der Gefahr ausgesetzt war, jeden Augenblick in die Knechtschaft zurückzufallen, wenn er nicht Rechtsgleichheit erwarb, waren ein Lieblingsgedanke und einer der mächtigsten politischen Hebel der germanischen Rechtsanschauung. Dies ist die wahre Entstehung der Reallasten, sehr unpassend *servitutes juris germanici* genannt. Herstellen liess sich das zu Grunde liegende Verhältniss auf eine doppelte Weise: entweder durch einen einfachen, oder einen zweifachen Schenkungsvertrag. [1]) Gegen Armuth schützte die freie Geburt nicht, noch weniger die Freilassung; auch schlossen sich in den von Germanen eroberten Ländern Manche von der einheimischen Bevölkerung an vermögende und angesehene Leute unter den Siegern an und traten in ihre Rechtsgenossenschaft. Alle diese konnten in die Gewere eines Mächtigen in der Art aufgenommen werden, dass er ihnen einen bestimmten Antheil an seinen Gütern in Erbpacht überliess, ohne dass der Pachthof der Gewere seines Eigenthümers entzogen wurde, unter Umständen vielmehr an dieselbe wieder zurückfiel. Statt der negativen Bezeichnung „*Precarium*" kam dafür die positive „*Beneficium*" in Aufnahme, womit jedoch keineswegs ausgedrückt werden sollte, dem so Beschenkten sei keinerlei Verbindlichkeit auferlegt worden. Den Pachtzins hatte er zu entrichten, und daran schlossen sich, durch willkürliches Machtgebot des Grundeigenthümers auferlegt, die vielen andern Lasten, wie Zwangs- und Bannrechte, Erbgülten, Zinsen, Zehnten, auch Hand- und Spanndienste. Der Canon, den der Emphyteuta, das Solarium, das der Superficiar zu entrichten hatte, war von gleicher Beschaffenheit; man kann darum auch nicht sagen, die Reallast sei eine Obligation, wobei das Grundstück das verpflichtete Subject (Walter), denn das wäre ein logischer Widerspruch, noch auch, es werde die Obligation mit der Wirkung ausgeübt, dass der Schuldner in bestimmten wiederkehrenden Fristen kleine, die Obligation niemals erschöpfende Leistungen thue (Gerber); es müsste denn sein, dass Canon und Solarium ebenso zu verstehen wären. Ein ähnliches Verhältniss kam dadurch zu Stande, dass ein Eigenthümer, um sich an einen Stärkeren und Mächtigeren anlehnen zu können, diesem sein Gut schenkweise übertrug, um es als

Lehn von ihm zurückzuerhalten, wobei der Erbzins gleichfalls nach Belieben festgesetzt und leider auch, was das Bedenkliche aller solchen formlosen Verträge ausmacht, mit der Zeit erschwert werden konnte. In der Lehnssprache hiess der einfache Schenkungsvertrag *datio feudo*, der zweifache Schenkungsvertrag Lehnsauftragung (*oblatio*, Precarey), wozu erforderlich war, dass der künftige Lehnsherr durch Erwerb einer rechtlichen Gewere die Ansprüche der Erben an dem aufgetragenen Grundstück hatte erlöschen lassen. Dergleichen Uebertragungen von Land an ergebene Männer nahmen immer mehr überhand und begründeten eine persönliche Verbindung zwischen Schenker und Empfänger.[2]) Es war und blieb ein Vertragsverhältniss selbst dann, wenn die Verleihung dem Beschenkten keine realen Lasten auferlegte, und in dem Falle, dass die Könige in ihrem Namen Vergebungen von Kirchengütern vornahmen, geschah es unter der, obschon rechtlich unhaltbaren, Voraussetzung, dass die kirchlichen Liegenschaften in ihrer Gewere sich befänden und darum von ihnen auch zum Niessbrauch vergabt werden könnten. An eine blosse Schenkung darf überall nicht gedacht werden, wenngleich die Verleihung oft genug die Wirkung einer solchen erlangte, die ihr von Hause aus nicht zukam. Eine persönliche Verpflichtung zum Kriegsdienst konnte in der Regel für den Empfänger schon deshalb nicht erwachsen, weil er als freier Mann ohnehin im Heere zu dienen hatte, wohl aber war es für ihn eine specielle Auflage, die auf dem Beneficium ansässigen freien Leute dem Aufgebot zuzuführen, was nicht blos mit Mühewaltung, sondern auch mit Kosten verknüpft, folglich gleichfalls eine Reallast war.[3])

[1]) Schon Renaud (Beitrag zur Theorie der Reallasten) hat zum Theil das Richtige erkannt, und Bluntschli (Deutsches Privatrecht. § 90) spricht es offen aus, die Reallasten rühren aus einer Herrschaft oder Hoheit des Berechtigten über die Güter her.

[2]) Dass Waitz (über die Anfänge der Vassallität. 71 ff. Deutsche Verfassungsgeschichte. III. 15) gegen Roth daran festhält, kann nur gebilligt werden, denn dass sich das persönliche Moment mehr und mehr verlor, thut seinem anfänglichen Vorhandensein keinen Eintrag. Gerade

darin liegt der Unterschied zwischen Römischem und Germanischem, dass jenes über der Sache die Person aus den Augen verlor, dieses in der persönlichen Beziehung den Schwerpunkt des Rechtsverhältnisses suchte.

[3]) Etwas Ursprüngliches war die Hörigkeit nicht, das Normale vielmehr die Gemeinfreiheit. In der Hauptsache dürfte F. Löher (Jakobäa von Bayern und ihre Zeit. I. 42) das Richtige getroffen haben, wenn er, die massenhafte Hörigkeit schon in der Carolinger und den nächstfolgenden Zeiten ablehnend, den einen Factor der Hörigkeit in den öffentlichen Abgaben und Leistungen, welche für Gerichtspflege, Krieg und allgemeinen Landesdienst von jeher bestanden, den andern in dem Lehnswesen sucht, welches das Recht auf diese Abgaben bestimmten Familien zuwies. Der Lehnsstaat ertheilte Heeres- und Gerichtsgewalt unter eine Gliederung von hohen und niederen Herren, und liess sie in deren Händen erblich werden gleichwie ein Familiengut. Damit wurde auch das Recht auf die Dienste (*servitia*) und Abgaben erblich. Auch v. Maurer hat darauf hingewiesen, dass durch die Immunitätsprivilegien das Verhältniss der grund- und schutzhörigen Colonen zu der Herrschaft, von der sie vor Gericht gestellt und vertreten werden mussten, auf die freien Colonen ausgedehnt wurde.

§ 89. Die Ursache, warum das Beneficialwesen die Härten und Ungerechtigkeiten des Feudalsystems nach sich zog, lag in der Unsicherheit der germanischen Obligation. Weil es dem einseitigen Vertrag an aller Form gebrach, die von dem Empfänger übernommenen Verbindlichkeiten höchstens ausnahmsweise spezificirt wurden, stand es in der Macht des Eigenthümers, den hilflosen Beneficiaten zu drängen und zu drücken. Man thut Unrecht, in dem Feudalismus das Uebergewicht des Bodens über die Persönlichkeit anzuklagen; [1]) der Fehler war vielmehr der, dass der ewige Schenkungsvertrag den mit Macht ausgestatteten Beschenkten, zumal wenn er ausser den Beneficien ächtes Eigenthum besass, nicht daran hindern konnte, früher oder später seine uneigentliche Gewere in eine eigentliche zu verwandeln, wogegen der arme und schwache Mann ausser Stand war, der ungerechtfertigten Vermehrung der ihn treffenden Reallasten Einhalt zu thun, und zuletzt bis zur leibeigenschaftlichen Hörigkeit (Eigenhöriger) erniedrigt wurde. Nur wenige Bauergüter wurden mit dem Recht der Emphyteuse besessen: wirkliche Veräusserungen ohne Einwilligung des Gutsherrn waren nichtig, dagegen hatte der in Meierrecht (Erbpacht, Erbleihe, Erbzinsrecht) stehende Colon das Gut in allen dasselbe betreffenden Rechtsstreitigkeiten, sowohl als Kläger wie als Beklagter, zu vertreten, während dem Gutsherrn eine Intervention freistand. Um einen sachgemässen Mittelpunkt zu gewinnen für die Vielheit von Bauergütern, musste es dem Eigenthümer zur Beseitigung der Nachtheile, die unvermeidlich mit der Erbpacht verknüpft sind,[2]) daran gelegen sein, sie zu Anhängseln eines grössern Ganzen zu machen. Der Haupthof, zu dem die bäuerlichen Erblehen gehörten, wurde zu einem Amtslehn (Frönde, *hospitium*)[3]) erhoben, und der damit Belehnte konnte von dem Gutsherrn jeder Zeit entlassen werden,[4]) was dem römischen Precarium erst nachgebildet wurde. Ging das Obereigenthum in der Person des Herrn für immer unter, so verwandelte sich das Nutzungsrecht von selbst in volles Eigenthum, weniger „durch die wachsende Macht der Realität und des nachwirkenden Rechts," als weil es an einem Rechtswillen gebrach, der die eigentliche Gewere trug, die uneigentliche aber nur in Kraft der eigentlichen bestand. Es war dann ein bevorzugtes Occupationsrecht. So lang die kriegerische Kraft der Nation sich in den Formen eines klaren und lebendigen Rechts nach den grossen Gesetzen von Huld und Treue bewegte;[5]) so lang der Vassall seinen Senior verlassen durfte, wenn dieser ihm seinen Schutz nicht hatte angedeihen lassen, lag noch ein ideales, durch das Persönliche, Leibliche und Mündliche gehaltenes Moment in solcher durchgreifenden, Alles überordnenden und Jegliches unterordnenden Einrichtung; aber bei der Unvollkommenheit der Menschen, wegen ihres Eigennutzes und ihrer Habsucht, musste unter einem System, das alles Nutz- und Brauchbare zu einem Gegenstand der Belehnung und zu einem Leistungsobject machte, die freie Beweglichkeit der Eigenthumswerthe immer mehr erstarren.

[1]) Lerminier (*Philosophie du droit.* I. 17): *La loi féodale n'est autre chose que la terre élevée à la souveraineté.* Michelet (*Oeuvres.* II. 302): *Le système féodal est comme une religion de la terre.* Eschbach (*Etude*

du droit. 256): *Prédominance de la réalité sur la personnalité.* Gefolgschaft, Beneficium, Vassallität lassen sich nicht trennen, in so verschiedenen Gestalten sie auch auftreten mögen: es sind verschiedene Abwandlungen eines und desselben, in dem einseitigen Schenkungsvertrag wurzelnden Grundthemas, durch die Umstände herbeigeführte persönliche Bande, die mit Gewere und Mundschaft zusammenhängen. Buccellarien, Gefolgsleute *(leudes)*, Antrustionen, Vassallen sind nicht identisch, aber rechtsverwandt.

[2]) Auch in rechtlicher, nicht blos staatswirthschaftlicher, Hinsicht ist es lehrreich, wie König Friedrich Wilhelm I. von Preussen, nachdem er es mit der Vererbpachtung der Domänen versucht hatte, bald überall die Zeitpacht zurückführte. (Ranke, Neun Bücher Preussischer Gesch. I. 127 u. 151.)

[3]) Grimm, Weisthümer. I, 6. 54 u. a. a. O. Guérard, *Cartulaire de France.* I. 166.

[4]) *„Ains tags ze nün malen beseczen und entseczen."*

[5]) Homeyer, System des Lehnrechts der sächsischen Rechtsbücher.

[6]) Ludwig der Fromme in einem Capitular v. J. 816. (Pertz. III. 196.) Das Lombardenrecht bestrafte die Untreue des Lehnsherrn mit Tilgung seiner Ansprüche, und nach schwäbischem Lehnsrecht konnte der Lehnsherr am Belehnten gleichfalls Treubruch (Felonie) begehen.

§ 90. Die allgemeine Anwendung des formlosen Schenkungsvertrags nach germanischem Recht brachte es mit sich, dass das Vorkaufsrecht in eine Menge Eigenthumsverhältnisse eingriff und die unbedingte Verfügung über Eigenthum wesentlich beschränkte. Nach römischem Recht hatte bei Erbpacht der Dominus ein Vorzugsrecht *(jus, pactum* προτιμήσεως), ganz etwas Anderes als das germanische Zug- oder Retractrecht, denn der durch das Näherrecht Begünstigte konnte den rechtmässigen Erwerber, der den freiwilligen Rücktritt verweigerte, zur Tragung des Schadens nicht zwingen, musste sich vielmehr mit einem Entschädigungsanspruch an den Veräusserer halten. Das germanische Retractrecht erzwang den Rücktritt des Erwerbers, sobald der in seinem Rechte Gekränkte innerhalb einer bestimmten Frist Klage erhob. Mehr oder weniger stand allen Mitgliedern einer engeren und selbst weiteren Genossenschaft, Blutsverwandten, Markgenossen, Nachbarn, [1]) ein Näherrecht zu, weil die Anschauung davon ausging, die Landloose seien mit der stillschweigenden Vertragspflicht ausgeworfen, dass kein Inhaber

Etwas von der genossenschaftlichen Gewere an einen Fremden entäussere und damit die Rechtsordnung störe. Es war Vertragsverletzung, wenn Jemand dagegen handelte, und das Gesetz setzte es durch, dass der spätere Privatvertrag zu Gunsten des älteren Gesellschaftsvertrags annullirt wurde. Nach dem „Sachsenspiegel" waren die nächsten Erben berechtigt, alle Veräusserung von Grundeigenthum und den ihm gleichgestellten Rechten an Dritte, insoweit sie nicht durch den Fall ächter Noth veranlasst war, innerhalb Jahr und Tag zu annulliren und sich des veräusserten Objects mit derselben Wirksamkeit zu unterwinden, als wenn es sich um den Rechtsanspruch auf erworbene Gegenstände handelte. Es ist eine Art Reallast unter Voraussetzung eines Schenkungsvertrags, der zwischen individuellem und genossenschaftlichem Eigenthum mit der stillschweigenden Annahme bestand, die Genossenschaft habe einen Theil des Ihrigen dem Einzelnen zur freien Verfügung, jedoch mit der Beschränkung überlassen, den Theil dem Ganzen unter keinerlei Umständen zu entziehen.

[1]) Man kennt eine Erb-, Mark-, Nachbar-, Territorial-Losung, einen Zins-, Frohn-, Lehns- und Grundherrn-Retract.

§ 91. Auf allen den mehr oder weniger losen Entstehungsweisen des Schenkungsvertrags fusst insbesondere der Erbvertrag. Die künftige Erbschaft eines Lebenden zu einem Gegenstand von Rechtsgeschäften zu machen, war gegen das römische Rechtsbewusstsein, weil diesem zufolge der Lebende über das nicht verfügen konnte, was ihm, wenn er einmal gestorben war, nicht mehr gehörte, und ein auf's Ungewisse hin sich selbst bindender Rechtswille als Widersinn erschien. In den dunkeln Schoos der Zukunft sollte das der unmittelbaren Gegenwart zugewandte Recht seinen Anker nicht auswerfen können: geschah es dennoch, so fehlte es der Obligation sowohl am nöthigen Subject, als am nöthigen Inhalt. Weil nun aber das Leben die Durchführung keines Princips in seiner äussersten Schärfe duldet, musste es zugleich mit der Erleichterung des testamentarischen Verfügungsrechts zu einer Ausgleichung zwischen dem Rechtswillen und der Lebensordnung kommen. Die *donatio mortis causa*, Anfangs auf den engsten Kreis einer unmittelbaren Lebensgefahr eingeschränkt, erweiterte sich zu der allgemeinen Möglichkeit einer Schenkung für den Fall des Todes, jedoch mit dem stillschweigenden Vorbehalt willkürlichen Widerrufs, bis zuletzt auch darauf verzichtet werden konnte und nur noch die Bedingung übrig blieb, dass der zu Beschenkende den Schenker auch wirklich überlebte. Das Gesetz, um mit sich selbst in Uebereinstimmung zu bleiben, durfte nur keinerlei Verfügungsrecht über Eigenthum in zweiter Hand anerkennen, es nicht dulden, dass durch irgend einen Vertrag, z. B. durch Erbverzicht von Seiten des präsumtiven Erben, dem natürlichen und ausserhalb menschlicher Macht stehenden Lauf der Dinge vorgegriffen wurde. Die Gültigkeit einer Verschenkung des zu erwartenden Erbtheils war durch sich selbst hinfällig, weil gesetzlich Keiner verschenken konnte, was einem Andern gehörte, es müsste denn sein, dass der wirkliche Erblasser seine Genehmigung dazu ertheilte, die er aber jeden Augenblick wieder zurücknehmen konnte. Eine Obligation als theilweise Dienstbarkeit der Person gegen die andere kam so nicht zu Stande: es war eine blosse Aussicht, eventuelle Möglichkeit, die sich verwirklichen k o n n t e, jedoch nicht m u s s t e. Gerade aber auf das Muss legte das römische Recht alles Gewicht. Dem stand nichts im Wege, dass der Erblasser bei Lebzeiten sein Gesammtvermögen schenkweise an Jemand übertrug, um es nach seinem Tode seinem Willen gemäss zu vertheilen. Dieses einfache Vertrauensgeschäft, mancherlei Wandlungen unterworfen, diente dazu, eine eigenthümliche und b l e i b e n d e Successionsordnung für bestimmte Sachen zu begründen. Die Verpflichtung zur Herausgabe der Erbschaft oder des Erbantheils, bei Lebzeiten oder beim Tode des Fiduciars, konnte für dessen Nachfolger nur so fortlaufend verbindend gemacht werden, zumal innerhalb der Familie (Familien-Fideicommiss);

indess stand ein derartiges Vertragsverhältniss zu sehr im Widerspruch mit der allgemeinen Vertragstheorie, die nur unmittelbare und persönliche Verpflichtungen kannte, als dass die Succession vermittelst Fideicommissen hätte allgemein werden können. Die Anordnungen des Stifters vermochten höchstens zwei Willen stricte zu binden. Die nahe Beziehung zwischen Schenkung und Vertrag entging den römischen Juristen dabei nicht, wie denn im Codex die *donatio* mehrfach unter den *contractus* aufgeführt wird, und der wohlthätige Veräusserungsvertrag bestand zu Recht auch dann noch, wenn dem Beschenkten ein bestimmtes Verhalten für die Zukunft zur Pflicht gemacht wurde. Nur den dem deutschen Recht eigenthümlichen Erbvertrag (Erbgedinge), eine unwiderrufliche Regulirung der künftigen Erbschaft bei Lebzeiten des Erblassers, kennt das römische Recht als Regel nicht, sondern höchstens als Ausnahme. Von den ehelichen Erbverträgen an bis zur Einkindschaft und Erbverbrüderung gab es nach deutschem Recht allerhand Möglichkeiten vertragsmässiger Schenkung für den Fall des Todes, die zwar die Befugnisse zu späteren letztwilligen Zuwendungen, aber nicht zu onerosen Veräusserungen aufhoben. Aeusserlich war es ein Geschäft unter Lebenden, Vergebung bei gesundem Leibe, dem Erfolg nach eine vertragsmässige Erbeinsetzung; [1]) indem statt der förmlichen Auflassung eine in feierlicher Form errichtete Urkunde später genügte, kam man der Erbeinsetzung im römischen Sinn so nahe, dass dem Gebrauch der Testamente nichts Erhebliches mehr im Wege stand. [2]) Fideicommisse und Familienstiftungen waren durch die Natur der Gewere von selbst angedeutet: der jeweilige Stiftungsfolger war der wirkliche und lebenslängliche Eigenthümer des Stiftungsguts, aber dies im Auftrag der vergangenen, gegenwärtigen und zukünftigen Familieneinheit, und mit der Verpflichtung, die Stiftung seinem zum voraus bestimmten Nachfolger in demselben Zustand zu hinterlassen, in welchem er sie angetreten hatte. Der Gesammtwille der Lebenden mag wohl Aenderungen vornehmen, aber nur solche, die weder die Willenssubstanz des Stifters, noch die durch sie bedingte Rechtssubstanz der kommenden Geschlechter wesentlich alteriren.

[1]) Beseler, Erbverträge. II. 176. Massgebend war die Vorstellung von der Aufnahme in die Gewere des Erblassers, wozu man sich schon frühzeitig einer Mittelsperson als Zeugen, des spätern Treuhänders, bediente. Bis zum dreissigsten Tag nach dem Hinscheiden des Erblassers blieb die Gewere ungetheilt.

[2]) Walter, Deutsche Rechtsgeschichte. § 551 ff.

§ 92. Ist es Pflicht der Gesetzgebung, die subjective Freiheit und Unmittelbarkeit des Rechtswillens nicht unnöthig beengen zu lassen, und möglichst solche Belastungen zu vermeiden, welche dem freien Verfügungsrecht auf Generationen hinaus Fesseln anlegen, so wird dem einseitigen Schenkungsvertrag keine zu allgemeine und weitgreifende Geltung zukommen dürfen. Der subjective Rechtswille soll in dem natürlichen Bestand und den natürlichen Zwecken der Familie nicht untergehen; das wahrhaft Allgemeine und Ideale kann nur die Rechtsperson sein, und zu ihr verhält sich selbst die Familieneinheit wie das Mittel zum Zweck. In der Succession die Familie schützen, heisst immer blos, den Einzelnen im Zusammenhang des Ganzen wahren. Darum kann es nicht Rechtens sein, den Einzelnen den Zwecken des Ganzen in einem Einzelnen aufzuopfern, die Familienstiftung zur Hauptsache und, was neben ihrem Träger für die nach den ewigen Naturgesetzen gleichberechtigten Individuen abfällt, als etwas Untergeordnetes und Beiläufiges zu behandeln. Zwar streitet es mit einer gesunden Auffassung des Eigenthumsbegriffs, dasselbe immer wieder in natürliche Atome auseinander fallen zu lassen; allein den daraus entspringenden Uebelständen wird sachgemäss nicht durch Fideicommisse, sondern durch den sich ansammelnden Grundstock eines Familienvermögens abgeholfen, zu welchem alle Familienangehörigen nach natürlichen Verwandtschaftsgraden in einem gleichen Verhältniss stehen. Das Familiengut ist wirkliches Gemeingut und als solches nicht Selbstzweck, sondern ausnahmsweise zu verwendendes Gebrauchsmittel zur Abhilfe für den etwaigen Nothstand einzelner Familienangehörigen. Die Hauptsache muss derjenige Vermögenstheil sein und bleiben, der jedem Einzelnen gesetzlich zukommt, nicht aber, wie bei der Familienstiftung, das Ganze in einem einzelnen Successor, dessen Stellung leicht zu einem gehässigen Privilegium wird. Die billige Ausgleichung zwischen den beiden Extremen liegt allein in der wirklichen Gemeinsamkeit des als Nebenzweck behandelten Familienvermögens. Dieselbe Rücksicht gebietet zugleich, dass manche aus dem einseitigen Schenkungsvertrag entsprungene Härten und geschichtlich sich forterbende Uebelstände beseitigt werden. Zwar wird ein Unrecht niemals durch ein anderes Unrecht zu Recht; erwägt man jedoch, wie die Mächtigen sich ihrer Lehnspflichten in demselben Masse zu entledigen wussten, in welchem sie die ihnen untergebenen kleinen Leute überbürdeten, so erscheint eine Ausgleichung zu Gunsten der letzteren nicht mehr als billig. So wenig es jemals gelingen wird, einen Ausschnitt der Ideenwelt auf einem beliebigen Standpunkt seiner geschichtlichen Entwicklung festzuhalten, eine Sprache, eine Religion in ein unwandelbares Dogma zu bannen, ebenso wenig kann die Rechtsidee es sich gefallen lassen, statt der Einzelnen die Generationen in herrschende Eigenthümer und dienende Nutzniesser verwandelt zu sehen. Soll die Wohlthat Wohlthat bleiben, so darf sie nicht zu einem Joche werden. Es ist vom Uebel, mehr Servituten aufzuerlegen, als die Rechtsordnung gebieterisch erheischt; es ist aber noch unerträglicher, eine wohlthätige Zuwendung so zu belasten, dass der Geniessende nicht mehr Herr seiner selbst heissen kann. Nicht um die Befreiung von dem drückenden Uebergewicht des Dinglichen handelt es sich, vielmehr um Lösung endloser Vertragsverhältnisse, bei denen die ursprüngliche Triebfeder, die Gesinnung der Treue, abhanden gekommen, die anfängliche Wohlthat durch successive Gegenleistungen reichlich zurückgegeben ist.

§ 93. Der einseitige Schenkungsvertrag behält seine ungeschmälerte Geltung bei solchen Rechtsgeschäften, die eine wohlthätige Zuwendung unter Lebenden zum Gegenstand haben. Dahin gehört namentlich auch die vertragsmässige Bestellung der Dos, die zwar in dem Vermögen des Mannes ist, aber doch nur in der Art, dass ihm der Niessbrauch über das verfangene Gut der Frau zusteht, ohne dass, wie beim gewöhnlichen *ususfructus*, die künftige Nothwendigkeit der Restitution zum voraus gewiss ist. Ueber die Rückerstattung der Dos nach aufgehobener Ehe konnten von jeher in Rom bestimmte Verträge geschlossen werden. An den eigentlichen Schenkungsvertrag, der in der unmittelbaren oder mittelbaren Zuwendung einer Wohlthat oder Befreiung von einer Schuld, mit oder ohne Auflage, besteht, reiht sich der Leihvertrag *(Commodatum)*, der geschlossen wird durch Verabfolgung einer Sache zu unentgeltlichem Gebrauch, unter der Verpflichtung zur individuellen Rückgabe. Leihen ist so viel als zum Niessbrauch überlassen und empfangen; übrigens hat das zwischen dem Verleiher und dem Leiher stattfindende Rechtsgeschäft nach Zweck und Umfang festere Formen, als der *ususfructus* im Allgemeinen. Wenn über die Dauer des Gebrauchs keine Vertragsbestimmung vorliegt, so entscheidet der Wille des Commodans allein, und das Precarium ist vollständig. Der Vortheil kann dessenungeachtet theilweise oder selbst ganz auf Seiten des Commodans sein, ohne dass der Commodatar seiner Hauptverpflichtung, unversehrter Zurückgabe, überhoben wäre. Auch das *Depositum* (Niederlegungsvertrag) folgt demselben Gesetze. Wer sich zur unentgeltlichen Aufbewahrung einer ihm übergebenen Sache und zur individuellen Rückgabe verpflichtet, der wendet seine Mühewaltung und die Verantwortlichkeit für die gewissenhafte Aufbewahrung der bei ihm niedergelegten Sache dem, der sie niedergelegt hat, schenkweise zu, leistet also statt der Sache die Mühe. Das römische Gesetz schloss jede Art der Vorenthaltung, jede Behinderung des Deponenten an der Verfügung über das von ihm Niedergelegte aus, und machte den Depositar haftbar für *dolus* und grobe Fahrlässigkeit. Bei den Germanen wurde die Commendation, Anempfehlung, die als Aufnahme in den Schutz eines Andern den Grundzug des Beneficialwesens ausmacht, auf den Niederlegungsvertrag angewendet. Der Eigenthümer oder Besitzer einer Sache empfahl sie und sein Recht darauf dem Schutze des Empfängers. Irregulär heisst der Verwahrungsvertrag, wenn seiner Natur nicht angemessene Nebenbestimmungen, insbesondere über Gebrauchsgestattung und Zinsverbindlichkeit, hinzutreten, in welchem Falle die Niederlegung in den Leihvertrag oder den doppelseitigen Schuldvertrag hineinspielt. Man nennt einen solchen Aufbewahrer Sequester, Unter-Verschluss-Nehmer, der von Mehreren eine streitige Sache bis zum Austrag zur Aufbewahrung übernimmt und allen Deponenten gleichmässig verbunden, dem Sieger unter ihnen verantwortlich wird.

§ 94. Die Schenkung in Gestalt der Pflegschaft ist demnächst einer einseitigen Vertragsform fähig, ohne dass sie den Belang dinglicher Schenkungsverträge zu erreichen braucht. In der römischen Rechtssprache heisst der betreffende Vertrag *Mandatum* (bindender Auftrag in Form einer Vollmacht); es leuchtet jedoch ein, dass alle Rechtsgeschäfte, die unter die Kategorie der Pflegschaft fallen, gleicher Massen obligatorisch gemacht werden können. Die Römer erkannten mit sicherem Rechtsgefühl, dass es sich beim Mandat um eine Gefälligkeit, folglich um eine Ehrensache handle; die Condemnation sowohl des Beauftragten (Mandatars), der seine Schuldigkeit nicht that, als des Vollmachtgebers (Mandans), der sich weigerte, für begründete Gegenforderungen den Mandatar schadlos zu halten, hatte infamirende Wirkung. Ein eigentlicher Dienstvertrag war es nicht, denn die zu fordernde Vergütung für Zeit und Mühe konnte nicht als Lohn *(certa merces)*, sondern nur als Ehrensold (Honorar) auf ausserordentlichem Rechtswege dem Mandatar zugebilligt werden. Widerruf und Kündigung waren von beiden Seiten uneingeschränkt, mochte der Auftrag für ein einzelnes Geschäft (Special-Mandat), oder für einen Complex von Geschäften (General-Mandat) ertheilt werden. Nur das Object der Geschäftsbesorgung im Allgemeinen musste bestimmt sein, wogegen der germanische Auftrag schwer ein festes Gepräge erlangte und, nach den vorhandenen Formularen zu schliessen, dem Stellvertreter es nicht möglich machte, unmittelbar eine Verpflichtung oder Forderung zu schaffen.[1]) Zuerst im Auftrag der Familie und weiterhin als Bevollmächtigter der an ihre Stelle getretenen Obrigkeit übernimmt der Vormund die vertragsmässige Sorge für den Unmündigen, wenn ihm nicht schon durch testamentarische Bestimmung die Verpflichtung auferlegt wurde. Daran reihen sich die vogtschaftlichen Mandate zum Besten solcher Rechtswillen, die im gesetzlichen Sinne nur unvollkommen oder, ausserordentlicher Umstände wegen, gar keine Rechtsgeschäfte einzugehen im Stande sind. Bei der Geschäftsbesorgung *(negotiorum gestio)* fehlen zwar Auftrag und Vollmacht, es wird aber angenommen, sie seien ertheilt, wenn der, den das Geschäft angeht, Gewinn daraus zieht, also schenkweise etwas erhält. Das Primäre an der Bürgschaft liegt in der vertragsmässigen Zuwendung seines persönlichen Credits, den der Bürge dem Schuldner angedeihen lässt; davon abgeleitet erst wird die Verpflichtung des Bürgen gegen den Gläubiger, ihn für den Fall der Zahlungsunfähigkeit des Schuldners mit seinen Forderungen zu befriedigen. Muss er zahlen, so verwandelt sich die in der idealen Creditzuwendung enthaltene Möglichkeit in die Wirklichkeit einer dem Schuldner gemachten realen Schenkung. Man sieht an dem Beispiel, wie bei verwickelten, beziehungsweise gemischten, Rechtsgeschäften die begründenden Momente nicht immer offen zu Tage liegen, vielmehr zum richtigen Verständniss einer schärferen Sichtung und Sonderung bedürfen, als sie gewöhnlich erfahren. Der einseitige Vertrag, womit der Bürge sich dem Schuldner verpflichtet, ist so ursprünglich als der zweiseitige Schuldvertrag, wennschon jener ohne diesen keinen Gegenstand hat. Leistet der Bürge die Rückzahlung der Schuld, so thut er es in Folge der gegen den Schuldner eingegangenen Verpflichtung, ihm für den Nothfall die Summe zu schenken und durch Aushändigung derselben an den Gläubiger die Schuld selbst zu tilgen.

[1]) In der Lage des Mandatars befindet sich der Procurist, der im Auftrag und Namen des Principals und auf dessen Rechnung das Handelsgeschäft betreibt. Es ist angemessen, dass derselbe nur zur Veräusserung und Belastung von Grundstücken einer besondern Ermächtigung bedarf, in allen andern Angelegenheiten aber freie Hand behält. Der Handlungsbevollmächtigte ist an sich zum Eingehen von Wechselverbindlichkeiten, zur Aufnahme von Darlehn und zur Prozessführung nicht ermächtigt.

§ 95. Eine vertragsmässige Verpflichtung lässt sich endlich in der Zeugenschaft nachweisen. Der bestellte Beurkundungs-Zeuge, der ein Rechtsgeschäft beglaubigt, um ihm gesetzliche Sicherheit zu gewähren, thut damit nichts Anderes, als durch seine freiwillige Anwesenheit und Unterschrift die Verbindlichkeit übernehmen, der Partei, für die er zeugt, die Wohlthat seines Zeugnisses zuzuwenden. Er hat Bürgschaft zu leisten für die Rechtmässigkeit und Gültigkeit des Geschäfts. Wer im Namen des Gesetzes zum Zeugniss über eine Thatsache, von der er Kenntniss hat, aufgefordert wird, der geht dieselbe Verpflichtung der Obrigkeit gegenüber ein, und der Eid, den er zur Bekräftigung seines Zeugnisses abzulegen hat, soll als Mahnung an die von ihm übernommene Vertragspflicht dienen. Dort die Unterschrift, hier der Eid sind Symbole des einseitigen Vertrags, der vorkommenden Falles der grösseren Sicherheit wegen auf ausserordentliche Weise beglaubigt werden kann. Jene Theorie des Naturrechts, die sich kein Recht anders als auf vertragsmässigem Wege entstanden denken kann, entfernt sich mit ihren künstlichen Voraussetzungen offenbar zu weit von den natürlichen Bedingungen der Rechtsbildung, andrerseits kann man ihr die Anerkennung nicht versagen, dass sie die universelle Bedeutung des Vertrags richtig erkannt hat. Ohne jedesmal vertragsmässig zu entstehen, sind Eigenthum und

Schenkung ganz dazu angethan, im wirklichen Leben den Aneignungs- und den Entäusserungs-Modus vertragsmässig zu stützen. Es entsteht selten ein Eigenthums- und Schenkungsrecht, in welches nicht, näher oder entfernter, unmittelbar oder mittelbar, eine Vertragsbeziehung hineinspielt, und zuletzt ist es der allseitig bindende Staatsvertrag, der jedes einzelne Rechtsverhältniss gewährleistet.

d. Zweiseitiger Vertrag.

§ 96. Zweiseitig heisst der Vertrag, wenn Leistung und Gegenleistung für den Geber und Empfänger in der vernunftmässigen Vorstellung gleichen Werth haben, ohne dass nach objectiver Bemessung die beiden subjectiven Werthschätzungen sich vollkommen zu decken brauchen.[1]) Der zweiseitige Vertrag ist grundwesentlich Tauschvertrag mit gleichen subjectiven Werthen, während die Objecte des Eintausches und Austausches, der Leistung und der Gegenleistung sehr verschiedenen Wesens sein können. Sein und Thun, dingliche Leistung und Arbeitsleistung, letztere entweder durch körperlichen oder durch geistigen Kraftaufwand vermittelt, bedingen die objective Differenzirung des Tauschvertrags; der Rechtswille selbst ist bei allen Leistungen der nämliche und fehlt bei den Sachenwerthen so wenig, als bei den geistigen Arbeitswerthen. Die beiden Vertragsmomente müssen sich schlechterdings das Gleichgewicht halten, und auch Derjenige, der die Gewissheit hat, weniger zu empfangen als er giebt, also übervortheilt zu sein, muss, so lang das Gesetz ihn nicht vor strafbarem Betruge und gewaltsamer Erpressung bewahrt, dieses Gleichgewicht als vorhanden anerkennen. Ein subjectiver Unterschied kommt in den identischen Rechtswillen nicht durch sein in dem Vertrag kundgegebenes Wollen, sondern in abgeleiteter Weise dadurch, dass die Gegenseitigkeit entweder blos zwei oder eine Mehrheit von Subjecten verbindet. In dem einen Falle ist der

Vertrag Individual-Vertrag, im andern Gesellschafts-Vertrag. Während jener durch das römische Recht bis zur Vollendung entwickelt worden ist, arbeitet im Gesellschafts-Vertrag die organisatorische Macht der Rechtsidee unablässsig fort, Zielen entgegen, die nicht nur den Staat in ein zweckmässigeres Verhältniss zum Rechte bringen, sondern gleichzeitig die vorangehenden Stufen des Rechts, insbesondere ihren innern Zusammenhang, erheblich fördern.

[1]) Paullus: *In emendo et vendendo naturaliter concessum est, quod pluris sit minoris emere, quod minoris sit pluris vendere.*

α. Individual-Vertrag.

§ 97. Zwar ist der Tauschhandel (Barattohandel) fast gänzlich aus dem Verkehr verschwunden, wenigstens ohne durchgreifende Bedeutung, man kann aber darum doch nicht sagen, [1]) dass es zwischen Tausch- und Kaufvertrag gar keinen Unterschied mehr gebe. Durch den Begriff des Geldes, der eine allgemeine Werthgrösse ausdrückt, wird beim Kaufe auch der Rechtsbegriff in etwas alterirt, verglichen mit dem Tausche, bei dem nicht der allgemeine Preis gegen die einzelne Waare, sondern ein einzelner Werthgegenstand gegen einen andern eingehandelt wird. Schon das begründet im gewöhnlichen Leben einen Unterschied, dass wenn beim Kaufe dem Acceptanten die überkommene Sache aus einem vor der Uebertragung stattgehabten Grunde rechtlich bestritten wird, der Käufer nicht eher angegriffen werden kann, als bis die gekaufte Sache wirklich abgenommen (evincirt, entwährt) [2]) ist, wogegen beim Tausch der Geber seine Sache zurücknehmen darf, so lang die Gegenleistung noch nicht erfolgte, und, selbst wenn sie erfolgte, stets es bei etwaiger Eviction in seiner Wahl hat, entweder Evictionsleistung zu fordern, oder das von ihm Gegebene zurückzuverlangen. Die Rechtsvernunft erheischt, dass dem Tauschvertrag seine realistische Unmittelbarkeit möglichst unverkürzt erhalten bleibe: hier ist das „Zug um Zug“ am Platze, so dass die

Erfüllung dem Versprechen auf dem Fusse folgt, die eingegangenen Verbindlichkeiten ohne Verzug sich wieder lösen, und mit dem Uebergehen der Tauschgegenstände von einer Hand in die andere der Haftbarkeit die engsten Grenzen gezogen werden. Wer dem Augenschein nicht traut, der hat es in seiner Gewalt, sich der Vortheile eines Kaufvertrags zu bedienen.

[1]) Koch, Recht der Forderungen. III. 690.

[2]) Sollte nicht richtiger „entweren," „Entwerung" zu schreiben und die wirkliche Abnahme der Sache als ein Abnehmen der Gewere vorzustellen sein?

§ 98. Die Weigerung der Römer, das Merkmal der Geldleistung als wesentlich in den Begriff des Kaufs aufzunehmen, ohne gleichwohl die *emptio venditio rei futuræ* abzulehnen, legt Zeugniss ab von der Zähigkeit, womit sie am alten Rechte des Tauschhandels festhielten. Das Geld behielt für sie die Bedeutung einer Waare, was es wohl zum Theil, aber nicht blos ist; der solenne Verkauf erforderte nicht allein richtiges Abwägen des Kaufpreises, sondern auch ein sinnlich wahrnehmbares Kennzeichen von dem innern Gehalt des Erzes, wofür das Anschlagen an die Waage *(œre percuttere libram)* das geeignetste Mittel war. Die Natur der Sache, nicht die Vorstellung von ihr entschied, daher der Vertrag als solcher in zwei besondere Rechtsgeschäfte, *emptio et venditio*, zerfiel, und nach der Versicherung Justinians die XII Tafeln verfügten, dass verkaufte Sachen nicht eher in das Eigenthum des Käufers übergehen sollten, als bis derselbe den Preis gezahlt oder den Verkäufer auf andere Weise sicher gestellt hätte. Die Zuziehung von Zeugen war für den Richter ein Grund mehr, die Güte der Waare, so weit sie sich durch Augenschein erkennen liess, der Prüfung des Käufers anheimzugeben, und den Verkäufer für augenfällige Fehler selbst dann ausser Verantwortlichkeit zu setzen, wenn er Fehlerlosigkeit ausdrücklich zugesagt hatte. Für seine andern Aussagen *(dicta)* hatte er aufzukommen, und das Ableugnen dessen, was Einer feierlich angelobt hatte, wurde gleich der Evictionsleistung als eine auf's Doppelte gerichtete Diebstahlsklage behandelt.[1])

[1]) *Cicero de Offic.* III. 16: *Quum ex XII tabulis satis esset ea præstari quæ essent lingua nuncupata, quæ qui infitiatus esset dupli poenam subiret.*

§ 99. Die altgermanische Vertrags-Theorie brachte es mit sich, dass bei Tausch und Kauf die einfache Willenserklärung der beiden Parteien den Vertrag perfect machte, wenn Leistung der Forderung am hellen Tage oder vor Gericht geschah. Wer den Kaufsgegenstand einmal förmlich in seine Gewere aufgenommen hatte, der hatte grundsätzlich die etwaige Uebervortheilung als selbstverschuldeten Schaden zu tragen, und obschon das spätere deutsche Recht sich die römischen Klagearten bei Kauf und Verkauf aneignete, so verschmähte es wenigstens die Wandlungsklage *(actio redhibitoria)*, und liess den Käufer die heimlichen Mängel beweglicher Habe tragen. Eine gesunde Auffassung wird schon wegen des ausserordentlich verwickelten Betriebs des heutigen Handels die gesetzliche Begünstigung des Käufers nicht zu weit treiben, vielmehr in der Hauptsache es diesem selbst überlassen, geeignete Vorkehrungen gegen Uebervortheilung zu treffen, insbesondere aber offenes Auge und offenes Ohr zu haben. Abgesehen von dem wirklichen Betrug hat das Gesetz nicht allein den sich determinirenden Rechtswillen überhaupt, sondern daneben auch den bestimmten Inhalt seiner Determination zu berücksichtigen, demnach über Erfüllung von Leistung und Gegenleistung, wie sie nach den logischen Voraussetzungen der Rechtsidee zu verstehen sind, zu wachen; dass aber Treu und Glauben, dass die höheren Forderungen der Moral in Handel und Wandel strengstens beobachtet werden, das geht über den Zweck und darum auch über den Beruf der Gesetzgebung,[1]) die neben der discretionären Gewalt besonderer Handelsgerichte ihr Vertrauen auf die empfindliche Natur des Credits und die eigene Organisation des Handels zu setzen hat.[2]) Richtet das Gesetz ein Auge auf die Güte des Geldes und der Geldwerthe des Käufers, so muss es das andere auf die Waare des Verkäufers heften, wozu gehörige Sonderung der Kaufsobjecte gehört, je nachdem sie lebende Wesen, spezifische oder fungible Sachen sind, weil deren wichtigste Eigenschaften, sowie Grad und Weise ihrer Erkennbarkeit davon abhängen. Nicht minder erheblich zeigt sich die von der Eigenthümlichkeit des Objects bedingte Bestimmung, welcher Theil die Gefahr des Zufalls zu tragen hat, ob Käufer oder Verkäufer? Das Spezifische (Individuelle) neigt sich auf Seiten des Käufers, das Fungible (vertretbar, weil nach Zahl, Mass, Gewicht bestimmt) auf Seiten des Verkäufers, vorausgesetzt, dass der Käufer das Geschäft nicht verzögert hat.

[1]) Aus triftigen Gründen beseitigte das Deutsche Handels-Gesetzbuch (Art. 286) den nach gemeinem Recht geltenden Grundsatz wegen übermässiger Verletzung (*læsio enormis*), dann nämlich, wenn der eine Contrahent nicht einmal die Hälfte dessen empfängt, was das von ihm Weggegebene werth ist oder beträgt, die Klage auf Aufhebung (Rescission) des Vertrags und Zurückgabe der gegenseitigen Leistungen zuzulassen. Umgekehrt kann man es nur billigen, dass die Anerkennung einer Rechnung den Beweis eines Betrugs und selbst eines Irrthums in derselben nicht ausschliesst, ferner dass Beweiskraft eines Schuldscheins oder einer Quittung an den Ablauf einer Zeitfrist nicht gebunden sind.

[2]) Der Käufer hat nach der angezogenen Rechtsquelle ohne Verzug nach der Ablieferung die Waare zu untersuchen, und wenn sich dieselbe nicht als vertragsmässig herausstellt, dem Verkäufer sofort davon Anzeige zu machen. Mängel, welche sich erst später ergeben, müssen ebenfalls sofort nach ihrer Entdeckung zur Anzeige gebracht werden; nach sechs Monaten erlischt das Recht, sie geltend zu machen. Macht ein Theil seine Leistungen nicht oder nicht rechtzeitig, so hat der verletzte Theil die Wahl, entweder auf Vertragserfüllung und Schadenersatz zu klagen, oder den Vertrag als nicht geschlossen zu betrachten.

§ 100. Das Auseinandergehen des Vertrags in zwei einzelne Obligationen bei dem römischen Mieth- (Leih-) oder Pachtvertrag (*locatio et conductio*) ergab sich schon aus der nahen Verwandtschaft desselben mit dem Kaufcontract. Das spätere Recht hat beide Vertragsweisen unter dieselben Regeln gebracht. Der Gegenstand (*res*), den der Käufer gegen Geld eintauscht, wird sein Eigenthum, wogegen der Miether ihn nur zu Gebrauch oder Genuss empfängt, und gerade die (länger oder kürzer) dauernde Beziehung zwischen Miether und Vermiether verleiht dem Miethvertrag einen idealeren Anstrich des Tauschgeschäfts. Die nicht zu unterschätzende Schwierigkeit besteht darin, das volle Eigenthum des Einen vertragsmässig in ein halbes (Besitz) des Andern übergehen zu lassen, ohne das Grundwesen des erstern zu alteriren. Für die von ihm zu entrichtende Miethquote wird der Miether zeitweilig halber Eigenthümer in dem Sinn, dass sein ideales Recht das reale des Vermiethers terminweise ruhen macht, denn nur auf dem Wege kommt ein wirklich zweiseitiger Vertrag zu Stande. Direct vermochte das alte Recht der Römer ein solches Vertragsverhältniss nicht zu schaffen. Der Miether befand sich in derselben Lage mit dem Käufer, der mit dem Kaufschilling *(pretium)* im Rückstand war: Vermiether und Verkäufer konnten, sobald es ihnen beliebte, das Ihrige wieder an sich nehmen. Wollten beide Theile sich gegenseitig sicher stellen, so blieb dem Miether nichts übrig, als von dem Vermiether eine Conventionalpön zu stipuliren für den Fall, dass letzterer ihm den Gebrauch der vermietheten Sache vorenthielt oder entzog, wogegen der Vermiether sich von dem Miether die Zahlung des Miethpreises besonders stipulirte. Später dann wurde der Vertrag perfect, sobald die Interessenten über Gegenstand und Preis *(merces)* sich geeinigt hatten; aber auch jetzt noch blieb der Besitz des Miethers insofern precär, als grundsätzlich Kauf die Miethe brach. Auch hiebei entschied der herrische Eigenthumsbegriff, der beim Uebergang der Sache aus einer Hand in die andere keine Einschränkung durch untergeordnete und abgeleitete Vertragsverhältnisse duldete. Dem germanischen Recht, das in jedem Vertrag das allgemeine Willensmoment achtete, galt es, übereinstimmend mit den Forderungen der Vernunft, als selbstverständlich, dass ohne die Zustimmung beider Contrahenten der einmal bestehende Vertrag durch einen späteren nicht einseitig aufgehoben werden durfte, der Miether den „Bestand“ aufrecht halten konnte, auch wenn die bestandene Sache durch Kauf den Eigenthümer wechselte.

§ 101. Von der natürlichen oder künstlichen Beschaffenheit des Miethobjects hängt es ab, ob der Miether Anspruch auf den Genuss, oder den blossen Gebrauch der Sache hat. In der engern Bedeutung des Worts wird nur zum Gebrauch, oder mit blos partiellem Genuss gemiethet, gepachtet dagegen zum Genuss neben dem Gebrauch. Der Eigenthümer eines Gartens z. B. kann das Recht zum Aufenthalt in demselben an den Einen vermiethen, den Fruchtgenuss an den Andern verpachten. Zu einem Spazierritt wird das Pferd verliehen: gehört dem Miether das Füllen, welches das Pferd wirft, so ist dieses verpachtet. Die Möglichkeiten, bei der Miethe Gebrauch und Genuss zu combiniren, sind zahllos und zahllos deshalb auch die Bedingungen, unter welchen Miether und Vermiether über Leistung und Gegenleistung ein Abkommen treffen können. Im Miether hat das Gesetz durch Beseitigung unwürdiger und allzu drückender Nebenbedingungen den schwächeren Theil gegen den stärkeren zu schützen, jedoch so, dass das Eigenthum unversehrt von dem uneigentlichen an den eigentlichen Herrn zurückkehrt. Im Leihkauf, der den geliehenen Gegenstand nach Verlauf einer bestimmten Zeit und nach Abtragung bestimmter Zahlungen käuflich an den Miether bringt, erscheint der Miethvertrag mit dem Kaufvertrag in Eins verschmolzen, indem der Miethpreis zugleich die Bedeutung des in Raten zu entrichtenden Kaufschillings gewinnt, der Kaufvertrag als solcher aber durch Abtragung der verabredeten Gesammtsumme perfect wird.

§ 102. Weil der Miethvertrag eine ideale Seite des allgemeinen Tauschvertrags herauskehrt, gehört zu den miethbaren Leistungen auch die menschliche Arbeit *(operarum locatio)*, im nächsten Anschluss an die Leistungsfähigkeit gezähmter Thiere, die, genau betrachtet, doch nur Werk des

Menschen ist. Käuflich ist das Erzeugniss menschlicher Arbeit, diese selbst nur miethbar, und zwar in demselben Sinn wie das Arbeitsproduct. Der Eine vermiethet seine Arbeit dem Andern (*operas locat*), und dieser miethet sie, indem er die auszuführende Arbeit in Verding giebt (*conducit*), sei es im Ganzen oder nach Tagewerken. Der Zweck des Vertrags geht jedesmal auf bestimmte Arbeitsleistung; es ist aber etwas Anderes, ob die gemiethete Arbeitskraft während einer bemessenen Frist überhaupt zu einer verabredeten Thätigkeit verwendet wird (*locatio obductio operarum*, Dienstvertrag), oder ob Derjenige, der seine Arbeitskraft vermiethet, ein bestimmtes Werk in Verding nimmt (*locatio conductio operis*, Werkverding, Arbeitsaccord). In Kraft des Dienstvertrags, weil bei ihm das Persönliche der Leistung im Vordergrund steht, haftet der Ausführende nur für seine eigenen Versehen, und hat den Zufall erst dann zu tragen, wenn er die Arbeit an sich unmöglich macht; beim Werkverding, dessen Spitze auf das Object der Leistung vorzugsweise gerichtet ist, geniesst der Uebernehmer die grösste persönliche Freiheit, trägt dafür aber auch überwiegend die Gefahr des Zufalls. Im Uebrigen ergeben sich aus dem Dienstvertrag eine Anzahl Verhältnisse, von denen man wünschen möchte, dass sie durch Motive des einseitigen Schenkungsvertrags, soweit als immer thunlich, an die Ordnungen des Familienlebens herangezogen würden. Dahin gehört das Uebereinkommen zwischen der Herrschaft und dem Gesinde, dem Herrn und dem Tagelöhner, dem Handwerkermeister und dem Gesellen, dem Fabrikherrn und dem Arbeiter, dem Principal und dem Handlungsgehilfen, [1]) dem Bergwerkseigenthümer und den Bergleuten, dem Schiffer und dem Schiffsvolk. Der Werkverding, obschon er nicht die Arbeit überhaupt, sondern ein besonderes Arbeitserzeugniss zum Gegenstand hat, setzt in dem Uebernehmer in der Regel einen Solchen voraus, der berufsmässig dergleichen Leistungen liefert, von dem also angenommen werden kann, dass auch für den Fall, dass er die Arbeit durch fremde Hände ausführen lässt, Auswahl und Aufsicht sein eigenes Werk, also mittelbar auch das Object der Leistung es sei. Gleich dem Handwerk können Wissenschaft und Kunst derartig in Anspruch genommen werden, ja das gesellschaftliche Leben verläuft in einer ununterbrochenen Reihenfolge von Miethsacten, wobei Jedermann bald als Miether, bald als Vermiether auftritt. Hierin zumeist besteht die Solidarität der gesellschaftlichen Interessen, die in demselben Masse an Festigkeit gewinnt, als die Vertragsverhältnisse allseitig in einander greifen. In erster Reihe steht selbstverständlich der Handel, und zumal die Mittelspersonen in den verschiedensten Tauschgeschäften, mit der Fülle ihrer Verbindlichkeiten und Ansprüche, umspannen den Verkehr nach allen Richtungen. Der amtlich bestellte und beeidigte Mäkler, der als unbefangener Vermittler seine Gebühr zur Hälfte von jeder Partei empfängt; der Commissionär, der gewerbsmässig im eigenen Namen für Rechnung des Auftraggebers Geschäfte abschliesst; der Spediteur, der bei Ausführung der von ihm übernommenen Versendung der Güter für jeden Schaden haftet, welcher durch Vernachlässigung der Sorgfalt eines ordentlichen Kaufmanns entsteht; der Frachtführer, der durch Einigung mit dem Betreffenden über bestimmte Sätze der Transportkosten haftbar wird und mit dem ursprünglichen Frachtbrief alle daran haftenden Verbindlichkeiten übernimmt — sie alle vermitteln, jeder auf eigenthümliche Weise, die mancherlei Arten von Tauschgeschäften, und das Gesetz hat dafür zu sorgen, dass diese Mittelstellung nicht durch willkürliche Einmischung unmittelbarer Vertragsbeziehungen verrückt und getrübt werde.[2]) Ausserdem kommt die grössere Gefahr, die mit dem Wassertransport unvermeidlich verknüpft ist, zu Gunsten der Mittelspersonen besonders in Betracht. Der Ernst der Sache schärft die Natur des Vertrags, und kommt der gesteigerten Verantwortlichkeit durch eigene Begünstigungen zu Hilfe. Ein segelfertiges Schiff kann wegen Schulden nicht mit Beschlag belegt, eine zur Schiffsbesatzung gehörende Person aus dem nämlichen Grunde von dem Zeitpunkt an nicht mehr verhaftet werden, in welchem das Schiff segelfertig ist.[3])

[1]) Wenn mehr und mehr „der Handel Alles und Alles Handel" wird, erlangt die Stellung der Handlungsgehilfen eine stets wachsende Bedeutung. Das deutsche Recht ermächtigt den Handlungsreisenden, den Kaufpreis aus den von ihm abgeschlossenen Verkäufen einzuziehen oder dafür Zahlungsfristen zu bewilligen, den angestellten Commis, solche Verkäufe und Empfangnahmen vorzunehmen, welche in einem derartigen Ladengeschäft gewöhnlich vorkommen. Ausserdem ist jeder Ueberbringer einer quittirten Rechnung ermächtigt, die Zahlung zu empfangen.

[2]) Weder soll der Mäkler zu einem Kaufmann in dem Verhältniss eines Procuristen, Handlungs-Bevollmächtigten oder Handlungs-Gehilfen stehen, noch auch der Bevollmächtigte zugleich Käufer und Verkäufer für eigene Rechnung sein. Ein klares Recht erheischt unzweideutige Verhältnisse.

[3]) Muthet das Gesetz den Eisenbahnen zu, dass sie die nachgesuchte Eingehung eines Frachtgeschäfts für ihre Bahnstrecke nicht verweigern dürfen, so ist es nicht mehr als billig, dass die Bahnverwaltungen vor dem Kaufmann, Spediteur, Commissionär, Frachtfuhrmann, die zur Eingehung eines Geschäfts nicht genöthigt werden können, gewisse Begünstigungen geniessen. Bis zum Nachweis des Gegentheils kommt ihnen die Vermuthung zu Statten, dass ein eingetretener Schaden, wenn er aus der nicht übernommenen Gefahr entstehen konnte, aus demselben wirklich entstanden ist, wogegen der Spediteur den Nachweis zu liefern hat, dass er die ihm obliegende Sorgfalt erfüllte. Andrerseits lässt sich nicht verkennen, dass eine solche Ausnahmestellung Anlass zu schreienden Missbräuchen gegeben und die Abwälzung der Verantwortlichkeit von den Schultern der einen Verwaltung auf die der andern hin und wieder zu einer beklagenswerthen Rechtsunsicherheit geführt hat.

§ 103. Um beim Tauschvertrag ausserordentliche Sicherheit zu haben, dass der andere Theil die vertragsmässig übernommenen Verbindlichkeiten überhaupt und rechtzeitig erfülle, kann zum Zeichen der Prefection ein verstärkendes Verpflichtungsmoment gefordert oder angeboten werden. Es ist dies das Angeld (Arrha, Daraufgeld), das bei Vollzug des Vertrags zurückgegeben oder auf die Leistung des Gebers abgerechnet wird; ist verabredet, dass, wenn ein Contrahent nicht oder nicht zu rechter Zeit erfüllt, der andere die Auflösung des Geschäfts verlangen kann, so ist letzterer, der von seiner Befugniss Gebrauch macht, zur Rückgabe des erhaltenen Angelds nicht verbunden. Unter

Umständen kann das Angeld als Reugeld (Reubusse) dienen, d. h. es kann dem Geber die Befugniss sichern, gegen Aufopferung des Einsatzes von dem abgeschlossenen Vertrag wieder zurückzutreten. Ist der Vertrag für einen längeren Zeitraum und eine an sich unbestimmte Reihe von Leistungen berechnet, so liegt es im Interesse des Dienstmiethers, durch eine der Verantwortlichkeit des Vermiethers entsprechende Caution für den Fall einer durch diesen erlittenen Benachtheiligung sich schadlos zu halten.

§ 104. So lange man den Werth des Geldes, seine productive Natur und das aus ihr abfliessende Recht nicht kannte, hielt es schwer, oder es war vielmehr ganz unmöglich, den zweiseitigen Vertrag in seiner ausgebildetsten Form als verzinsbares Darlehn zur gesetzlichen Existenz gelangen zu lassen. Entweder begnügte man sich mit der Sachenmiethe, in der Art, dass der Miethpreis gleichfalls in Sachen oder Dienstleistungen erstattet wurde, oder man gebrauchte den einseitigen Schenkungsvertrag, indem der Gläubiger das Darlehn dem Schuldner zinsfrei gewährte, mit um so grösserem Nachdruck auf der rechtzeitigen Rückerstattung desselben bestehend. Löst der aus Gefälligkeit mit einer Wohlthat Bedachte sein gegebenes Wort nicht ein, so hat das Gesetz nichts dawider, dass der Gläubiger ihn als Wortbrüchigen mit aller Strenge verfolgt und den zum Sklaven macht, der die freie Manneselhre verwirkt hat. Das Verhältniss ist ein rein persönliches. Den Undank des einfach Beschenkten vermag die Strafe gar nicht oder nur unvollständig zu erreichen, weil der Schenker sich ohne alle Bedingung des Seinigen entäusserte, die Möglichkeit, einen Undankbaren beschenkt zu haben, somit von vornherein in Anschlag bringen musste; der Gläubiger dagegen, der das erbetene Capital ohne jegliche Vergütung zu beliebigem Gebrauch überlässt, thut es unter der ausdrücklichen Voraussetzung, das zinsfrei Genossene zur bestimmten Frist vom Schuldner wieder zurückzuerhalten. Es ist dies die eigenste Natur des „*Nexum*“

— persönliches Verpflichtet- und Gebundensein für Etwas, wofür man sich selbst als Pfand einsetzt. Dadurch dass der Empfänger das Eigenthum an den ihm dargeliehenen Sachen gegen das Versprechen erwirbt, andere Sachen von derselben Beschaffenheit und der nämlichen Güte dem Gläubiger zurückzuerstatten, ruht die von ihm eingegangene Verpflichtung, bis der Termin zur Rückzahlung gekommen ist. Nunmehr muss der Schuldner entweder bezahlen, oder seine persönliche Freiheit ist verwirkt. Die Rückzahlung des Darlehns konnte sich der Gläubiger überdies durch eine besondere Stipulation förmlich zusichern lassen, und hier verräth sich das auch in seinen oft ausschweifenden Härten noch immer gesunde Rechtsbewusstsein der Römer in der dem Schuldner zugute kommenden Bestimmung, dass in der Stipulation der Ursprung der Schuld, die *causa debendi*, angegeben sein musste. Dem Zwang einerseits und dem Leichtsinn andrerseits konnte auf dem Wege wenigstens einigermassen vorgebeugt werden; das aber vermochte die Schuldgesetzgebung nicht zu verhindern, dass der Gläubiger in seiner Hartherzigkeit dem zahlungsunfähigen Schuldner die Alternative stellte, entweder ein neues Nexum auf einen höhern Schuldbetrag einzugehen, oder die Personalexecution zu gewärtigen, die gesetzlich nur dann zu unterbleiben hatte, wenn ein Dritter die Gewaltthat als unbefugt bezeichnete und persönlich für den Gepackten haftete. [1])

[1]) Nicht früher als mit dem Eintreten einer kosmopolitischen Weltanschauung hörte in Rom die Schuldknechtschaft und mit ihr das der heutigen Wechsel-Reiterei entsprechende wucherische Manöver auf. Noch zu Columella's Zeit liessen die reichen Römer ihre Latifundien zum Theil von ihren zugesprochenen Schuldnern bestellen. Auch nach deutschem Recht gerieth der Zahlungsunfähige, von dem Richter dem Gläubiger „zur Hand“ übergeben, in dessen Knechtschaft und musste sich, um seinem Entrinnen vorzubeugen, ein Halfter anlegen lassen. Es war aber immer nur ein vorübergehender Zustand von Unfreiheit, denn blieb er standhaft, oder konnte er die Mittel nicht erschwingen, so musste er zuletzt doch wieder losgegeben werden.

§ 105. Um das zu werden, was er seinem Begriff nach sein soll, hat der Darlehnsvertrag die Einseitigkeit abzustreifen, die ihm als unverzinslichem Vorschuss und in Folge der dadurch motivirten persönlichen Haftbarkeit des Schuldners beiwohnt. Ein vorgeschossenes Capital, das der Schuldner verzinst, hört auf wohlthätige Zuwendung zu sein, da es sich dem Geber ebenso fruchtbar erweist, als dem Empfänger. Jeder Theil giebt, um zu nehmen, wenn auch in umgekehrter Reihenfolge und mit ungleichen Ziffern. Lange freilich hat es gewährt, bis selbst Culturvölker sich mit dem Zinsnehmen befreunden konnten, ohne es für verwerflichen Wucher zu halten. Offenbar hatte Platon die Verworfenheit seiner Landsleute, namentlich auch in Geldsachen, vor Augen, als er für seinen Idealstaat alles Leihen auf Zinsen verbot, und Plutarch beruft sich in gleichem Sinne auf ein aus τοκος (Zins) gebildetes Wortspiel des Aristoteles, der gesagt haben soll: „Da Geld von Natur unfruchtbar ist, so muss es gegen die Natur sein, etwas daraus zu produciren.“ [1]) Und doch muss schon ein wenig geübtes Denken zur Einsicht gelangen, dass das Geld umgekehrt der fruchtbarste Stoff ist, indem es mittelbar an die Stelle aller brauchbaren Gegenstände tritt, also nicht mehr blosse Waare ist. Dass dem Bedürftigen Felder unentgeltlich zum Anbau, Wohnungen ohne Miethgeld überlassen würden, bleibt im höchsten Grade wünschenswerth; nur hat das Recht mit solchen Wünschen, und mögen sie noch so fromm sein, nichts zu schaffen. Schon der allgemeine Gebrauch, den die Germanen hinsichtlich des Grundeigenthums vom einseitigen Schenkungsvertrag machten, spricht dagegen, dass sie Geld gegen Zins auslichen; [2]) was Jeder einnahm oder erbeutete, das verzehrte oder verschenkte er, und gewiss nicht zum geringsten Theil verdanken Beneficialwesen und Vassallität dieser in die Sitte übergegangenen Neigung ihren Ursprung. Dessenungeachtet blieb nicht allen deutschen Volksrechten das römische Zinsnehmen und selbst der römische Zinsfuss unbekannt; in der Wirklichkeit aber überliess man das für anrüchig geltende Geschäft meist den Juden, denen zudem höhere Zinsen gestattet wurden, als den Christen. Neben dem evangelischen Grundsatz von der mittheilenden Menschenliebe und der üblichen Wohlthätigkeit der grossen Grundherren hat der Hass gegen Juden und jüdische Wucherer das unbedingte Verbot des Zinsnehmens im canonischen Recht veranlasst. Luther konnte die bequeme Art des Reichen, sich ohne Arbeit von seinen Geldsäcken erhalten zu lassen, mit dem *ora et labora* nicht vereinigen, während Calvin, als feingebildeter Rechtsgelehrter auch den staatswirthschaftlichen Fragen nicht fremd, das canonische Zinsverbot nicht mehr anerkannte. Schon vor Mitte des 17ten Jahrhunderts waren die protestantischen Länder zum römischen Zinsrecht zurückgekehrt, und seitdem sieht nur die Frage einer endgültigen Lösung entgegen, ob die Höhe des Zinsfusses einer gesetzlichen Festsetzung unterworfen sein soll oder nicht?

[1]) Als ein Muster ungeschlachter Bäuerlichkeit erblickte der ältere Cato in dem Zinsnehmen ein schauderhaftes Verbrechen, was ihn bekanntlich nicht abhielt, Sklaven gleich Jagdhunden für den Markt zu mästen.

[2]) Tacitus, *Germania c. 26: Foenus agitare et in usuras extendere ignotum; c. 21: Gaudent muneribus, sed nec data imputant, nec acceptis obligantur.*

§ 106. Wucherzinsen sind ein Uebel, aber ein unvermeidliches, weil auch die strengsten Verbote sich leicht umgehen lassen. Soll das Gesetz bestimmen, bis zu welcher Höhe Jemand sein Geld verwerthen darf, so verlangt schon die Folgerichtigkeit, dass dem Eigenthumserwerb eine entsprechende Grenze gesteckt werde. An sich schon ist der Zins etwas Schwankendes, nimmt am Wechsel der Preise Theil, hängt von Nachfrage und Angebot ab, und lässt sich in einem Zustand von Stetigkeit nur beim Grundeigenthum, aber auch bei dem nur mit langsam gleitender Scala, erhalten. Es wäre ein rechtswidriges Verfahren, wollte man trotz erheblicher Steigerung des Bodenertrags und der Bodenpreise den Zinsfuss für Landeigenthum gewaltsam auf derselben Höhe festhalten; vollends aber den durch ihre Unbeständigkeit sich auszeichnenden industriellen Güterwerthen gegenüber, bei denen die Möglichkeit des Verlierens und Gewinnens zahllosen Wechselfällen unterliegt, einen gesetzlichen Zinsfuss aufrecht halten, käme einem offenen Eingriff in das Recht des Eigenthums gleich. Wer die grössere Gefahr trägt, der hat auch Anspruch auf grösseren Gewinn. Jndem es in gewissen oder Ausnahmefällen höhere Zinsen zu nehmen gestattet, erkennt das Gesetz selbst an, dass ein normirter Zinsfuss derselbe Ausnahmezustand ist, wie das unbedingte Verbot des Zinsnehmens, dass also die Bedingungen, unter welchen eine Schuld contrahirt wird, so gut als bei Kauf- und Miethverträgen dem Ermessen der beiden Contrahenten anheimgegeben werden müssen. Ist es gestattet, auf Schiffsgut Geld zu sogenannten Wucherzinsen auszuleihen (Bodmerei), und greift die Gesetzgebung die Zinsen bei Handelsgeschäften höher (in Deutschland 6 pCt.), als bei gewöhnlichen Geschäften, so fällt damit der gesetzliche Zinsfuss von selbst, weil nahezu Alles Handel geworden ist; die Beschränkung verliert aber selbst den Anstrich einer sittlichen Motivirung, weil sie einen Tribut auf den Fortschritt legt und den Bedürftigen abhält, Schutz gegen die erdrückende Macht des Capitals da zu suchen, wo derselbe allein nachhaltig und ohne Gefahr der Umgehung gewährt werden kann — bei der freiwilligen Association. Anders gestaltet sich die Frage, wenn es sich darum handelt, festzusetzen, in welchen Fällen für das auf Borg Genommene Zinsenberechnung auch ohne ausdrückliche Verabredung einzutreten hat. Da im Handel das Geld, der durch Umsatz erzielte Gewinn, der eigentliche Lebensnerv des Verkehrs ist, kann man es nur billigen, wenn Kaufleute unter einander berechtigt sind, in beiderseitigen Handelsgeschäften, auch ohne Verabredung oder Mahnung, von jeder Forderung seit dem Tage, an welchem sie fällig war, Zinsen zu berechnen, und zwar bei Verwendungen aller Art. Wer als Kunde vom Kaufmann oder Handwerker auf Credit nimmt, der thut es unter der Voraussetzung, dass er vor Zusendung einer Quittung die Schuld nicht abzutragen und noch viel weniger Zinsen zu entrichten hat. Wie lange der Gläubiger Credit geben will, ist seine Sache, sein Klagerecht aber kann ihm nur für einen bestimmten Zeitraum zugesichert werden. Hat er die Quittung übersandt und die Zahlung erfolgt nicht, so mahnt er zum zweiten Male, und nunmehr kann er Zinsen berechnen bis zu dem Zeitpunkt, da der Schuldner freiwillig zahlt, oder durch ein richterliches Erkenntniss dazu angehalten wird.

§ 107. In den Zeiten, da das Geld selten und unbequem zu handhaben war, bediente man sich bei den germanischen Völkerschaften eines Ersatzmittels für die Zinswirthschaft, nämlich der Satzung (Weddeschat), d. h. man verkaufte mit vorbehaltener Wiedereinlösung, so dass der Schuldner an den Gläubiger den Niessbrauch eines Grundstücks abtrat unter der Bedingung, durch Rückzahlung des Capitals jeder Zeit das Seinige wieder an sich bringen zu können. [1]) Durch Unachtsamkeit und Fahrlässigkeit des Schuldners, wenn nicht durch Gewaltthätigkeit und Arglist des Gläubigers, verwandelte sich die Satzungsgewere nur zu häufig in Eigenthumsgewere. Dieselbe Wirkung erreichte, wer sein Grundstück oder Haus mit einer Rente (Rente- und Gültkauf) belastete, die von Seiten des Gläubigers nicht gekündigt, von dem Schuldner dagegen abgelöst werden konnte, wenn er oder seine Erben den Verkaufspreis zurückzahlten. Die Rente ward nicht als Zins angesehen und darum nach canonischem Recht gestattet. Dank der zunehmenden Mobilisirung der Geldwerthe und dem in allen Lebensverhältnissen und unter allen Bevölkerungsschichten offenen Markt hat der Schuldvertrag eine seltene Verbreitung erlangt; eine dem möglichen Missbrauch der Creditfreiheit gesetzte Schranke nach der andern verschwindet aus den Gesetzbüchern, und die Angabe des Schuldgrundes bleibt als einzige Schutzwehr stehen, ohne die jede Art Schuldschein seine gesetzliche Gültigkeit verliert. Nur eine bestimmte Leistung begründet den Anspruch auf eine Gegenleistung: aus dem Unbestimmten und Ungewissen kann keine Forderung abgeleitet werden.

[1]) Das englische *mortgage*, *mortuum vadium*, entsprach anfänglich der Satzung, daher Glanville (*De legg. Angl.* X. 6) Verkauf und Verpfändung gleichstellen konnte.

§ 108. Weder das Versprechen des Schuldners, nach der in dem Darlehnsvertrag besonders stipulirten, oder nach den Bestimmungen des Gesetzes vom Gläubiger zu forderndeu Weise Zins- und Capitalzahlung zu leisten, noch das Anrecht des Gläubigers, im Weigerungsfalle sich durch richterliches Erkenntniss aus dem Eigenthum des Schuldners bezahlt zu machen, geben hinlängliche Sicherheit. Das gegebene Versprechen muss gehalten werden, das als Rückhalt dienende Eigenthum vorhanden sein. Der Rechtsverstand, der es mit Mitteln und Wegen zu thun hat, wie die Rechtsvernunft mit Begriffen und Zwecken, sieht sich daher nach einer „Verstärkung der Vertragscopula“ um, und findet diese sowohl in der Verstärkung der vom Schuldner gegebenen Versicherung, als in dem an einen bestimmten Antheil seines Vermögens speciell eingeräumten Anspruch. Jenes ist die Bürgschaft, dieses das Unterpfand. Ohne sein Wort durch das Versprechen eines Andern zu stützen, vermag der Schuldner sein Gelöbniss schon durch eine besonders feierliche Form zu schärfen. Im Alterthum bediente man sich hiezu des Eidopfers oder des einfachen Eides, dessen gerichtlicher Gebrauch zumal in Athen über die Massen häufig war. [1]) Bis in die Gegenwart herab hat sich in gewissen Berufsclassen das Ehrenwort als Schärfung und Bekräftigung eines gegebenen Versprechens erhalten; je mehr indess die Ideen sich geschichtlich von ihrem gemeinsamen Mittelpunkt ablösen, desto nachdrücklicher werfen sie alle fremdartigen Krücken von sich und stellen sich auf ihre eigenen Füsse.[2]) Um so wirksamer erweist sich die dingliche Sicherheit, die das Pfandrecht als Anhang einer Forderung gewährt. Zahlt der Schuldner nicht, so macht der Gläubiger sich durch das Pfand bezahlt, dessen Besitz anstatt der ausbleibenden Forderung bis zu deren Höhe in sein rechtmässiges Eigenthum übergeht. Die Befugniss, das Pfand zu verkaufen, musste in

Rom durch einen besondern Pact *(pactum de distrahendo)* ausbedungen sein, widrigenfalls der Verkäufer sich eines diebischen Eingriffs in fremdes Eigenthum schuldig machte. Das natürlichste Pfand ist das bewegliche Faustpfand, das Recht des römischen Gläubigers auf dasselbe der einzige Fall eines selbstständigen Besitzes, also mehr als blosse Detention. Die Hypotheken brachte erst das prätorische Recht nach griechischem Vorbild auf. In der Mitte zwischen dem Befriedigungsrecht des Pfandnehmers und dem Retractrecht des Pfandgebers liegt die Antichrese, auf Grund deren der Gläubiger durch einstweiligen Gebrauch oder Fruchtgenuss zur theilweisen Befriedigung gelangt. Was aber das römische Recht nicht konnte und dem germanischen durch den Begriff der Gewere an die Hand gegeben ward, das ist die Sicherung durch Privatpfändung, kraft deren der Gläubiger aus eigener Machtvollkommenheit ein Pfand nimmt, um zu seiner Forderung zu gelangen. Man bediente sich ihrer nicht blos gegen den gewöhnlichen Schuldner, sondern auch an schädlichem Vieh, gegen Personen, die auf fremdem Boden schädliche Handlungen begingen, gegen den Pächter wegen des Grundzinses oder Pachtgeldes. Ein derartiges Zugreifen kann allein die Ungewissheit wegen der Person des Beschädigers und das Bedürfniss, den Eigenthümer Schaden anrichtender Thiere festzustellen, rechtfertigen, und muss es als ein Act willkürlicher Selbsthilfe grundsätzlich verworfen, in der Wirklichkeit nur in Ausnahmefällen gestattet werden. Wie soll man es aber halten, wenn dem redlichen Pfandnehmer die ihm übergebene Sicherheit durch ein früher begründetes Eigenthum, Pfandrecht oder sonstiges dingliches Recht streitig gemacht wird? Soll er zur Herausgabe gezwungen werden können? Sind Waaren oder andere bewegliche Sachen gestohlen oder verloren, so kann selbstredend ein Pfandrecht daran nicht geltend gemacht werden, wohl aber erscheint es ganz angemessen, dass bei Handelsgeschäften anderweitige Ansprüche in dem Recht Dessen, der das Pfand ordnungsmässig empfangen hat, zwar nicht an sich, dagegen hinsichtlich des verpfändeten Gegenstandes untergehen; ja man hat den Grundsatz, einzelner Unzuträglichkeiten unerachtet, auf Inhaberpapiere, selbst wenn sie gestohlen und verloren sind, ausdehnen zu müssen geglaubt. Die Angabe des Grundes zur Gültigkeit eines Schuldverhältnisses lässt sich wohl fordern, nicht aber die Prüfung des Ursprungs aller Sicherheiten, die in Jedermanns Händen sind. Zu Gunsten des Verkehrs hat man selbst die zur Bestellung des Faustpfands üblichen Förmlichkeiten fallen lassen, wenn unter Kaufleuten für eine Forderung aus beiderseitigen Handelsgeschäften ein Faustpfand an beweglichen Sachen, an Papieren auf Inhaber oder an solchen, welche durch Indossament übertragen werden können, bestellt wird. Hat Jemand, der auf rechtmässige Weise eine fremde Sache in Besitz bekam, an Denjenigen, welcher sie ihm abzufordern berechtigt ist, einen Gegenanspruch zu machen, so greift das Retentionsrecht als eine Art Privatpfändung Platz. Der Besitzer kann nach römischem Recht dem Berechtigten, bis derselbe den Gegenanspruch befriedigt, die Sache vorenthalten für den Fall, dass Forderung und Gegenforderung in einem innern Zusammenhang stehen, ihren Grund in demselben Rechtsverhältniss, oder doch in einem Verhältniss zu derselben Sache haben. Das gemeine Recht liess das Erforderniss der Connexität für den Faustpfandgläubiger fallen: dieser sollte das in seine Gewere aufgenommene Unterpfand nicht nur bis zur gänzlichen Tilgung der Pfandschuld, sondern auch wegen anderer Forderungen an den Schuldner diesem vorenthalten können. Auch hier wieder der alte durchgreifende Gegensatz! Der Römer duldete eine Belastung des Rechtswillens allein durch die Summe einzelner Obligationen, deren jede zu einer andern nur dann in eine rechtliche Beziehung trat, wenn sie in irgend einem Verhältniss objectiver Wechselseitigkeit zu einander standen; der Germane, dessen Sinn vorherrschend über das Besondere hinaus auf das Allgemeine gerichtet war, erkannte eine Gesammtbelastung an und liess den Grund der Verbindlichkeiten auf sich beruhen, wenn nur überhaupt die subjectiven Willensvermögen in rechtlicher Beziehung gegenseitig gebunden waren. Dem entsprechend räumt das deutsche Handels-Gesetzbuch dem Kaufmann wegen der fälligen Forderung, welche ihm gegen einen andern aus den zwischen ihnen geschlossenen beiderseitigen Handelsgeschäften zusteht, ein Retentionsrecht an allen beweglichen Sachen und Werthpapieren des Schuldners ein, welche mit dessen Willen auf Grund von Handelsgeschäften in seinen Besitz gekommen sind, sofern er sie noch in seinem Gewahrsam oder sonst darüber zu verfügen hat.

[1]) In Thurii brachten Käufer und Verkäufer eines Grundstücks dem Apollon ein Opfer dar, und legten vor der Behörde und drei Nachbarn einen Eid ab, dass redlich verkauft und gekauft worden. (Stobæus. 202. ed. Geisf.) Von Kreta sagt Platon (*Legg.* XII. 4), Rhadamanthys habe angeordnet, es sollten alle Streitigkeiten durch Eide entschieden werden.

[2]) Selbst Staatsverträge werden nicht mehr beschworen.

§ 109. Es ist in dem Zweck des Schuldvertrags selbst begründet, dass die persönliche Beziehung zwischen Gläubiger und Schuldner, soweit es mit der durch das Gesetz dem Gläubiger zu gewährleistenden Sicherheit verträglich ist, sich mehr und mehr von der Schuld und dem Verpflichtungsgrunde abzulösen trachtet. Genau in demselben Masse, als der Schuldner, anstatt mit seiner Person, mit seinem Vermögen einzustehen hat, lockert sich das persönliche Band der von ihm übernommenen Verbindlichkeit, und der Werth der Sache entscheidet. Schon der Lauf des menschlichen Lebens, die Ungewissheit seiner Dauer veranlasst einen fortwährenden Wechsel der Ansprüche und Verbindlichkeiten, deren freiwillige Abtretung (Cession) oder Uebertragung vorbereitend. Unter allen Umständen bleibt das Verhältniss des Bürgen zum Schuldner ein persönliches; aber auch der Gläubiger ist bei der Uebertragung der Obligation auf die Person eines andern Schuldners (Novation) in hohem Grade interessirt, wenn er auf den persönlichen Credit Beider angewiesen ist, in welchem Fall der Wechsel ohne seine Genehmigung nicht vor sich gehen darf. Liegt dagegen nicht eine ganz specielle Uebereinkunft vor, so ist kein Grund vorhanden, dem Gläubiger sein Cessionsrecht irgend zu beschränken, denn der Schuldner kommt dadurch in keine rechtlich ungünstigere Lage, und das Anastasische Gesetz, das zur Verhinderung von Bedrückungen gebot, dass bei Forderungen, denen nicht schon bei ihrer Entstehung die Bestimmung, Handelsobjecte zu sein, beiwohnte, der Cessionar, wenn der Cession ein Kauf zu Grunde lag, keine grössere Summe von dem Schuldner einzuklagen berechtigt sein sollte, als er selbst dafür gegeben, findet in einer freien Rechtsgenossenschaft keine Anwendung. Der Schuldner muss es dulden, dass der Gläubiger seine Schuldscheine, wie jedes andere Eigenthum, zu beliebigen Preisen verkaufe, soll nicht eine ungebührliche Beschränkung des freien Verfügungsrechts Platz greifen, die unter Umständen dem Gläubiger höchst nachtheilig werden kann, ohne gleichwohl dem Schuldner den geringsten Nutzen zu schaffen. Im Fall der Abtretung einer aus Handelsgeschäften hervorgegangenen Forderung soll die Bezahlung ihres vollen Betrags auch dann verlangt werden können, wenn dieser Betrag die Summe des für die Abtretung vereinbarten Preises übersteigt.

§ 110. Unter der Bedingung, die persönliche Verantwortlichkeit des Schuldners wieder möglichst zu schärfen, hat man sich zur gesetzlichen Anerkennung solcher Obligationen verstanden, auf denen der Verpflichtungsgrund nicht angegeben, dem Schuldner folglich die Möglichkeit abgeschnitten ist, im Falle dass er wegen Nichtzahlung verklagt wird, das Materielle seiner Verpflichtung als nicht vorhanden anzufechten. Im gewöhnlichen Leben muss es lediglich als Vertrauenssache angesehen werden, ob Einer der Anweisung eines Andern, an einen Dritten eine bestimmte Summe auszuzahlen, somit für den Anweisenden im Betrage der angewiesenen Summe Gläubiger zu werden und jenen als seinen Schuldner zu betrachten, erfüllen will oder nicht. Sollte der

Assignatar ein Recht gegen den Aussteller erlangen, so müsste die *causa debendi* ausdrücklich angegeben sein; nicht minder bedenklich erscheint die Uebertragung von Anweisungen, zumal für den Cessionar, der nicht vor Einwendungen oder Gegenansprüchen gesichert ist, welche der zur Zahlung Angewiesene, mag er auch acceptirt haben, gegen den ursprünglichen Aussteller der Anweisung hat. Zur Abstellung solcher Unsicherheit und Unbequemlichkeit hat man sich der urgermanischen Vertragstheorie dadurch genähert, dass die auf eine schriftliche Anweisung geschriebene und unterschriebene Annahme-Erklärung als ein dem Assignatar geleistetes Zahlungsversprechen gilt, ohne dass die Verpflichtung zur Leistung von einer Gegenleistung abhänging gemacht zu werden, Verpflichtungsgrund oder Empfangsbekenntniss der Valuta angegeben zu sein braucht. Solche Anweisungen können durch Indossament (Giro) übertragen werden, wenn sie an Ordre lauten, so wie auch Verpflichtungsscheine, Ladescheine der Frachtführer, Lagerscheine über bewegliche Sachen u. s. w.

§ 111. In der Einkleidung besitzt die Anweisung bereits alle wesentlichen Merkmale des Wechsels (Tratte), und behält von den materiellen Erfordernissen des gewöhnlichen Schuldscheins weiter nichts als die Bestimmung bei, dass der Verpflichtete sich zwar der Einreden gegen die Haltbarkeit des Schuldgrundes bedienen kann, jedoch nur solcher, die ihm entweder nach Massgabe des Inhalts der Urkunde selbst, oder aus Rechtsverhältnissen (z. B. Gegenforderungen) zustehen, worin er unmittelbar mit dem jeweiligen Kläger sich befindet. Gemäss dem Zweck des Wechsels ist das Bestreben des noch nicht gar lange zu wissenschaftlicher Durchbildung gelangten Wechselrechts dahin gerichtet, einmal den Schuldschein von allen materiellen Bedingungen frei und seine gesetzliche Gültigkeit ausschliesslich von der um so peinlicher zu beobachtenden Form abhängig zu machen, sodann die Berechtigung zur Ausstellung des Wechselschuldscheins nicht länger auf diejenigen Kreise einzuschränken, denen ihrer Berufsgeschäfte wegen an einem möglichst wenig Zeit und Geld raubenden Zahlungsmodus besonders gelegen sein muss — also Wechselfähigkeit aller Personen, welche sich durch Verträge verpflichten können, neben Erfüllung der für die Wechselurkunde gesetzlich bestehenden formellen Kennzeichen. Bezeichnung des Schuldscheins als eines Wechsels; Angabe der zu zahlenden Geldsumme und der Person oder Firma, an welche oder an deren Ordre sie gezahlt werden soll (des Remittenten); Nennung der Frist, zu welcher gezahlt werden soll (auf einen bestimmten Tag, auf Sicht, auf eine bestimmte Zeit nach Sicht, oder nach dem Tage der Ausstellung); Unterschrift des Ausstellers (Trassanten) mit seinem oder seiner Firma Namen; Angabe des Orts, Monatstags und Jahrs der Ausstellung; Name der Person oder Firma, welche die Zahlung leisten soll (des Bezogenen oder Trassaten); endlich Angabe des Orts, wo die Zahlung zu geschehen hat — das sind die zu seiner Gültigkeit erforderlichen Merkmale des Wechsels, wozu die negative Bedingung kommen kann, dass kein Zinsversprechen darin enthalten und die Zahlungsfrist für die gesammte Geldsumme nur eine und dieselbe sei. In der Sache wird nichts geändert, ob der Aussteller eines Wechsels sich selbst als Schuldner bekennt (eigener oder trockener Wechsel), oder einen Andern zur Zahlung anweist (gezogener Wechsel): der Aussteller haftet für Annahme und Zahlung des Papiers wechselmässig, desgleichen der Indossant für den Fall, dass er sich nicht ausdrücklich der Gewährleistung entzieht oder die Weiterbegebung verbietet. Nur muss der Wechsel zur Zahlung präsentirt und die Präsentation sowohl als die Nichterlangung der Zahlung durch einen rechtzeitig darüber aufgenommenen Protest dargethan sein. Auch wenn die Unterschrift des Ausstellers, oder ein Accept oder Indossament falsch oder verfälscht ist, bleiben der Aussteller und sämmtliche Indossanten, deren Unterschriften ächt sind, wechselmässig verpflichtet, so zwar, dass der Inhaber es in seiner Wahl hat, welchen Wechselverpflichteten er zuerst in Anspruch nehmen will. Auch der Wechselbürge haftet gerade so primär, wie der Wechselverpflichtete, für den er sich verbürgte, gehaftet haben würde. Dem Vertrauen, das ohne eine andere Bürgschaft in die durch einfache Namensunterschrift eingegangene Verpflichtung gesetzt wird, muss die Strenge entsprechen, womit das Gesetz den Schuldner zwingt, seiner Zahlungspflicht nachzukommen. Der Wechselschuldner haftet für Erfüllung der übernommenen Verbindlichkeit nicht blos mit seinem Vermögen, sondern in erster Linie mit seiner Person; andrerseits bringt es das vorzugsweise Persönliche der durch die Ausstellung des Wechsels eingegangenen Obligation, sowie des in der Annahme desselben kundgegebenen Vertrauens mit sich, dass weder die Erben eines Wechselschuldners, noch juristische Personen dem Wechselarrest unterworfen sein können, wohl aber solche Frauen, welche Handel oder ein anderes Gewerbe treiben. Nicht ohne Grund hat man die Schuldhaft überhaupt angefochten:[1]) das Gehässige, das der Schuldsklaverei anklebte, ist durch die Haft und deren begrenzte Dauer zwar ermässigt, der Kern der Sache aber derselbe geblieben. Die Freiheit gilt als Aequivalent des Geldes. Man darf indess nicht übersehen, dass verwerfliche Ausbeutung des persönlichen Credits, wie sie im leichtsinnigen Schuldenmachen so häufig vorkommt, fast immer ein Betrugsmoment in sich schliesst, und dass, wer einmal sein Wort verpfändet, auch mit seiner Person dafür einzustehen hat. Am Wechsel hat der Credit seinen wirksamsten Hebel und zugleich eine zweischneidige Waffe, womit der grösste Missbrauch getrieben werden kann und wirklich getrieben wird; darum steht es aber der Gesetzgebung nicht zu, diese fruchtbarste Vertragsweise in Verruf zu thun, weil Einzelne einen schlechten Gebrauch davon machen, den abzuwenden das Gesetz keine Mittel hat. Weit missbräuchlicher nimmt es sich vor der Idee des Rechts aus, dass man gewissen Ständen, wie Geistlichen, Beamten, Officieren,[2]) gestattet, Wechsel auszustellen, ohne die Aussteller zugleich dem Wechselarrest zu unterwerfen. Die allgemeine Wechselfähigkeit wird dadurch grundsätzlich so wenig beeinträchtigt, als das ausschliessliche Formprincip des wechselmässigen Schuldscheins durch die Zulassung solcher materiellen Einreden des Schuldners, die sich auf sein unmittelbares Verhältniss zum jeweiligen Kläger beziehen. Beide Ausnahmen werden und müssen mit der Zeit wegfallen.

[1]) Im freien England wird die Schuldhaft noch immer zuweilen mit mittelalterlicher Roheit, und zwar meist gegen Hilflose, in Anwendung gebracht.

[2]) Kirchliche und weltliche Beamte zu eximiren, hat einen Sinn, die Officiere allein dagegen, gehört zu den unverantwortlichen Standesprivilegien, denen das heutige Rechtsbewusstsein entwachsen sein sollte.

§ 112. Der Schuldvertrag löst sich von selbst, wenn der Schuldner, oder an seiner Statt des Bürge, zur bedungenen Frist und mit den schuldigen Zinsen die Forderung zurückerstattet; in Ermanglung der nöthigen Mittel und Sicherheiten kann der Schuldner durch eine förmliche Unvermögenserklärung und Ueberlassung seiner Habe an die Gläubiger sich von den übernommenen Verbindlichkeiten befreien, ohne strafbar zu handeln aber nur dann, wenn er mit vollkommener Redlichkeit verfährt. Was dabei unter den allgemeinen Begriff der Veruntreuung fällt, kann je nach Beruf und Beschäftigung des Schuldners im Sinne des Gesetzes sehr verschieden beurtheilt und mit Strafe bedroht sein, wofern nicht Schuldhaft erfolgt, die für den von seiner Befugniss Gebrauch machenden Gläubiger meistentheils mit Umständen und Kosten verbunden zu sein pflegt. Im Allgemeinen ist es vernunftmässig, dass der Gläubiger, der sich nicht durch Bestellung eines Bürgen oder Unterpfands sicher stellt, abgesehen von der eigenthümlichen Verbindlichkeit des Wechselschuldners, immer nur einen relativen Anspruch an die Vermögensmasse seines in Gant gerathenen Schuldners behält; nicht allein insofern besser begründete Forderungen der seinigen vorangehen, sondern auch hinsichtlich der Person des Schuldners und seiner Familie, die, zumal bei unverschuldeten Vermögensverlusten, nicht gänzlicher Entblössung preisgegeben werden dürfen. Man wird nicht leugnen wollen, dass das Eigenthum zur Person des Eigenthümers in einem Verhältniss der Anziehung steht, die durch eingegangene Verpflichtungen nicht ganz aufgehoben werden kann. Wie weit oder wie eng die Linie gezogen sein mag, die Gewissheit, dass sie vorhanden ist, soll Niemand beim Creditgeben ausser Acht lassen. Dass unter sonst gleichen Verhältnissen solche Gläubiger, die als Rechtspersonen, oder ihrer beschränkten Mittel und ihres besondern Geschäftsbetriebs wegen vor Andern Berücksichtigung verdienen, wie Unmündige, Dienstboten, Handwerker, bei Vertheilung der Gantmasse gesetzlich bevorzugt werden, hat einen guten Sinn; schwer dagegen lässt es sich rechtfertigen, warum der Staat oder die Gemeinde mit ihren Forderungen den Individuen vorgehen sollen. Der vielberufene Satz, das Ganze sei früher als der Theil, das Gemeinwesen darum der Berücksichtigung würdiger als der einzelne Bürger, berührt das Recht von Seiten vertragsmässiger Forderungen nicht. Zwar lässt sich geltend machen, zur Aufrechthaltung der Rechtsordnung dürfen dem Staate die dazu nöthigen Mittel, somit auch die Forderungen auf solche, nicht vorenthalten werden, was ein natürliches Vorzugsrecht der öffentlichen Kassen begründe. Die Ansicht beruht jedoch auf einem falschen Vordersatze. Selbstzweck innerhalb der Rechtsordnung, weil allein wirkliche und untheilbare Rechtsperson, ist allein der Mensch als unmittelbarer Träger der Rechtsidee, und der Staat Zweck nur in der untergeordneten Weise, dass er Jeden in dem Besitz der ihm zustehenden Rechte erhält; und da überdies der Staatsgewalt, wie sie durch die Obrigkeit gehandhabt wird, die umfassendsten Mittel zu Gebote stehen, um den materiellen Bestand der Rechtsordnung zu sichern, für den etwaigen Ausfall im Einzelnen die Steuerkraft Aller in Anspruch zu nehmen, so dürfte weit eher der Einzelne vor dem Ganzen Bevorzugung verdienen, weil das Individuum die Einbusse schwerer verschmerzt und ausgleicht, als die öffentliche Kasse. Hiemit steht die Vertragslehre bereits auf der Grenzscheide zum Gesellschafts-Vertrag und dem durch ihn vermittelten Begriff der juristischen Persönlichkeit.

β. Gesellschafts-Vertrag.

§ 113. Entsprechend dem in allen Ideen gleicher Massen wirksamen Zweckbegriff, der darauf ausgeht, die Willkür und den Zufall, soweit als immer möglich, in ein Gesetz der Nothwendigkeit zu verwandeln, hat auch das Recht keine höhere Aufgabe als die, aus dem Verkehr der Menschen das Zufällige nach Kräften zu beseitigen und der Stimme der Vernunft allgemeine Geltung zu verschaffen. Allein die Endlichkeit in allem Wirklichen, zumal wenn dieses von der Selbstbestimmung der Menschen abhängt, besteht aus dem In- und Durcheinanderarbeiten des Zufälligen und Nothwendigen, wovon dieses gleichsam den Zettel, jenes den Einschlag des weltgeschichtlichen Prozesses bildet, und daraus ergiebt sich von selbst, dass die Gesetzgebung nicht umhin kann, auch dem Zufall eine rechtliche Bedeutung abzugewinnen, ihn einer gesetzlichen Nothwendigkeit zu unterwerfen, deren natürliches Gegentheil er ist. Das Gesetz vermag freilich das Zufällige eben nur insoweit zu beherrschen, als ein Rest von Nothwendigkeit in ihm übrig ist, und daraus hat man die Rechtsregel abgeleitet, dass der ausser aller berechnenden Willensbestimmung liegende Zufall vom Eigenthümer getragen werden muss *(casum sentit dominus)*. Es ist dies im Grunde dasselbe Naturgesetz, das dem Menschen gebietet, sich mit dem Schicksal, so gut er kann, abzufinden: den stürzenden Baum, der ihm den Arm zerbricht, den fallenden Hagel, der sein Erntefeld verwüstet, in Geduld zu tragen. Unverschuldet trägt der Rechtswille die zufällige Beschädigung dessen, was ihm zueigen gehört, als ein Naturgesetz, dem sich Jedermann zu fügen hat. Allein in den Zufall des Rechtsverkehrs spielt meistentheils ein fremder Wille mit hinein, und dieser kann, je nach dem Umfang seiner Verpflichtung, von dem Beschädigten verantwortlich gemacht und zum Schadenersatz angehalten werden. Der Zufall ist alsdann nicht mehr blosser Zufall, sondern zum Theil wenigstens selbstverschuldetes Versäumniss, und zwischen diesem und dem vom Eigenthümer zu tragenden Unfall spannt sich das Band gemeinsamer, jedoch selten ganz gleicher Verpflichtung. Je weiter der Zufall von seinen natürlichen Voraussetzungen sich entfernt, desto weniger hat ihn der Eigenthümer zu tragen. Es kommt aber häufig vor, dass Zwei den Zufall wissentlich und absichtlich zum Gegenstand eines Vertrags machen, und der auf die Art entstehende unfruchtbare Glücks-Vertrag würde schwerlich Anspruch auf gesetzliche Berücksichtung haben, wenn nicht der Widerschein einer geschichtlichen Anschauung, die im Zufall göttliche Schickung erblickte, darauf fiele. Die römische *sponsio* war eine Wette, welche die gerichtliche Entscheidung eines anhängig gemachten Prozesses als ein Gottesurtheil auffasste, und den unterliegenden Theil zu einer an die Priester zu entrichtenden Busse verpflichtete; auch nach deutschem Recht kleidete sich die Wette in die Form des Gottesurtheils, so namentlich beim gerichtlichen Zweikampf. Dergleichen höhere Bezüge hat der nüchterne Rechtssinn dem Spiel des Zufalls und der darauf gebauten Wette abgestreift, ohne gleichwohl das Glücksspiel ausser dem Gesetz zu erklären. In dem Falle, dass das in die frei erworbene Geschicklichkeit gesetzte Vertrauen zu einer Wette über Sieg und Niederlage führt, bietet sich ein vernünftiger Anknüpfungspunkt zur Rechtsbildung dar; denn so gut als geübte Leibeskraft vermag die Stärke und Reife des logischen Denkens das Zufällige gewisser Glücksspiele zwar nicht ganz aufzuheben, wohl aber dahin zu ermässigen, dass bei angemessener Wiederholung und Vertheilung das Wagniss sich in die Wahrscheinlichkeit eines zu erzielenden Gewinnes verwandelt. Das Eigenthümliche des Zufalls-Vertrags besteht darin, dass die Leistung, wenigstens auf der einen Seite, von einem ungewissen

Ereigniss abhängt, sowohl in positivem als negativem Sinne, jenes bei dem eigentlichen Glücks-Vertrag (Spiel, Wette[1]), bei Differenz-Geschäften und Lieferungs-Verträgen, dieses beim Unfalls- oder Versicherungs-Vertrag. So streng das Gesetz darüber zu wachen haben wird, dass der blosse Zufall nicht die vertragsmässige Macht zu schweren Vermögensbeschädigungen erlangt, so wird es andrerseits doch auch seine Hand nicht ganz von solchen Zufalls-Verträgen zurückziehen dürfen, denen ein Keim von Vernunftmässigkeit zu Grunde liegt, welcher in sachgemässer Fortbildung zu einer grossen Wohlthat für Eigenthümer und Besitzer werden kann. Zwar Spiel und Wette als solche, mit Allem was daran hängt, könnte man getrost den Contrahenten selbst und dem Usus des Geschäftsverkehrs überlassen; handelt es sich dagegen um Sicherung gegen Unfälle, folglich um vernunftmässigen Schutz des Eigenthums vor blinder Gewalt, so sollte der Gesetzgeber möglichst Sorge tragen, dass solche Verträge streng innegehalten und auf alle Weise gefördert werden. Ueberhaupt gehört der Assecuranz-Vertrag zwar zu den gewagten, aber nicht zu den eigentlichen Glücks-Verträgen, die es mit sich bringen, dass der Zufall den Gewinn auf die eine, den Verlust auf die andere Seite fallen lässt. Indem der Versicherer die Gefahr eines dem Versicherten drohenden Schadens übernimmt und für den Fall des Eintreffens eine Entschädigung zu bezahlen verspricht, der Versicherte hinwiederum Jenem als Gegenleistung eine Prämie bezahlt, besteht zwischen Beiden ein Vertrag, der zwar das Ungewisse kommender Ereignisse zum Gegenstand hat, aber durch die Geringfügigkeit des möglichen Verlustes auf der einen und die wahrscheinliche Ausgleichung des grösseren Verlustes durch eine Mehrzahl kleiner Gewinne auf der andern Seite dem Zufall seinen Stachel nimmt.[2])

[1]) Nach römischem Recht waren nur gewisse Spiele zur Uebung der Körperkraft gestattet und klagbar allein bis zum Betrag eines Solidus. Den Wette-Vertrag, worin Behauptung und Gegenbehauptung aufgestellt und gegen den Unterliegenden ein Glückssold an den, der Recht behält, oder an einen Andern festgesetzt wird, behandelten die Römer nach den

Grundsätzen des Spiels. Von Hause aus nur allzu feurige Liebhaber des Spiels, dessen Zufall sie bis zum Ernst des persönlichen Freiheitsverlustes trieben, entzogen die Germanen den Hazardspielen wenigstens den gesetzlichen Schutz, erklärten sie für verboten und strafbar, gestatteten aber gewöhnliche Spiele zu einem mässigen Einsatz und nicht auf Borg. Dass Schulden von erlaubten Spielen nicht auf die Erben übergehen, ist eine wenig befriedigende Halbheit.

²) Die wichtigsten Assecuranzen betreffen die das Eigenthum bedrohenden Gefahren durch Wasser, Feuer, Luft (Hagel), beim Transport, wozu neuerdings die Versicherung von Personen und persönlichen Eigenschaften kommt, insofern sie Träger oder Vermittler von Geldwerthen sind. Dass es möglich ist, auf die Kurzlebigkeit eines Dritten zu speculiren und den Versicherungs-Vertrag als blosses Glücksspiel zu gebrauchen, ist zwar bedauerlich; jedoch lange nicht in dem Grade, dass eine Vertragsweise zu verwerfen wäre, die ganz dazu angethan ist, die Zukunft von Familien, die ihren Ernährer verlieren, materiell sicher zu stellen.

§ 114. Der Versicherungs-Contract gehört meistens schon dem Gesellschafts-Vertrag an, entweder so, dass eine Gesellschaft dem Publicum gegenüber die Rolle des Versicherers übernimmt, oder eine Genossenschaft ihre Mitglieder wechselseitig versichert. Ob es in rechtlichem Sinne möglich sei, eine Gesellschaft, d. h. eine zu bestimmten Zwecken vereinigte Vielheit von Rechtssubjecten, in eine juristische Persönlichkeit umzuwandeln, mit der Fähigkeit, selbstständig und getrennt von den Vermögensverhältnissen der einzelnen Theilhaber in vermögensrechtliche Beziehungen zu treten, ist eine vielbestrittene und, je nach der Auffassung des Rechtssubjects, in ganz verschiedenem Sinn zu lösende Frage. Wo, wie im römischen Recht, die Subjectivität Alles ist, hat die Entäusserung des subjectiven Willens an einen gemeinsamen Zweck ihre nicht geringe Schwierigkeit. Mit der unmittelbaren Selbstbestimmung des Subjects muss auch dessen Rechtsfähigkeit untergehen, und es bleibt daher nur die Möglichkeit eines Societäts-Vereins (*societas*) oder einer Gesellschaft übrig, bei der eine Anzahl Personen zur Erreichung eines bestimmten und erlaubten Zwecks in der Art sich verbinden, dass Jeder für seinen Theil Rechtssubject bleibt, es also so viele Rechtssubjecte als Individuen giebt. Aus der

Unterordnung des gemeinsamen Zwecks unter die Privatzwecke der einzelnen Theilhaber, deren jeder als sein Recht eine Quote an seinem Einschuss behält, folgt mit der Nothwendigkeit eines wahrhaften Princips, dass zur Aufnahme eines neuen Socius die Zustimmung aller übrigen erforderlich ist, und dass jeder Theilhaber in Beziehung auf die gesellschaftlichen Angelegenheiten nicht blos für *dolus*, sondern auch für *culpa* haftet. Seinen Antheil kann er beliebig veräussern, nur darf der Erwerber nicht früher auf Theilung klagen, als es der Veräusserer durfte. Haben mehrere Gesellschafter einen gemeinsamen Geschäftsführer ernannt, so geht die *actio institoria* gegen sämmtliche Principale, ganz in derselben Weise, als ob der Institor von mehreren Domini, die unter sich keine Gesellschafter sind, zugleich bestellt worden wäre. — Im Unterschied von *societas* verstanden die Römer unter *universitas* die Gesammtheit der rechtlich geeinten Volksgemeinde, die mit ihren Zwecken und Forderungen über den einzelnen Bürger hinausgreift und keine Entäusserung der politischen Rechte gestattet; es verdient jedoch bemerkt zu werden, dass die nämliche *manus*, welche die Familienangehörigen in der Hand des Familienoberhaupts zusammenballt, anfänglich auch die Staatsgewalt in ein uneingeschränktes Königthum hineinlegte, bis nach und nach die ständischen und zuletzt demokratischen Gerechtsame zur Geltung kamen. Ausser den Gerechtsamen von Schiffsherren und Handelsleuten waren neben den staatsrechtlichen Körperschaften schon den Griechen Vereine zu gegenseitiger Unterstützung durch Geldvorschüsse (ἔρανοι) nicht unbekannt:[1]) auch die Römer hatten, der Universitas nachgebildet, ihre Collegien und Corporationen, wozu die Stiftungen kamen; diese aber standen, was Zweck, Mittel, Verwaltung und Verwendung anbelangt, im Gegensatz zur gemeinen Societät. Es waren Vereine von Mitgliedern von gleicher Lebensstellung und gleichen Interessen, die sich fortwährend aus ihrer natürlichen Wurzel erneuerten, und obschon durch die Selbstentäusserung der Einzelnen an das Ganze, dessen Substanz und Zweck, eine juristische Person zu Stande kam, mit Gesammtwillen, Discussion, Beamten-Competenz, so war es in der privatrechtlichen Bedeutung des Wortes immer noch nicht diejenige juristische Persönlichkeit, die aus dem freien Gesellschafts-Vertrag und dem Associations-Statut entspringt. Es soll ein zusammengehörendes und dauerndes Ganze auch nach Aussen im Verkehr mit dritten Personen zu Stande kommen, das handelt und obligirt wird, dessen Erwerb und Leistung zum Gesellschafts-Vermögen gehören, indem der Einzelne sich seines Beitrags gänzlich, factisch und rechtlich, entäussert, der Schuldner nur an die Gesellschaft zahlt, und die Schulden stets Gesammtschulden sind. In dem Falle wirkt die Kündigung des einzelnen Gesellschafters nicht mehr nothwendig auflösend: aber er muss abgefunden werden, wie er unter allen Umständen ausgeschlossen werden kann.

[1]) Schömann, Griechische Alterthümer. I. 364. II. 481.

§ 115. Im Gefüge der germanischen Rechtsordnung bildet der Gesellschafts-Vertrag den Kitt, der die Staatsgesellschaft zusammenhält. Alle Formen dieses Vertrags und der juristischen Persönlichkeit in ihren besondern Schattirungen finden sich schon ursprünglich angedeutet, und hier liegt der Punkt, wo das germanische Recht zur Ergänzung des römischen seine Ueberlegenheit am Entschiedensten geltend zu machen hat, zum Theil schon gemacht hat. Der gründlich durchgebildete Gesellschafts-Vertrag wird sich aber jeder Zeit vor der Klippe hüten müssen, unter dem Gemeinsamen der Sache die freie Subjectivität leiden zu lassen; vielmehr soll zwischen beiden eine Vermittlung in der Art angestrebt werden, dass die juristische Persönlichkeit den Zweck der gemeinsamen Sache zwar vertritt, aber immer nur zum Besten der Theilhaber. So verschieden auch die Stellung der Einzelnen theils zum Zweck des Ganzen, theils unter sich sein mag, so liegt das entscheidende Moment, es liegt der Nerv des Vertrags doch stets in der Willensmeinung und dem Interesse des Einzelnen und aller Einzelnen.

Ob der Vertrag Erwerb von Eigenthum, oder schenkweise Entäusserung von solchem, wie z. B. bei Vereinen zu wohlthätigen, wissenschaftlichen, künstlerischen Zwecken zum Gegenstand hat, ändert daran so wenig als beim Individual-Vertrag. Dass seine Absicht, der subjective Sinn des Vertrags, vollführt werde, das gerade macht das Interesse des Contrahenten aus. Was nach seiner Intention, in seinem Geiste geschieht, geschieht zum Besten, zum Vortheil des Theilhabers. Nur ist die Stellung des Subjects eine andere je nach der Natur des Gemeinsamen, das dem Vertrage zu Grunde liegt, ob dieses nämlich vorherrschend dem Zweck, oder den Mitteln zu seiner Erreichung angehört. Davon hängt es ab, inwieweit aus den allgemeinen gesellschaftlichen Elementen des Vertrags die bestimmten Umrisse einer idealen Persönlichkeit sich entwickeln, unter der steten Voraussetzung, dass in dem Gemeinsamen, mag es vorherrschend den Zweck oder die Mittel betreffen, der subjective Rechtswille niemals untergehen darf. Schon darum ist kein Grund vorhanden, den Abschluss von Gesellschafts-Verträgen an sich, d. h. unter dem Gesichtspunkt der Rechtsidee, mehr zu erschweren, als den Abschluss von Individual-Verträgen. Es muss dem Rechtswillen unbenommen bleiben, seine erlaubten Zwecke entweder für sich allein, oder in Gemeinschaft mit Mehreren zur Ausführung zu bringen; allein das Gemeinsame, das durch den Gesellschafts-Vertrag erstrebt wird, lässt sich nicht überall leicht definiren und auf gesetzliche Normen bringen, und darum hat der Staat solche Verträge besonders zu überwachen, nicht allein damit die Rechtsgenossenschaft in ihrer Gesammtheit durch sie nicht zu Schaden komme, sondern wesentlich zugleich zum Besten der Contrahenten selbst, die bei einem Rechtsgeschäft, das die Abwälzung des jeden Einzelnen betreffenden Grades von Verantwortlichkeit auf eine ideale, über den Rechtssubjecten schwebende Persönlichkeit ungemein leicht macht, ohne einen höheren Rückhalt den grössten Gefahren ausgesetzt sind. Man wird aus dem Grunde weder mit Keller die Anerkennung aller Corporationen durch den Staat fordern dürfen, noch mit Beseler solche Anerkennung als „byzantinisch“ unbedingt zurückweisen. Läge es in der Macht der Gesetzgebung, wie beim Individual-Vertrag, so auch beim Gesellschafts-Vertrag genau die rechtliche Linie zu ziehen, bis zu welcher er gesetzlich erlaubt ist, so bedürfte es keiner besondern, ausserhalb des Gesetzes liegenden Beeinflussung von Seiten der Obrigkeit; allein diese Linie wird sich kaum jemals, selbst mit den besten Mitteln der Rechtswissenschaft, für alle vorkommenden Fälle ziehen lassen, und so ist es als eine Nachhilfe der mangelhaften Gesetzgebung auzusehen, dass der Staatsgewalt die Bestätigung der Statuten vorbehalten wird zur Bejahung der rechtlichen Natur des Vertrags. Doch sollte von dem so wichtigen Vorrecht auch nur ein mässiger und umsichtiger Gebrauch gemacht werden, damit nicht unter dem Vorwand des allgemeinen Besten durch die Willkür von Verwaltungs-Beamten der Eckstein des Rechts erschüttert wird.

§ 116. Am Unvollkommensten entwickelt zeigt sich die juristische Persönlichkeit in demjenigen Gesellschafts-Vertrag, dessen Gemeinsamkeit sich ausschliesslich auf die Mittel bezieht, der Zweck dagegen in der Summe der einzelnen Theilhaber verkörpert ruht. Der Societäts-Vertrag nimmt sein Absehen darauf, die von jedem Theilhaber eingeschossene Quote als Einzelquote zu vermehren, und zwar mittelst gemeinschaftlicher Geschäftsführung. Zweck und Bestimmungsgrund liegen in der Willensmeinung und der durch sie gehaltenen Antheilsquote jedes Einzelnen, daher das Gemeinsame nur so lange Bestand hat, als die Meinungen aller Einzelnen hinsichtlich der Verwendung der von ihnen eingelegten Mittel in Uebereinstimmung stehen. In solcher Lage kann aber nur uneigentlich von einer juristischen Persönlichkeit die Rede sein: das Allgemeine hält und bestimmt ja nicht die Einzelnen, jeder Einzelne vielmehr hält das Gemeinsame in seiner Hand und beherrscht es. Eine ideale Einheit ist vorhanden, jedoch nur für die Dauer der Uebereinstimmung und darauf hin der gleichmässigen Verantwortlichkeit aller Einzelnen. Das Ganze als Ganze geht in dem Widerspruch eines jeden Theilnehmers unter, und der Vertrag muss erst wieder von Neuem geschlossen werden, soll nach dem Willen der Uebrigen, Nichtwidersprechenden, das Gemeinsame, dessen sie sich als Mittels für ihre Zwecke bedienen, fortdauern. Das juristisch Persönliche vermag die Willensmeinung des Einzelnen gar nicht, oder nur in höchst unvollkommenem Grade und auf kürzere Dauer, zu bestimmen: man könnte sagen, so lang die Einzelnen Schulter an Schulter stehen und für einen Austretenden sofort ein Anderer an die Stelle tritt, tragen sie ein Allgemeines, dieses fällt aber sofort zu Boden, wenn eine Lücke entsteht. Im Societäts-Vertrage ist das Ideal-Persönliche erst im Werden begriffen, weil mehr nicht als die Summe der vertragsmässig gebundenen Subjecte; mit dem Ausfallen einer Einheit fällt die Summe selbst auseinander und muss, um ferneren Bestand zu gewinnen, von Neuem zusammengezählt werden.

§ 117. Anders da, wo das Ganze nicht nur arbeitet, die Mittel für die Zwecke der Theilnehmer am Gesellschafts-Vertrag in Bewegung setzt, sondern das, was es leistet, auch für sich erarbeitet. Dies geschieht bei der Corporation, in Kraft des sie begründenden Gesellschafts-Vertrags. Innerhalb jeder Rechtsgenossenschaft bildet sich eine Anzahl natürlicher Ausschnitte, deren Theilnehmer bald durch ihr blosses örtliches Zusammenleben, bald durch die Gleichheit oder Aehnlichkeit der Beschäftigung sich zu bleibenden Gruppen zusammenschliessen, um durch bestimmt angegebene Mittel die Zwecke der Gesammtheit, die aber immer zugleich Selbstzwecke der Einzelnen sind, zu fördern. Hier wird der Einzelne wohl gar ohne sein Zuthun als Theilnehmer am Gesellschafts-Vertrag geboren, oder er wächst durch seine Berufsthätigkeit gleichsam von selbst hinein. Zwar bildet er auch so einen integrirenden Bestandtheil des Ganzen, aber dieses besteht unabhängig von dem unmittelbaren Zuthun der Einzelnen, denn die Summe der Gesellschaft, obschon sie gleichfalls aus lauter Einheiten besteht, hat ihr constitutives Princip nicht in diesen, sondern in sich selbst. Das juristisch Persönliche, Ideal-Allgemeine hält den Einzelnen selbst wider Willen fest, wenn er innerhalb des Bereichs der Corporation bleiben und thätig sein will. Um jedoch den Willen der Gesammtheit zum Ausdruck, die an sich stumme Persönlichkeit zum Sprechen zu bringen, bedarf es eines thätigen Organs für die Summe aller Theilhaber, es bedarf einer Vorsteherschaft, welche die gemeinsamen Mittel für die Zwecke der Gesammtheit in Bewegung setzt, übrigens im Auftrag eben dieser Gesammtheit, deren Willensmeinung durch Mehrheitsbeschlüsse sich zu erkennen giebt. Die Minderheit hat kein Recht, sich dagegen aufzulehnen, weil im Sinne des Gesellschafts-Vertrags die Majorität den realen Willen der idealen Persönlichkeit vertritt. Die menschliche Unvollkommenheit bringt es so mit sich, dass angenommen werden muss, Alle hätten gewollt, was die Meisten wollten, indem auch der Widerwillige gegen seine Meinung durch das Ganze in der vorgezeichneten Richtung mit fortgezogen wird. So tritt das Persönliche zwischen die Mitglieder des corporativen Vereins und hält sie durch Mehrheitsbeschlüsse und besondere Verwaltungsorgane zusammen. Allein dass die Majorität entscheidet, dass die Uebereinstimmung der die grössere Hälfte ausmachenden Theilhaber den Ausschlag giebt, das ist an sich schon der klarste Beweis, wie das einzelne Rechtssubject am Ende doch als der bewegende Hebel des bestehenden Vertragsverhältnisses angesehen werden muss, denn die Mehrheit ist das Werk von frei sich bestimmenden Einheiten, und der beredte Ausdruck der Ueberzeugung im Munde des Einzelnen verhilft seiner Willensmeinung zum Siege. Andrerseits wird hinsichtlich der Corporation der Staat die meisten Vorsichtsmassregeln anzuwenden haben, damit weder der Einzelne als Theilnehmer, noch die Rechtsgenossenschaft als überragendes Ganze unter der Gemeinsamkeit der corporativen Zwecke und Mittel in ihren Rechten verkürzt werden. Auch die Majoritäten haben ihre schwachen Stunden und sind blos ein mangelhafter Ersatz für die Uebereinstimmung Aller.

§ 118. Die beiden Hauptarten des Corporations-Vertrags gehören entweder dem kirchlichen oder dem bürgerlichen Leben an, indem Kirche und Staat selbst im rechtlichen Sinne als die obersten Corporationen anzusehen sind. Nach unten hin zerfallen sodann Beide in eine Anzahl weiterer oder engerer Vereinbarungen, die entweder wesentliche Bestandtheile der beiden Hauptcorperationen ausmachen oder, ohne ihre Beziehungen zu Staat und Kirche ganz aufzugeben, mehr und mehr von den Mittelpunkten des öffentlichen Lebens sich entfernen und vorzugsweise private Zwecke verfolgen. Je nach der Organisation der Kirche und ihrer Stellung zum Staate können die kirchlichen Corporationen einen sehr gemischten Charakter haben, und auch bei andern mag es geschehen, dass Kirche und Staat durch Uebereinkommen ihre beiderseitigen Ansprüche wahren müssen. Was in der Zahl der weltlichen Corporationen Kreis- und Gemeindeverbände, das sind für die Kirche, je nach der Natur ihrer besondern Verfassung, Diöcesen und Pfarrgemeinden, während die mit dem Unterrichtswesen sich befassenden Corporationen zwischen Staat und Kirche eine sehr getheilte Stellung einnehmen, wofern sie nicht ganz und gar als Privatcorporationen constituirt sind und mit ihren Zwecken und Mitteln einzig und allein auf dem Boden ihres Gesellschaftsstatuts stehen, wie die corporativen Innungen der gesonderten Berufsstände und Gewerbe, und in noch höherem Grade die Stiftungen. Es war der Neuzeit vorbehalten, innerhalb der arbeitenden Classen Corporationen für sociale Selbsthilfe in's Leben zu rufen und damit dem Corporationsgeist eine Richtung anzuweisen, durch die der Gesellschafts-Vertrag, schon seither vom grössten Belang für die vermögenden Classen, auch den untersten, so oft von der Hand in den Mund lebenden Bevölkerungsschichten eine wahre Wohlthat und das wirksamste Mittel bürgerlicher Emancipation zu werden anfängt. Dergleichen sociale Corporationen nehmen ihr Absehen auf Erhaltung und Versicherung der Arbeitskraft durch Errichtung von Unterstützungs-Cassen für Kranke, Gebrechliche, Betagte, Wittwen, Waisen, oder auf Erhaltung und Erlangung wirthschaftlicher und gewerblicher Selbstständigkeit auf genossenschaftlichem Wege, so bei den Credit- und Vorschusskassen, den Magazin- und Rohstoffvereinen.

§ 119. Durch eine äusserst dehn- und wandelbare Combination des Societätsprincips mit dem Corporationsprincip lässt sich ein dritter Gesellschafts-Vertrag zu Stande bringen, der, weil er in der Regel Erwerb durch Handelsgeschäfte bezweckt, das, was man mit dem allgemeinen Ausdruck „Handels-Gesellschaft“ bezeichnet, in's Dasein ruft. An der Handels-Gesellschaft hat die neueste Gesetzgebung ihren, das Recht nach den Bedürfnissen und Formen des Lebens gestaltenden, Beruf gleichsam wiedergefunden, und schreitet auf der einmal eingeschlagenen Bahn rastlos weiter. Viele, zum Theil höchst traurige, mit ungeheuren Verlusten verbundene Erfahrungen mussten erst gemacht sein, ehe das gelehrte Rechtsbewusstsein die wirklichen Artunterschiede dieses Vertrags ermittelte und so definirte, dass sie nicht gegen das Recht als solches verstossen, und noch wird es eine geraume Zeit anstehen, bevor das gemeine Rechtsbewusstsein sich in die Natur und Nothwendigkeit der gesetzlichen Bestimmungen überall gefunden hat. In Anbetracht, dass eine Gesellschaft im rechtlichen Sinne ohne ein Allgemeines, sei es der Zwecke, sei es der Mittel, gar nicht gedacht werden kann, gehört eine Vereinigung zu einzelnen Handelsgeschäften für gemeinschaftliche Rechnung, wobei meistens alle Theilhaber in gleichem Verhältniss beitragen, die Einlagen verzinst, Gewinn oder Verlust aber nach Köpfen vertheilt werden, noch gar nicht in die Reihe der Handels-Gesellschaften; auch die stille Gesellschaft, der zwar ein allgemeiner Geschäftsbetrieb zu Grunde liegt, entbehrt gleichwohl, in ihrem äussern Auftreten gänzlich und nach Innen in wesentlichen Punkten, den Charakter der wirklichen Gesellschaft. Denn wenn Einer oder Mehrere an dem Handelsgewerbe eines Andern, welcher das Geschäft lediglich unter seiner Firma betreibt, und den man unpassend genug „Complementär" nennt, mit einer limitirten Capital-Einlage sich betheiligen, so stehen sie weder zu dem Inhaber und Leiter des Geschäfts, der dasselbe mit seinem ganzen Vermögen activ und passiv vertritt, noch auch, wenn es mehrere sind, unter sich in dem Verhältniss von Gesellschaftern. Vielmehr stellt diese Art Vereinigung der Hauptsache nach ein Gläubiger-Verhältniss dar, und was etwa vom Gesellschafts-Vertrag dabei in Betracht gezogen werden muss, betrifft mehr untergeordnete Beziehungen. Der Vertrag ist ein modificirter Schuldvertrag, weshalb beim Concurse des Complementärs der stille Gesellschafter allen Gläubigern gegenüber nicht als Socius, sondern als gleichberechtigter Mitgläubiger behandelt wird.

§ 120. Aus der stillen Gesellschaft hat sich in folgerichtiger Weiterbildung, zunächst durch das Leben und sodann auch durch die Wissenschaft, der Begriff einer besondern Commandit-Gesellschaft entwickelt. Etwas von juristischer Persönlichkeit in Betreff des Gesellschafts-Vermögens liegt schon der einfachen Handelsgesellschaft zu Grunde, und dieser Keim nimmt bei der offenen Handelsgesellschaft bereits grössere Proportionen an, denn sie kann unter ihrer Firma Rechte erwerben und Verbindlichkeiten eingehen, vor Gericht klagen und verklagt werden. Die Sonderung des Gesellschafts-Vermögens von dem Einzelvermögen der Theilnehmer giebt sich ferner dadurch zu erkennen, dass der Neueintretende für die früher von der Gesellschaft eingegangenen Verbindlichkeiten haftet, dass die Privatgläubiger des Theilnehmers die zum Gesellschafts-Vermögen gehörigen Sachen, Forderungen und Rechte der Gesellschaft nicht mit Privatforderungen an einen Gesellschafter compensiren dürfen, endlich dass beim Concurse der Gesellschaft deren Gläubiger das Privatvermögen der Gesellschafter nur aushilfsweise angreifen können. Dasselbe gilt von der gewöhnlichen Commandit-Gesellschaft, diese hat aber ausserdem wesentliche Merkmale mit der stillen Gesellschaft gemein. Hier wie dort ist der Principal eigentlicher Handlungschef und vertritt die Gesellschaft im Verkehr, ohne dass der Commanditist nur in der Rolle eines stillen Gesellschafters als blosser Darlehner daran Theil nimmt. Die Firma, die bei der Handels-Gesellschaft überhaupt ein zusammengehöriges und fortdauerndes Ganze ausdrückt, gehört auch zum Wesen der Commandit-Gesellschaft, indem sie keineswegs nur aus dem Namen eines Geschäftsinhabers besteht, sondern nothwendig zugleich einen das Geschäftsverhältniss ausdrückenden Zusatz erheischt. Ihren Gerichtsstand hat die Firma vor dem Gericht des Geschäftsbesitzers und wird durch die persönlich haftenden Gesellschafter vertreten. Demgemäss müssen alle Gesellschafter mit Angabe der Einlagen der Commanditisten in das Handelsregister eingetragen sein, und die Einlagen zusammen, der Principale wie der Commanditisten, bilden einen Gesellschaftsfond, der für die Gesellschaftsschulden unbedingt haftet, daher unter keinerlei Umständen zu Gunsten Dritter ausgeschieden wird — lauter Bestimmungen, welche die Commandit-Gesellschaft mit der gemeinen Societät theilt, nebst dem engern persönlichen Verhältniss, das willkürliche Uebertragung ausschliesst. In keiner Weise überschreitet der bezügliche Vertrag in Zweck und Mittel die Grenzen eines Privatverhältnisses, und bedarf darum so wenig als die Societät der Mitwirkung des Staates.

§ 121. Wesentlich anders gestaltet sich die Sache durch Zulassung von Commandit-Gesellschaften auf Actien. Die Actien-Gesellschaft stellt durch die grosse Anhäufung ihrer Mittel eine Macht dar, die sich über die gewöhnliche Machtstellung eines Privaten weit erhebt und ein unbestimmtes

Publicum betheiligt. Es werden hierdurch die gerechtesten Bedenken laut, die der obrigkeitlichen Bestätigung und Ueberwachung bedürftige Actien-Gesellschaft unter dem Aushängeschild einer Commandite dieser Verpflichtung zu entziehen, und so durch augenscheinliche Umgehung des Gesetzes den Glücksgeschäften der Reicheren, welche auf die Leidenschaft der Aermeren speculiren, Vorschub zu leisten. Denn das steht fest, dass die Einlage des verantwortlichen Principals, durch die eingezahlten Actien weit überstiegen, eine kaum nennenswerthe Sicherheit bietet. In England scheiterte der Versuch, Commandit-Actien-Gesellschaften einzuführen; in Frankreich, wo sie gestattet wurden, verschlang ein grenzenloser Schwindel unaussprechliche Summen, bevor die Errichtung derselben an sichernde Bedingungen geknüpft wurde. Indess verhält es sich damit, wie mit der allgemeinen Wechselfähigkeit: die Denkbarkeit des zu treibenden Missbrauchs kann das Zurechtbestehen eines Vertragsverhältnisses nicht ausschliessen, das unter Umständen bald dem Unternehmer, bald den Actionären und sehr oft Beiden zugleich räthlicher und wünschenswerther erscheinen muss, als die Gründung einer reinen Actien-Gesellschaft, welche die Geschäftsleitung von den Wechselfällen und Zufälligkeiten einer in bestimmten Zeiträumen wiederkehrenden Directorenwahl abhängen lässt. Das bedächtige und reiche England sieht jede Handels-Association mit scheelen Augen an, deren Theilhaber, anstatt mit Hab und Gut, nur mit einer beschränkten Verbindlichkeit einzustehen haben, und in Frankreich hat das Regierungssystem den von Hause aus faulen Commandit-Gesellschaften weit mehr Vorschub geleistet, als die laxe Gesetzgebung. Zudem hat der Gesetzgeber hinreichende Mittel in Händen, betrügerischen und leichtsinnigen Unternehmungen dadurch zu steuern, dass er die Errichtung derartiger Gesellschaften an die staatliche Genehmigung bindet, die Actien auf Namen, nicht auf die Inhaber stellen lässt, und den erlaubten Betrag derselben niedrig stellt; dass vor Beginn der Geschäfte die Anmeldung des Gesellschafts-Vertrages geschieht, mit beigelegter Bescheinigung, das gesammte Actien-Capital sei gezeichnet und von jedem Commanditisten ein erheblicher Bruchtheil eingezahlt; dass die Actionäre in Generalversammlungen controllirend auftreten und den Geschäftsführern einen Aufsichtsrath zur Seite stellen, dessen Mitglieder persönlich und solidarisch dafür haften, dass keine den gesetzlichen Vorschriften zuwiderlaufende Vertheilung des Geschäftsvermögens vorgenommen werde. Eintragung des Vertrags, der Zahl und des Betrags der Actien in das Jedermann zugängliche amtliche Handelsregister stellt das Geschäft unter die Controlle der Oeffentlichkeit.

§ 122. Die Subjectivität des Unternehmers (Principals, Complementärs) überragt an der Spitze der Commandit-Gesellschaft den Rechtswillen der Commanditisten oder Actionäre so sehr, dass die juristische Persönlichkeit der Gesammtheit unter dem auf ihr lastenden Drucke nicht zu voller und reifer Gestaltung gelangen kann. Die Glieder stehen in keinem harmonischen Verhältniss zum Kopfe, dem sie ohne eigene Lebenskraft allzu blindlings zu gehorchen haben, und schon darum muss man es verwerflich finden, wenn auch die Einlagen der Unternehmer in Actien zerlegt werden können. Zu ihren überlegenen Befugnissen stimmt allein die wegen der Untheilbarkeit ihrer Einlagen einigermassen gesicherte grössere Haftbarkeit. In der eigentlichen Actien-Gesellschaft hört dieses Missverhältniss auf. Zu den Zwecken und Verbindlichkeiten der Gesellschaft ist der Actionär nicht mehr beizutragen schuldig, als den Actienbetrag, diesen aber darf er, so lange die Gesellschaft besteht, nicht zurückfordern. Das Natürlichste und Sicherste ist, dass die gezeichneten Actien auf den Namen der Zeichner lauten; doch können sie ohne allzu grosse Gefahr auch auf den jeweiligen Inhaber lauten, vorausgesetzt, dass sie vor Einzahlung des ganzen Nominalbetrags nicht ausgegeben werden dürfen und den Zeichner auch dann noch verpflichten, wenn er keinen Anspruch mehr daran hat. Nachdem der Vertrag die staatliche Bestätigung erlangt hat, ist es an den Actionären, einen Vorstand zu wählen, dessen Verantwortlichkeit den Actionären gegenüber schon darum geschärft werden muss, weil das mit nicht geringen Vortheilen verbundene Amt unbedingt abgelehnt werden kann. Es ziemt sich, dass die Vorstandsmitglieder nicht nur für jeden Schaden haften, den sie bei den Geschäften der Gesellschaft einem Dritten zufügen, sondern auch persönlich und solidarisch verbindlich werden, wenn sie ausser den Grenzen ihres Auftrags, des Gesetzes oder der Statuten handeln. Ein Aufsichtsrath (Verwaltungsbehörde) hat die besondere Obliegenheit, die Geschäftsthätigkeit des Vorstands zu überwachen. Dass der Verkehr mit Promessen und Interimsscheinen möglichst beschränkt und in Betreff der Auflösung der Gesellschaft ausführliche Bestimmungen durch das Gesetz vorgeschrieben werden, ist eine einfache Forderung des Eigenthumsrechts. Das Wesen der juristischen Persönlichkeit leidet dadurch so wenig, dass dieselbe vielmehr, entsprechend dem subjectiven Rechtswillen, ohne gesetzliche Einschränkung gar nicht bestehen kann, soll sie innerhalb der Rechtsidee ihre Stelle ganz und würdig ausfüllen. Das Allgemeine des Zwecks darf durch die Möglichkeit einer willkürlichen Handhabung der Mittel, die immer nur von Wenigen in Bewegung gesetzt werden, keine Gefährdung erfahren. Eben dieses Gleichgewicht hat der juristische Gedanke zu ermitteln und in eine gesetzliche Fassung zu bringen.

§ 123. Bereits aber weist der Gesellschafts-Vertrag über sich selbst und den Begriff juristischer Persönlichkeit hinaus, denn nicht mehr blos mittelbar durch das Gesetz, dessen Urheber er ist, sondern unmittelbar durch Gestatten oder Abschlagen bekundet der Staat seine Macht auch über das Recht. Soweit sie ausschliesslich der Rechtsidee angehören, sind die Rechtskategorien hiemit erschöpft, und es beginnt eine andere Reihe von Kategorien, die in der Stufenfolge ihrer organischen Elemente den lebendigen Inhalt des Staats ausmachen. Das Recht ist das Dogma, die Glaubensregel des Staates, das Bindemittel, das alle gesellschaftlichen Ordnungen zusammenhält, aber an sich weder Staat noch Gesellschaft. Der Rechtszweck kann nur im subjectiven Willen liegen und insofern ein privater sein; er ist es auch dann noch, wie gezeigt wurde, wenn Rechtssubjecte gesellschaftlich zusammentreten und in dem Sinn eine vertragsmässige Uebereinkunft treffen. So oft wir auf unsrem Wege Verhältnissen begegneten, die ein organisirtes Zusammensein von Menschen in sich schlossen, z. B. der Familie, so handelte es sich doch jedesmal nur von den Befugnissen, beziehungsweise Rechtspflichten Einzelner im Zusammenhang einer bereits vorhandenen organisirten Mehrheit von Rechtssubjecten. Man muss der Rechtsidee diesen ihren Charakter rein erhalten, damit nicht eine bedenkliche Vermischung sich zeigt, unter deren trügerischem Schein die Gewalt sich an die Stelle des Rechts setzt. Daraus dass Jeder sein Recht nimmt, wenigstens zu nehmen befugt ist, entsteht kein gesellschaftlicher Organismus, dessen Genesis noch andere treibende Kräfte erfordert, so wichtig und wesentlich auch das Motiv des Rechts als mitwirkend sein mag. Daran eben soll nicht gedreht noch gedeutet werden: zum einfachen Rechtswillen, von dem sie ausgegangen, kehrt die Untersuchung schliesslich wieder zurück, nachdem sie ihn mit den ihm gebührenden Kategorien erfüllt hat.

GPSR Compliance

The European Union's (EU) General Product Safety Regulation (GPSR) is a set of rules that requires consumer products to be safe and our obligations to ensure this.

If you have any concerns about our products, you can contact us on ProductSafety@springernature.com

In case Publisher is established outside the EU, the EU authorized representative is:

Springer Nature Customer Service Center GmbH
Europaplatz 3
69115 Heidelberg, Germany

Batch number: 10845482

Printed by Printforce, the Netherlands